Christina Antenhofer

Flurnamenbuch der Gemeinde Pfalzen
Eine historische Landschaft im Spiegel ihrer Namen

Christina Antenhofer

Flurnamenbuch der Gemeinde Pfalzen

Eine historische Landschaft im Spiegel ihrer Namen

SCHLERN-SCHRIFTEN 316

UNIVERSITÄTSVERLAG WAGNER · INNSBRUCK

Die Schlern-Schriften wurden 1923 von Raimund v. Klebelsberg begründet und nach dessen Tod bis Band 289 von Franz Huter betreut; mit Band 290 übernahmen 1992 Marjan Cescutti und Josef Riedmann die Herausgabe der Reihe.

Die Deutsche Bibliothek – CIP-Einheitsaufnahme

Antenhofer, Christina:
Flurnamenbuch der Gemeinde Pfalzen : Eine historische Landschaft im Spiegel ihrer Namen / Christina Antenhofer. - Innsbruck : Wagner, 2001
(Schlern-Schriften ; 316)
ISBN 3-7030-0359-6

Die Drucklegung wurde von folgenden Institutionen unterstützt:

Gemeinde Pfalzen
Südtiroler Kulturinstitut
Amt für Kultur der Südtiroler Landesregierung
Leopold-Franzens-Universität Innsbruck
Hypo Tirol Bank

KUNST SÜDTIROL KULTUR

Umschlag: Ausschnitt aus dem „Atlas Tyrolensis 1774" von Peter Anich und Blasius Hueber.

Herstellung: Grasl Druck & Neue Medien, A-2540 Bad Vöslau

Inhalt

Geleitwort . . . 9

Vorwort . . . 11

Technische Vorbemerkungen . . . 15
- a) Transkriptionsprinzipien . . . 15
- b) Lautschrift . . . 16
- c) Schreibprinzipien . . . 17
- d) Fachbegriffe . . . 18
- e) Abkürzungen . . . 20

Einleitung . . . 21

I. Flurnamen als besondere sprachliche Zeichen **23**

1. Was ist ein Name? . . . 23
2. Flurnamen und ihre Stellung innerhalb der Namenkunde . . . 25
3. Semantik der Flurnamen: An der Grenze zwischen Appellativ und Name . . . 28
4. Die Menschen hinter den Namen: Namengeber und Namenpräger . . . 29

II. Die Gemeinde Pfalzen in Raum und Zeit **35**

1. Charakterisierung des Siedlungsgebietes . . . 35
2. Siedlungsgeschichtlicher Abriss der Gemeinde Pfalzen . . . 36

III. Geschichte im Spiegel der Flurnamen: Die Mikrotoponyme als Spuren der sozialen und wirtschaftlichen Verhältnisse in der Gemeinde Pfalzen **42**

1. Die natürliche Ebene: Die Menschen und ihre Umgebung . . . 43
   - 1.1 Allgemeine Gestalt, Form und Begrenzung . . . 44
   - 1.2 Die natürliche Lage . . . 46
   - 1.3 Morphologie: Ebenes Gelände, Bodenerhebungen und -vertiefungen in der Landschaft . . . 47
   - 1.4 Geologie: Die Beschaffenheit des Bodens . . . 50
   - 1.5 Hydrologie: Benennungen nach Wasser . . . 51
   - 1.6 Flora und Fauna . . . 53
   - 1.7 Allgemeine Charakteristik und Eigenschaften von Fluren . . . 55
   - Resümee . . . 55
2. Die historisch-soziale Ebene . . . 57
   - 2.1 Besitzernamen . . . 57
   - 2.2 Herrschafts- und Abgabeverhältnisse . . . 60
   - 2.3 Gerichtsbarkeit . . . 71
   - 2.4 Religion . . . 76

2.5 Wege 79
2.6 Geschichten hinter den Namen 82
2.7 Kreative Metaphern in den Namenprägungen: Humor im Alltag 84
Resümee 86

3. Die wirtschaftliche Ebene 87
3.1 Rodung 88
3.2 Viehzucht 92
3.3 Almwirtschaft 97
3.4 Zäune 104
3.5 Ackerbau 106
3.6 Die Nutzung des Waldes: Forstwirtschaft und Jagd 111
3.7 Sondernutzung 118
3.8 Gewerbe 121
Resümee 126

Eine historische Landschaft im Spiegel ihrer Flurnamen 127

Glossar der Pfalzner Mikrotoponyme 131
a) Aufbau der Einträge 131
b) Transkriptionsschlüssel im Überblick 132

Namenindex 155

Bibliographie 162

Meinen Eltern

Geleitwort

Schon die Bücher des Alten Testaments berichten davon, dass der erste Mensch auch der erste Namengeber war, und dass Gott den Einzelmenschen wichtig nimmt, offenbart sich darin, dass er ihn beim Namen ruft.

Namen sind alles andere als Schall und Rauch. Namen sind sozusagen Wörter, die ein Gesicht tragen.

Die Wissenschaft bestätigt diese Wahrheit – wenn auch in sehr viel weniger poetischen Ausdrucksformen. Personen, Familien, Völker identifizieren sich mit ihrem Namen, Dinge und Tiere bekommen nur dann einen Namen, wenn es eine persönliche Beziehung zu ihnen gibt.

Die geographischen Namen sind diesbezüglich zwar weniger markiert, aber ein Faktum bleibt bestehen: jeder Mensch hat sein eigenes Netz von Namen, mit dem er sich in seiner persönlichen Umwelt orientiert. Für Gemeinschaften gilt dasselbe, und Menschengemeinschaften, die ein solches Netz gemeinsam haben, haben die gleiche Heimat.

Für den Wissenschaftler ist diese sprachliche Manifestation von Heimat natürlich aufschlussreich. Für den Sprachwissenschaftler, weil sie Aufschluss über die Völkerschaften gibt, die im Laufe der Jahrhunderte und Jahrtausende in einer Region gelebt haben, weil sie Einblick geben in den Benennungsprozess, in die Kreativität der Sprache und in die Mittel der Wortbildung. Der Kultur- und Wirtschaftshistoriker liest aus der Namenlandschaft ganz andere Mitteilungen ab: die Auseinandersetzung mit den Gegebenheiten der Natur, die Art ihrer Nutzung, die Bewertung von Gegebenheiten usw.

Das vorliegende Buch zeigt am Beispiel einer überschaubaren Ortsgemeinde, wie viel und wie viel Interessantes aus der Mikrotoponomastik, aus diesem „Worten" der gemeinsamen Umwelt, tatsächlich abzulesen ist.

Ich gratuliere der Verfasserin, die in ihrer germanistischen Diplomarbeit von einer sprachwissenschaftlichen Analyse ausgegangen war, dass sie das Material jetzt in einen kultur- und sozialhistorischen Kontext gebracht hat. Ich freue mich, dass sie als organisatorische Seele unseres Südtiroler Flurnamenprojekts das von ihr gesammelte Material auch zum Sprechen bringt und wünsche dem Buch viele zufriedene Leser.

Univ.-Prof. Dr. Hans Moser

Vorwort

> Nous n'avons pas perdu seulement des moyens d'expression, comme on dit, mais aussi certainement une structure mentale, car la langue, c'est une structure mentale.[1]
>
> Roland Barthes

Roland Barthes' Worte beziehen sich auf den Verlust an Ausdrucksmitteln, den die französische Sprache im Trauma der „pureté classique" (der „klassischen Reinheit") erfahren hat. Im Zuge der staatlich dirigierten Schaffung einer in ganz Frankreich einheitlichen französischen Hochsprache wurden unter anderem auch die französischen Mundarten weitgehend ausgemerzt. In diesem Prozess der „Reinigung" der französischen Sprache von all ihren „unreinen" Varianten und Spielarten gingen laut Barthes nicht nur Ausdrucksmittel – zum Beispiel dialektales Sprachgut – verloren, sondern auch eine Art und Weise, die Welt zu sehen, sie im Geist zu strukturieren. Die Sprache reflektiert die mentale Struktur, mittels derer wir die Welt erfassen und wahrnehmen. Eben dieselbe Funktion hat auch das Netz der Flurnamen, das Zentrum der folgenden Betrachtungen sein wird. Landschaftsnamen stellen kein isoliertes Sprachgut dar, sondern sie zeichnen ein Orientierungsnetz nach, in dem die Geschichte des Siedlungsgebietes seine Spuren hinterlassen hat. Mit dem Verlust der Namen gehen also nicht nur sprachliche Daten verloren, sondern auch die mentale Struktur, die sie darstellen, in der jeder einzelne Name einen Knotenpunkt verdichteten Wissens um die außersprachliche Realität bildet.

Ich habe dieses Zitat an den Beginn meiner Arbeit gestellt, weil es dem Ziel Ausdruck verleiht, das ich mit dieser Darstellung verfolgt habe: Es geht nicht um die Auflistung sprachlicher Daten in Form von Namen, die isoliert betrachtet werden, sondern um den Versuch der Rekonstruktion des mentalen Netzes, innerhalb dessen diese Namen existieren und definiert sind. Denn sprachliche Daten existieren nicht isoliert, sondern sind stets verknüpft mit Wissen um die Welt. In diesem Buch beschränke ich mich somit nicht darauf, die Etymologien der Namen nachzuzeichnen; die Flurnamen werden vielmehr als besondere sprachliche Zeichen betrachtet, die regelrecht eine mentale Landkarte der lokalen Bevölkerung darstellen, anhand derer sich die historische Landschaft, die sozialen und wirtschaftlichen Gegebenheiten eines Gebietes nachzeichnen lassen. Es ist diese Darstellung somit der Versuch, nicht nur die Namen als

---

[1] Barthes, Réflexions, 53. (Wir haben nicht nur Ausdrucksmittel verloren, wie man sagt, sondern auch gewiss eine mentale Struktur, denn die Sprache ist eine mentale Struktur.) Im Zusammenhang lautet das Zitat: „Il y a aussi le cas du français du XVIe siècle, ce qu'on appelle le moyen français, qui est rejeté de notre langue, sous prétexte qu'il est fait de nouveautés caduques, d'italianismes, de jargons, de hardiesses baroques, etc., sans que jamais on se pose le problème de savoir ce que nous avons perdu, nous en tant que Français d'aujourd'hui, dans le grand traumatisme de la pureté classique. Nous n'avons pas perdu seulement des moyens d'expression, comme on dit, mais aussi certainement une structure mentale, car la langue, c'est une structure mentale."

beinahe schon vergessenes Sprachgut aufzuzeichnen und damit festzuhalten – ich möchte darüber hinaus diese sprachlichen Fossilien zum Sprechen bringen.

Um einen raschen Überblick über das Namengut zu gewährleisten, findet sich in Anlehnung an traditionelle Flurnamenbücher zusätzlich ein alphabetisch geordnetes Glossar, in dem zu jedem Namen die genaue mundartliche Lautung in Transkription angegeben wird, die Lokalisierung der betreffenden Flur anhand von Katastermappen und schließlich soweit vorhanden der historische Beleg aus dem Theresianischen Kataster.

Die vorliegende Arbeit ist das Ergebnis zweier Diplomarbeiten, die ich 1998 und 1999 am Institut für Germanistik und am Institut für Geschichte der Universität Innsbruck vorgelegt habe[2], sowie meiner nunmehr dreijährigen Arbeit im Rahmen des Projektes „Flurnamenerhebung in Südtirol". Es bleibt mir somit an dieser Stelle die angenehme Aufgabe, all jenen zu danken, die mich in dieser Zeit unterstützt haben: allen voran Prof. Hans Moser, der nicht nur als Diplomarbeitsbetreuer und Projektleiter diese Arbeit drei Jahre lang begleitet hat, sondern auch diese Publikation initiierte; Prof. Franz Mathis, der die Betreuung der historischen Diplomarbeit übernommen und mir damit neue Dimensionen in der Flurnamenforschung eröffnet hat; Dr. Egon Kühebacher und Prof. Max Siller, die mich in die Materie der Flurnamenforschung eingeführt und mein Interesse für die Namenkunde geweckt haben. Dr. Beatrix Schönherr danke ich für die Unterstützung dieser Publikation.

Mein besonderer Dank gilt weiters all jenen Menschen, die mir mit ihrem Wissen und ihrer Hilfsbereitschaft überhaupt erst die Arbeit im Feld der Namenkunde ermöglicht haben. Dies betrifft in erster Linie die Gewährspersonen der Gemeinde Pfalzen, deren Namen Zentrum dieser Betrachtungen sind; insbesondere danke ich meinem überaus hilfreichen Koordinator Dr. Josef Harrasser und allen Informanten, aus deren Wissen das Netz des Pfalzner Namengutes so dicht erfasst werden konnte: Erich Althuber, Alfred Bachmann, Alois Bachmann, Cäcilia Bachmann, Anton Dorigo, Franz Gatterer (Rohrer), Franz Gatterer (Starkl), Anton Harrasser, Peter Harrasser, Anton Hilber, Johann Lerchner, Johann Mairvongrasspeinten, Franz Rigo, Cyriak Seeber und Hubert Willeit. Ich danke aber auch allen Gewährspersonen der Gemeinden Kiens und Terenten, aus deren Namenschätzen ich immer wieder das eine oder andere Schmuckstück herausgesucht habe, um einzelne Phänomene der Namengebung deutlicher herauszustreichen.

Dem Südtiroler Landesarchiv, namentlich Dr. Josef Nössing, danke ich für die freundliche Unterstützung meiner Archivarbeit sowie für die Erlaubnis zur Abbildung einiger Seiten aus dem Theresianischen Kataster. Mein Dank gilt weiters Dr. Marjan Cescutti und Prof. Josef Riedmann, die das Erscheinen dieser Darstellung in den Schlern-Schriften in die Wege leiteten, sowie dem Südtiroler Kulturinstitut, dem Amt für Kultur der Südtiroler Landesregierung, der Gemeinde Pfalzen, der Hypo Tirol Bank und der Universität Innsbruck für die finanzielle Unterstützung der Drucklegung.

Schließlich danke ich meiner Familie, die mir auf zahllosen Wanderungen die Augen für die alpine Bergwelt geöffnet hat, sowie meinen Freunden, die mich durch alle Hochs

---

[2] Antenhofer, Christina: Die Mikrotoponymie der Gemeinde Pfalzen. Sammlung, Systematisierung, etymologische Deutung. Diplomarbeit am Institut für Germanistik der Universität Innsbruck 1998. Antenhofer, Christina: Die Mikrotoponymie der Gemeinde Pfalzen als Spiegel ihrer sozioökonomischen Verhältnisse. Diplomarbeit am Institut für Geschichte der Universität Innsbruck 1999.

und Tiefs begleitet und für mein „nervliches“ Gleichgewicht gesorgt haben – vor allem aber Babi, Doris, Petra und Verena für das Korrekturlesen des Manuskriptes.

Mikrotoponyme stellen „eine fast grenzenlose Welt dar, die es zu erforschen gilt“[3] – daher erhebt diese Darstellung keinesfalls den Anspruch, eine vollständige und erschöpfende Auswertung zu sein. Ich verstehe dieses Buch nicht als Endpunkt eines Forschungsprozesses, sondern vielmehr als ersten Schritt und Anregung für die weitere Auseinandersetzung mit dem überaus komplexen Quellenmaterial, das Toponyme darstellen.

Christina Antenhofer

[3] Eichler u. a., Vorwort, V.

Technische Vorbemerkungen

a) Transkriptionsprinzipien

Um eine historische Dokumentation der Flurnamen zu gewährleisten, wurde der 3. Band des Rustical Steuerkatasters des Gerichtes Schöneck, sprich jener Band des Theresianischen Katasters, der das heutige Gemeindegebiet von Pfalzen umfasst, herangezogen. Dieser Band stammt aus den Jahren 1777–1780. Es finden sich dort alle historischen Grundbesitzer von Pfalzen, mit Angabe ihres Hofes oder Hauses und aller Grundstücke, Bauwerke und Rechte, die sie besitzen. Für die Flurnamenforscher ist dieser Kataster eine überaus wertvolle Quelle, weil alle Grundstücke mit ihren Namen erwähnt sind. Damit wird es möglich, Flurnamen zurückzuverfolgen und historisch zu dokumentieren. Bei der Analyse der einzelnen Flurnamen habe ich die entsprechenden Belegstellen aus dem Kataster angeführt, sofern dies von Interesse schien und für die Interpretation von Bedeutung war. Für die stark appellativischen Namen wurden die Belegstellen in der Regel nicht angeführt, da sie sich häufig wiederholen und meist nicht klar ersichtlich ist, ob im Theresianischen Kataster tatsächlich dieselbe Flur gemeint ist, die von den Gewährspersonen heute als Träger des Namens angegeben wird. Ein Verzeichnis sämtlicher Belegstellen findet sich im Glossar der Pfalzner Mikrotoponyme am Ende dieser Darstellung.

In den Zitaten wurde versucht, den Originaltext so genau wie möglich und ersichtlich wiederzugeben. So wurden sämtliche Diakritika übernommen; aus technischen Gründen wurde dabei der Zirkumflex für das Diakritikum auf dem *u*, *o*, und *a* gewählt, wenngleich im Original ein halbrund nach oben geöffnetes bzw. kringelförmiges Zeichen steht. Findet sich auf diesen Vokalen ein senkrechter Strich als Diakritikum, so wird er als akuter Akzent transkribiert. Auf dem *y* wurde das Diakritikum mit einem akuten Akzent wiedergegeben. Die Verwendung von Umlautpunkten entspricht der Verwendung von Umlautstrichen als Diakritika im Original.

Auch die Groß- und Kleinschreibung entspricht jener des Originals so weit wie möglich. Problematisch erwiesen sich dabei jedoch gewisse Buchstaben, bei denen die Schreiber keine oder kaum bis fließende Unterschiede zwischen Majuskel und Minuskel machen. Deshalb wurde in der Transkription vorgezogen, unsichere Buchstaben zwar in der plausibleren Form zu transkribieren, jedoch diese kursiv zu setzen, um die Unklarheit zu verdeutlichen.

Die *s*-Schreibung gibt nicht die verschiedenen *s*-Formen im Text wieder, sondern hält sich an die Regeln der (mittlerweile) alten Rechtschreibung. Doppel-*s* Formen werden allerdings immer als solche wiedergegeben.

Die Interpunktion folgt jener des Originals; die Verwendung der Anführungszeichen soll die Verwendung der sogenannten „Gänsefüßchen“ anstelle einer Wortwiederholung und im Sinne des Doppelpunktes nach Ziffern anzeigen. Abkürzungen werden in der Transkription aufgelöst und nicht gekennzeichnet.

Weiters entspricht auch die Worttrennung jener des Originals; da es sich um einen handschriftlichen Text handelt, ist diese Trennung jedoch nicht immer völlig zweifelsfrei nachzuvollziehen. So werden nur eindeutig als getrennt erkennbare Wörter auch getrennt transkribiert.

Der Apostroph bei den Folioangaben verweist stets auf die Verso-Seite des Dokuments, auf die der Text im Wesentlichen beschränkt ist, da die Recto-Seite den amtlichen Notizen und dem Verzeichnis der Steuersummen vorbehalten blieb.

b) Lautschrift

Für die genaue Wiedergabe der mundartlichen Lautung wurde das Transkriptionssystem des Südwestdeutschen Sprachatlasses gewählt, das im Wesentlichen die „normalen“ Schriftzeichen des deutschen Alphabets verwendet und lautliche Phänomene anhand von diakritischen Zeichen darstellt.[4] Um den Textfluss nicht unnötig zu belasten, wurde darauf verzichtet, bei jeder Namensnennung auch die entsprechende dialektale Transkription anzuführen. Die Transkription wird jedoch immer angegeben, wo sie für die Interpretation von Bedeutung ist oder die dialektale Variante erheblich von der Schreibung abweicht. Im Glossar der Pfalzner Mikrotoponyme am Ende dieser Arbeit wird zu jedem Namen die entsprechende Transkription angeführt. Aus Platzgründen kann hier nicht der gesamte Transkriptionsschlüssel wiedergegeben werden. Um ein Lesen der Lautschrift zu erleichtern, sollen an dieser Stelle die wichtigsten Prinzipien erläutert werden.

Die Verwendung der Buchstaben für stimmhafte und stimmlose Konsonanten dient in der Lautschrift der Wiedergabe von schwacher oder stärkerer Realisierung des Konsonantens, also Lenis (z. B. /d/) und Fortis (z. B. /t/). Dabei lassen sich diese Fortisierungsgrade verstärken durch untergestelltes /ˌ/ (z. B. /d̩/) und abschwächen durch untergestelltes / ͓/ (z. B. /t͓/). Eventuelle Stimmhaftigkeit von Konsonanten wird durch einen untergesetzten Punkt angezeigt (z. B. /ṣ/). Bei /s/ bezeichnet /s/ die Lenis, /ʃ/ die Fortis, bei /f/ ist /f/ die Fortis, /v/ die Lenis; beim Verschlusslaut /g/ gibt /g/eine Lenis an (wie im Wort *Kugel*[5]), /k/ die entsprechende Fortis, wie sie etwa im Dialektwort *Pinggl* vorkommt. /x/ gibt den Reibelaut ⟨ch⟩ wieder, der im untersuchten Gebiet stets im mittleren Halsbereich realisiert wird. Die Affrikate ⟨k⟩ wird als /kx/ transkribiert. /š/ gibt den Zischlaut ⟨sch⟩ wieder. /R/ kennzeichnet das uvulare (Halszäpfchen) ⟨r⟩. /ŋ/ steht für das velare ⟨n⟩, das vor allem in Kombination mit /g/, /k/ und /kx/ gesprochen wird.

Geschlossene Vokale werden durch einen untergesetzten Punkt bezeichnet (z. B. /ọ/), offene durch ein untergesetztes Häkchen (z. B. /ǫ/). Die Länge wird durch einen übergesetzten Querstrich angezeigt (z. B. /ō/), die halbe Länge durch einen übergesetzten Zirkumflex (z. B. /ô/). Der Reduktionslaut Schwa, der keine klare lautliche Qualität mehr besitzt, wird als /ə/ wiedergegeben, ist er a-haltig so erscheint /ɑ/.

---

[4] Für die Beschreibung des Transkriptionssystems siehe: Seidelmann, Transkriptionssystem, 61–78. Ein kurzer Überblick findet sich am Ende dieser Arbeit am Beginn des Glossars der Pfalzner Mikrotoponyme.

[5] In der vorliegenden Arbeit werden metasprachliche Einheiten durch Kursivsetzen gekennzeichnet. Bedeutungsangaben werden unter einfache Anführungszeichen gesetzt, auch wenn sie einem Wörterbuch entnommen sind. Diese Prinzipien werden auch in Zitaten angewendet. Der Text der Zitate wird somit in dieser Hinsicht an den Text der Arbeit angepasst, während die Originalschreibung beibehalten wird – so auch bei den Bedeutungsangaben, die einem Wörterbuch, z. B. *Lexer*, entnommen sind.

Zentralisierte Vokale, die im Zentrum der Mundhöhle artikuliert werden, sind durch Anhängen eines langen Aufstriches z. B. /ꝍ/ markiert. Die Betonung des Wortes wird durch einen akuten Akzent gekennzeichnet. Wird ein Laut sehr schwach realisiert, so wird dies durch Hochstellen des Buchstabens angezeigt. Haben /R/, /n/, /m/ oder /l/ einen silbischen Charakter, so wird dies durch Untersetzen eines Kringels angegeben. /ʔ/ bezeichnet den Glottisverschluss, jenen Knacklaut, der beim Neuansatz eines Vokals bzw. zwischen zwei Vokalen auftreten kann, um diese voneinander abzugrenzen. Der Glottisverschluss bestimmt etwa den Unterschied zwischen *Spiegelei* und *Spiegel-Ei*.

Im Zuge der Aufnahme zeigten sich zwei Auffälligkeiten der Pfalzner Mundart: Auf der gesamten Pfalzner Mittelgebirgsterrasse ist eine generelle Schwankung zwischen /ọ/ und /ö/ Aussprache zu bemerken; cf. /mọ́ʃ/ vs. /mö́ʃ/. Dabei ist die ältere Variante wohl die /ö/ Aussprache, wie sie auch im Tauferer Ahrntal dominiert, während die /ọ/ Aussprache als Zeichen der „Verstädterung" des Dialektes angesehen wird mit Einfluss aus dem Brunecker Talkessel. Eine Schwankung ist zweitens auch hinsichtlich der Akzentuierung in mehrgliedrigen Wörtern zu beobachten. Gerade bei Komposita nach dem Schema *Besitzername* + *Grundwort* schwankt der Akzent. Die ältere Variante scheint hier die Betonung auf dem Grundwort zu sein, die jüngere jene auf dem Besitzernamen. Die Gewährspersonen verwenden wechselnden Akzent auch im normalen Gespräch, ohne besondere Hervorhebungszwecke. Tendenziell kann man beobachten, dass bei der isolierten Nennung des Namens das Grundwort betont wird, während zur Differenzierung des Namens von anderen ähnlichen Benennungen das Bestimmungswort akzentuiert wird.

c) Schreibprinzipien

Die Verschriftlichung der Namen stellt ein besonderes Problem dar, da der Dialekt die Sphäre der Mündlichkeit dominiert und somit keine Schriftform im eigentlichen Sinn besitzt. Jede Verschriftlichung kann daher nur ein Mittel zum Zweck sein, eine Kompromisslösung, die versucht, das rein Mündliche festzuhalten. Anders als Ortsnamen, die meist eine überregionale, großräumigere Verwendung haben, sind die Flurnamen nur in einem sehr begrenzten Gebiet in Gebrauch. Daher hat ihre Schreibung einen ganz besonderen Status. Dies ist eine der wenigen Domänen, wo es keine Normierung gibt.[6] Hier soll also nicht versucht werden, Normen zu schaffen, sondern es geht primär um eine Hilfsmittel-Funktion, die einen Weg zwischen Hochsprache und dialektalen Besonderheiten sucht. Ich folge dabei den Richtlinien, die bei den Flurnamensammlungen in Baden-Württemberg und in Bayern angewendet wurden. Aus deren Darstellung bei Bauer und Löffler[7] lassen sich folgende fünf Hauptprinzipien ableiten:

1. Flurnamen sollen möglichst so geschrieben werden, wie sie im Dialekt gesprochen werden.
2. Wenn genau entsprechende Wörter in der Schriftsprache bestehen, treten diese an die Stelle der mundartlichen. Dies ist vor allem bei den Grundwörtern wie *Acker*, *Berg*, *Feld*, *Tal*, *Wald*, *Wiese* etc. der Fall.

---

6 Vgl. Löffler, Flurnamengebung, 498–499.

7 Vgl. Bauer, Flurnamenrevision, 592; Löffler, Flurnamengebung, 500–503.

3. Besonderheiten in Wortschatz und Grammatik der Mundarten sollen im Namen erhalten bleiben. Dies gilt besonders für die Wiedergabe der Flexionsform, z. B. Diminutivsuffixe. Deshalb wähle ich in der Folge Ableitungen auf *-ile* bzw. *-lan*, um die typisch pustrerischen Diminutivformen darzustellen. Auch abweichende Genusformen bzw. dialektale Sonderformen wie *das Eck* oder *die Zäune,* singularisch für *der Weg* verwendet, sollen im Schreibvorschlag beibehalten werden.
4. Missverständliche Schreibweisen sind zu vermeiden.
5. Die Schreibweise der hochdeutschen Namen bzw. Namenbestandteile soll der heutigen Orthographie entsprechen.

Bei den Hofnamen, die bereits eine gewisse Schreibtradition innerhalb der Gemeinde besitzen, werden die konventionalisierten Schreibungen übernommen. Als Quelle diente dabei das Pfalzner Dorfbuch.[8]

Diese Schreibprinzipien werden auch im Projekt „Flurnamenerhebung in Südtirol", das die Erhebung des gesamten Südtiroler Flurnamengutes zum Inhalt hat, angewendet.[9] Für die Schreibung dialektaler Namenbestandteile gilt dabei, dass die Länge der Vokale nicht durch Dehnungszeichen wie *h*, *ie* oder Vokaldoppelung verdeutlicht wird, sondern unbezeichnet bleibt. Die Kürze wird hingegen durch nachfolgende Doppelkonsonanz gekennzeichnet. Ansonsten wird eine gemäßigte phonologische Schreibung angestrebt. Für die Getrennt- oder Zusammenschreibung komplexer Namen wurden keine Regeln eingeführt; kürzere Komposita werden tendenziell zusammen, längere getrennt geschrieben.

d) Fachbegriffe

Um das Lesen der Darstellung für Nichtlinguisten und -flurnamenforscher zu erleichtern, werde ich hier kurz einige von mir verwendete Fachbegriffe erklären. Ausführliche Erläuterungen zu speziellen Begriffen der Namenkunde werden jeweils im fortlaufenden Text gegeben.

Affrikate	Verbindung eines Verschlusslautes mit einem folgenden Reibelaut, z. B. *pf, ts, k*
analytische Bildung	Bildung, die aus mehreren Wörtern besteht
Appellativ	Substantiv, das keinen Namencharakter hat; „normales" Wort
Arbitrarität	Willkürlichkeit, Beliebigkeit
Diakritikum	Zeichen, das zu Buchstaben hinzugefügt wird (darüber oder darunter) und diesen eine neue Bedeutung oder Aussprache verleiht; z. B. Akzente, Umlautpunkte etc.
Diminutivsuffix	Endung, die eine Verkleinerungsform kennzeichnet; z. B. *-chen, -lein*
etymologisch	die Wurzel eines Wortes betreffend
Etymon	historische Wurzel, Ursprung eines Wortes

[8] Harrasser, Josef / Josef Niedermair (Hrsg.): Pfalzen in Wort und Bild. Pfalzen 1987.

[9] Das Projekt begann 1997 und soll 2002 abgeschlossen sein. Die Durchführung erfolgt am Institut für Germanistik der Universität Innsbruck im Auftrag der Autonomen Provinz Bozen. Die Namen werden in einer Datenbank verwaltet; Datenbank und dazugehörendes Kartenmaterial werden nach Projektende im Südtiroler Landesarchiv zugänglich sein.

Extension	„Umfang“ eines Begriffes, d. h. alle Sachverhalte, Elemente, die damit gemeint sind (z. B. die Extension von *Obst* sind alle Früchte, die es gibt)
Flexionsform	auch *flektierte Form*: nicht die Grundform eines Wortes, sondern eine Form, die durch Anhängen von Endungen oder anderen Elementen verändert wurde; z. B. Pluralformen, Verkleinerungsformen etc.
Flurbezeichnung	indirekte Benennung mittels Präpositionen; z. B. *hinterm Geriede, ober der Straße* etc.
Flurname	Name einer kleinen, nicht besiedelten Örtlichkeit; wird in dieser Arbeit gleichbedeutend mit *Mikrotoponym* in der Bedeutung ‚Name kleiner geographischer Einheiten‘ verwendet
Folio	Blatt (bezogen auf die Blattnummerierung im Theresianischen Kataster)
Glossar	Wörterverzeichnis
Kollektiv	auch *Kollektivbildung*: Sammelbezeichnung, in der eine Summe von mehreren Elementen / Sachverhalten als Einheit gesehen wird (z. B. *Gebirge* = Einheit aus mehreren Bergen)
Kollektivsuffix	Endung, die einem Wort die Bedeutung eines Kollektivs verleiht (z. B. *-ach*: *Grubach* = Summe mehrerer Gruben)
Kompositum	zusammengesetztes Wort
Meta-	„über“; *metasprachlich* = über die Sprache; *Metakommunikation* = Kommunikation über Kommunikationsvorgänge
Mikrogeschichte	Geschichte kleinster räumlicher Einheiten; z. B. die Geschichte eines Dorfes
Mikrotoponym	Name einer kleinen, nicht besiedelten Örtlichkeit; wird in dieser Arbeit gleichbedeutend mit *Flurname* in der Bedeutung ‚Name kleiner geographischer Einheiten‘ verwendet
Onym	Name
onymisch	namenhaft
Präfix	Vorsilbe
Referent	Element der außersprachlichen Realität, auf das ein Wort verweist
Reibelaut	Konsonant, bei dessen Bildung der Luftweg verengt wird, sodass ein Reibegeräusch entsteht *(f, s, ch, sch, h,* Zäpfchen-*r)*
Schwa	Reduktionsvokal, der keine klare lautliche Qualität mehr besitzt
Sekundärname	auch *sekundäre Benennung*: indirekte Benennung nach der Lage der Flur an anderen Fluren oder Orientierungspunkten
Semantik	die Lehre von der Bedeutung sprachlicher Zeichen
Simplexform	einfache Form, nicht flektiert
Suffix	Endung
Toponym	Örtlichkeitsname
Transkription	Umschrift, Übertragung von einer Schreibweise in eine andere; zum einen betrifft das die Umschrift der handgeschriebenen Quellentexte, zum anderen die Umschrift der mündlichen Namensform in Lautschrift

Verbalabstraktum	abstraktes Substantiv, das von einem Verb abgeleitet wurde; z. B. *Rode* zu *roden*.
Verschlusslaut	Konsonant, der durch kurzes Schließen und plötzliches Öffnen der Mundhöhle gebildet wird *(p, b, t, d, g, k)*

Als spezielle graphische Kennzeichen werden verwendet:

/.../	zur Kennzeichnung von Lauten oder lautlichen Transkriptionen
⟨...⟩	zur Kennzeichnung von Schriftzeichen (Graphemen)
‚...‘	kennzeichnet Bedeutungsangaben
kursiv	kennzeichnet metasprachliche Einheiten

c) Abkürzungen

ahd.	= althochdeutsch
BP	= Bauparzelle
DTA	= Dizionario Toponomastico Atesino
EN	= Eigenname
GP	= Gewährsperson
hd.	= hochdeutsch
ma.	= mundartlich
mhd.	= mittelhochdeutsch
Ther. Kat.	= Theresianischer Kataster (Rustical Steuerkataster des Gerichtes Schöneck, Band 3)

Einleitung

> Der Mensch, so hat man gesagt, ist ein *symbolisches Wesen*, und in diesem Sinne sind nicht nur die Wortsprache, sondern die Kultur insgesamt, die Riten, die Institutionen, die sozialen Beziehungen, die Bräuche usw. nichts anderes als *symbolische Formen* [...], in die er seine Erfahrungen faßt, um sie austauschbar zu machen: Man stiftet Menschheit, wenn man Gesellschaft stiftet; aber man stiftet Gesellschaft, wenn man Zeichen austauscht. Durch das Zeichen löst der Mensch sich los von der rohen Wahrnehmung, von der Erfahrung des *hic et nunc*, und abstrahiert. (Umberto Eco)[10]

Ecos Worte treffen einen zentralen Aspekt dieser Darstellung: Die Namen, die in der Folge betrachtet werden, haben nämlich exakt die Funktion, die Eco hier ganz allgemein für Zeichen festhält: Sie stiften Gesellschaft, Gemeinschaft, indem sie den Bewohnern eines Gebietes ermöglichen, über die Landschaft, in der sie leben, zu sprechen. Stünden ihnen diese Namen nicht zur Verfügung, hätten sie diese nicht in einem Jahrhunderte langen Prozess geprägt, dann wäre es ihnen schlicht unmöglich, sich sinnvoll mit ihren Nachbarn zu unterhalten, die Arbeiten auf Feld und Hof unter den Familienmitgliedern aufzuteilen (wer wüsste schon, wo gerade gemäht wird, wenn es keine Namen für die Felder gäbe?) – kurz das Leben in der Dorfgemeinschaft ist ohne Namen für die einzelnen Örtlichkeiten überhaupt nicht denkbar.

In der schnelllebigen Welt des ausgehenden 20. Jahrhunderts sind Entfernungen immer leichter zu bewältigen, die weltweite Vernetzung per Internet macht Fragen nach Raum und Zeit eigentlich fast überflüssig: Man ist jederzeit und überall erreichbar, sodass die Verbindung des Menschens mit seiner Umgebung zusehends an Bedeutung verliert. Damit geht auch das Bewusstsein für unseren Lebensraum und der Bezug dazu verloren. In krassem Gegensatz dazu steht die ländliche Lebenswelt, wo der Mensch in seine Umgebung noch ganz eingebunden, von ihr abhängig ist und damit auch sehr bewusst den Raum und seine Strukturiertheit wahrnimmt. Dieses Bewusstsein für die Umgebung und das Eingebundensein darin schlägt sich nirgends deutlicher nieder als im Namennetz der ländlichen Flur, wie es bis heute noch äußerst dicht besteht. Natürlich ist auch hier ein Wechsel im Gange: Gerade die Technisierung der Landwirtschaft lässt die Bedeutung kleiner Distanzen und Örtlichkeiten zunehmend verschwinden, da mit der schnelleren Bearbeitungsweise auch das Denken der Bauern ein großräumigeres wird. Zudem werden viele alte Bergmähder nicht mehr bewirtschaftet, Ackerflächen verschwinden, Fluren werden zusammengelegt – damit verliert auch die Notwendigkeit eines engmaschigen Koordinatensystems zur Orientierung in diesem Raum an Wichtigkeit, der Namenbestand geht stetig zurück.

Diese Arbeit versucht deshalb eine Momentaufnahme zu einem Zeitpunkt, wo sich die alte Struktur noch sehr intakt erhalten hat, aber zugleich schon in ihrer Vollstän-

---

[10] Eco, Zeichen, 108.

digkeit bedroht ist. Ziel der Untersuchung ist es, das Namennetz einer Gemeinde exemplarisch darzustellen als Orientierungsnetz der Dorfbewohner, als mentale Landkarte, in der sich der Blick der Menschen auf ihre Lebenswelt widerspiegelt, in der aber auch mehr als tausend Jahre Geschichte ihre Spuren hinterlassen haben. Die Namen werden nicht als isolierte sprachliche Daten betrachtet, sondern – wie ich schon im Vorwort ausführte – als Netz an verdichteter Information über die Welt, in der die Namen geprägt wurden und die sie widerspiegeln. Die Mikrotoponymie soll dargestellt werden in ihrer Funktion als Spiegel, durch den hindurch der aufmerksame Betrachter die Spuren der dörflichen Lebenswelt, wie sie sich über die Jahrhunderte geformt hat, wahrnehmen kann. Die Namen erscheinen damit zugleich auch als besondere Geschichtszeugen, in denen sich die Erfahrungen der Landbewohner dokumentiert haben und ein ganz besonderes Stück mündlich überlieferter Geschichte erhalten ist.

Um ein besseres Verständnis des „Quellenmaterials“ dieser Untersuchung zu gewährleisten, werden am Beginn die Namen als besondere Elemente der Sprache analysiert und unter linguistischen Aspekten dargestellt, wodurch diese völlig eigene Kategorie des Wortschatzes dem Leser näher gebracht werden soll. Damit soll auch ein tieferes Verständnis für diese Bausteine der „Landkarte“ im Kopf geschaffen werden, die die Mikrotoponyme eines Gebietes letztlich darstellen.

In einem zweiten Kapitel wird daraufhin das Untersuchungsgebiet, die Gemeinde Pfalzen, in Raum und Zeit situiert. Ziel ist es, das Siedlungsgebiet und die spezielle örtliche Siedlungsgeschichte kurz zu skizzieren, um damit den lokalen und zeitlichen Hintergrund abzubilden, vor dem das Netz der Flurnamen entfaltet werden soll.

Dritter Teil und Kern der Untersuchung ist schließlich die Darstellung des Pfalzner Namennetzes. Dabei werden die Namen anhand der Benennungsmotive, die ihnen zugrunde liegen, systematisiert und in Kategorien zusammengefasst. Hieraus wird zum einen die Strukturiertheit des Namennetzes sichtbar, die Art und Weise, wie die Dorfbewohner die Welt wahrnahmen, und Rückschlüsse lassen sich daraus auf die Strategien der Benennung ziehen. Zum anderen werden die Namen aber auch als Spuren der Geschichte betrachtet, anhand derer sich ein Bild der historischen Landschaft und Lebenswelt Pfalzen nachzeichnen lässt.

Am Ende der Darstellung findet sich ein Glossar, in dem sämtliche in Pfalzen erhobenen Mikrotoponyme in alphabetischer Reihenfolge angeführt sind. Bei jedem Namen wird die mundartliche Form in Lautschrift angegeben, die Lokalisierung der Flur anhand von Katastermappen und schließlich – soweit vorhanden – der entsprechende Beleg aus dem Theresianischen Kataster.

I. Flurnamen als besondere sprachliche Zeichen

1. Was ist ein Name?

> Gott, der Herr, formte aus dem Ackerboden alle Tiere des Feldes und alle Vögel des Himmels und führte sie dem Menschen zu, um zu sehen, wie er sie benennen würde. Und wie der Mensch jedes lebendige Wesen benannte, so sollte es heißen. Der Mensch gab Namen allem Vieh, den Vögeln des Himmels und allen Tieren des Feldes. (Gen. 2, 19–20)[11]

Exemplarisch lässt sich dieses Bibelzitat heranziehen, um eines der primärsten Bedürfnisse des Menschen aufzuzeigen: Das Bedürfnis, die Welt, in der er lebt, sprachlich zu erfassen, den Dingen einen Namen zu geben und sie somit gleichsam in Besitz zu nehmen. Die sprachliche Aneignung der Welt nannte L. Weisgerber das „Worten der Welt", ein Phänomen, das genauso auch für die Erfassung der Welt mittels Namen zutrifft.[12] Der Mensch benennt Dinge, mit denen er häufig zu tun hat, die wichtig sind in seinem Lebensraum, und die er deshalb eindeutig machen will. Der Name erleichtert gewissermaßen den Umgang mit der Welt, in der wir leben.

So liegt jedem Namen also eine Handlung zugrunde, ein Akt der Benennung; dieser ist es, der die Namen aus dem restlichen Wortschatz heraushebt und sie zu etwas Besonderem macht. Mit der Namengebung erfolgt einerseits eine Identifizierung des benannten Objekts, andererseits dessen Isolierung aus der Summe aller anderen Dinge der Erfahrungswelt. Jeder Name ist einem einzigen Objekt oder Individuum zugeordnet, wird ihm wie ein Etikett angehängt; dies beinhaltet auch eine Art von Macht, die der Namengeber durch den Benennungsakt und die zugleich damit erfolgende Inbesitznahme des Namenträgers erhält. Diese besondere Art der Macht zeigt sich nicht zuletzt auch in Phänomenen wie der Namenmagie und dem Namenzauber, findet ihren Niederschlag in Geschichten und Märchen, man denke etwa an *Rumpelstilzchen.*[13] So ist es unangenehm und beinahe unerträglich, die Namen von Personen nicht zu kennen oder namenlose Haustiere um sich zu dulden, manche Menschen empfinden sogar das Bedürfnis, andere vertraute Elemente ihres Alltags wie Pflanzen oder Autos zu benennen. Es verleiht ein Gefühl der Sicherheit, die Welt um uns mit Namen zu versehen, denn was man mit Namen rufen kann, das kennt man.

Charakteristisch für die Namen ist, dass sie offensichtlich keine „Bedeutung" in dem Sinn des Wortes haben; Namen wie *Kim* oder *Elisabeth* haben für ihre Träger und Benützer keinen Sinn; sie bezeichnen eine gewisse Person, ihre Bedeutung ist jedoch unverständlich. Andere Namen wie *Fürchtegott* oder *Gottlieb* sind zwar etymologisch

---

[11] Die Bibel, Einheitsübersetzung 1980.
[12] Vgl. Bauer, Namenforschung, 16.
[13] Vgl. zu diesen Überlegungen auch ebd., 8.

durchsichtig, doch wird diese Etymologie bei der Nennung des Namens nicht aktiviert bzw. kann eine solche Aktivierung von Etymologien geradezu als unangenehm empfunden werden, etwa im Fall „sprechender“ Nachnamen und deren Verballhornung.

Dieser Wesenszug, dass Namen nicht *bedeuten,* sondern vielmehr *bezeichnen,* ist im Grunde das relevante Charakteristikum, das die sogenannten Nennwörter in zwei große Gruppen gliedert: jene der *Namen* und jene der *Appellativa*[14], oder wie es die Antike ausdrückte: *nomina propria* und *nomina appellativa*, *Eigennamen* und *„rufende“ Namen.*

In diesem lateinischen Terminus *nomen proprium* drückt sich noch eine weitere wesentliche Charakteristik der Namen aus: Sie sind mit einem einzigen Objekt verbunden. Der Namenträger hat seinen Namen gewissermaßen in Besitz, er ist allein ihm zugehörig, was man linguistisch mit dem Terminus *Monoreferentialität* bezeichnet. Aus diesem Phänomen hat sich häufig die Auffassung ergeben, dass echte Namen einzigartig seien. Das ist jedoch keineswegs der Fall, da es eine ganze Fülle von Individuen und Objekten gibt, die denselben Namen tragen. Das Phänomen der Singularität der Namen lässt sich jedoch insofern aufrechterhalten und begreifen, als jedem Objekt und Individuum in jedem Benennungsakt einzeln der Name gegeben wird. Im Gegensatz zum Appellativ besitzt der Name eine „eindeutige“ Extension, ruft also nicht eine Fülle von Referenten gleichen Namens bei jeder Nennung auf, sondern meint jeweils spezifisch nur ein einziges Individuum. Beim Ruf „Peter!“ auf einem öffentlichen Platz werden sich also zwar eine ganze Fülle von Personen dieses Namens umdrehen, nur eine einzige davon ist allerdings damit gemeint.[15]

Problematisch ist die bereits zuvor angerissene These, nach der Namen keine „Bedeutung“ haben, gewissermaßen willkürlich seien. Sir Alan Gardiner formulierte dies folgendermaßen:

> The purest of proper names are wholly arbitrary and totally without significance.[16]

Das Problem hinter dieser Aussage ist, dass die meisten Namen[17] aus Appellativen oder appellativischen Äußerungen hervorgegangen sind. Dies konnte dadurch geschehen, dass dasselbe Objekt oder dieselbe Örtlichkeit stets mit demselben Appellativ belegt wurde, bis dieses endlich zum Namen wurde – so lässt sich etwa die Namengebung bei vielen Flurnamen verstehen. Bei der Taufe von Personen wurden hingegen Segensformeln und -wünsche zu Namen, erstarrten und verblassten meist in ihrer Etymologie. Dies geschah besonders, wenn sie von anderen Völkern aufgenommen oder unverändert durch den Sprachwandel weitertradiert und von den Benützern schließlich nicht mehr verstanden wurden.[18] Bei manchen Völkern, etwa den Indianern, ist es geradezu zwingend, dass die Namen etwas über ihre Träger aussagen; auch viele Spitznamen

---

[14] Unter *Appellativa* ist der gesamte Rest der Substantive zu verstehen, die keinen Namencharakter besitzen.

[15] Vgl. zu diesen Ausführungen auch Lötscher, Lexikalische Einheit, 448–449.

[16] Zit. nach Nicolaisen, Name and Appellative, 388. (Die reinsten Eigennamen sind gänzlich beliebig und völlig ohne Bedeutung.)

[17] Ausnahmen stellen manche Modenamen und Tiernamen dar, die nur aufgrund ihres Wohlklanges gewählt werden, wie etwa *Chico,* vgl. Lötscher, Lexikalische Einheit, 453. Dabei ist auch hier die Benennung nicht völlig arbiträr, sondern z. B. aus ästhetischen Gründen und durch die Phonetik motiviert.

[18] Vgl. dazu auch ebd., 454.

sind durch diese Charakteristik geprägt und ersetzen oft den etymologisch blassen Taufnamen.

Umgekehrt hat die rätselhafte und oft unergründliche Seite der Namen die Forscher dazu animiert, sich über diese „Fossilien“ im Sprachschatz Gedanken zu machen und ihre Wurzeln zu ergründen. So entstanden schon in der Antike und im Mittelalter bis herauf zur Neuzeit Handbücher, die Erklärungen zu den Namen liefern. Noch im letzten Jahrhundert sah es die Namenkunde als ihre Hauptaufgabe an, die Etymologie der Namen zu klären und ihre Wurzeln zu bestimmen.[19] Dieses „Rätsellösen“ macht bis heute eine der spannendsten Fragen in der Namenforschung aus; nicht zuletzt versucht auch diese Arbeit, die gesammelten Namen zu „deuten“, also ihre Etymologie zu eruieren und die Motiviertheit der Onyme zu erklären. Doch hat sich die Namenforschung in diesem Jahrhundert darüber hinaus anderen Fragen zugewendet, besonders der Frage nach dem Status der Namen als sprachliche Zeichen. Hier ist gerade die Spannung zwischen onymischer und appellativischer Benennung eines der Hauptthemen.[20]

Die Zahl der angeschnittenen Problempunkte zeigt, wie schwierig es ist, das Wesen der Namen zu erfassen. Erhöht wird die Komplexität der Frage noch durch die Fülle verschiedenster Namen, die es zu betrachten gilt: Personen- und Familiennamen, Tier- und Pflanzennamen, Orts- und Flurnamen, Namen von Gestirnen und Namen von Produkten, Spitznamen und rituelle Namen – sie alle weisen völlig verschiedene Charakteristika auf, und dennoch werden sie ohne Zögern als *nomina propria* verstanden. Was ein Name letztlich ist, lässt sich durch eine Definition von Merkmalen wohl nicht bestimmen, sondern vielmehr durch seine Verwendung. Name ist, was die Menschen als Name verwenden, als Etikett, als Mittel der Identifikation von Elementen der Realität, wobei gerade in diesem Bereich der Phantasie und den individuellen Vorstellungen der Sprecher überhaupt keine Grenzen gesetzt sind.[21]

Da jedoch das Thema dieser Darstellung die Flurnamen sind, konzentrieren sich die folgenden Betrachtungen auf diesen Typus von Onymen, wobei betont wird, dass die dargestellten Aspekte sich nicht auf alle Arten von Namen übertragen lassen.

2. Flurnamen und ihre Stellung innerhalb der Namenkunde

> Wenn aber die uralte Zeit noch irgendwo haftet in der neuen, so ist es in der Benennung der Dorffluren, weil der einfache Landmann lange Jahrhunderte hindurch kein Bedürfnis fühlt, sie zu verändern. Wie sich Waldstege und Pfade durch die Getreidefelder unverrückt bei den wechselnden Geschlechtern der Menschen erhalten, und da kaum ein Fuß hintreten kann wo nicht schon vor vielen Jahrhunderten gewandelt worden wäre, weil der Lauf des Wassers und die Bequemlichkeit des Ackerbaus oder die Viehtrift dafür notwendige Bestimmungen gab; ebenso getreu pflegt auch das Landvolk die alten Namen seiner stillen Feldmark zu bewahren [...]. (Jacob Grimm, 1840)[22]

---

[19] Vgl. dazu auch Eichler, Namenforschung, 2–7.
[20] Vgl. ebd., 7.
[21] Abgesehen von gewissen amtlichen Regelungen, die die Benennung von Personen betreffen.
[22] Grimm zit. nach Kleiber, Flurnamenforschung, 405.

Jacob Grimm verwies mit dieser Aussage auf die Bedeutung der Flurnamen zu einer Zeit, als sich die Forschung noch kaum dafür interessierte. Dabei zeigte er bereits einige wesentliche Aspekte dieses Phänomens auf: die enge Verbundenheit der Namen mit der Bevölkerung, die sie prägte, und mit der Landschaft, in der sie entstanden; die mündliche Tradierung der Namen durch die Generationen hinweg und damit zugleich ihre Bedeutung als historische Quelle, als Fingerzeig in die Vergangenheit. Ihr Alter und ihre Lebensdauer sind allerdings nicht so hoch, wie Grimm sie einschätzte.

Die Flurnamen sind Teil der Toponymie, der Namen von Örtlichkeiten. Innerhalb dieses großen Bereichs sind sie Teil der Mikrotoponymie, also der Benennungen von kleinen Örtlichkeiten. Flurnamen lassen sich allerdings nicht mit der Mikrotoponymie gleichsetzen, da diese auch die Namen von kleinen Siedlungen, Weilern und Höfen umfasst.[23] Der Begriff *Flurname* lässt sich in unterschiedlicher Weise auslegen. Für die ortsansässige Bevölkerung meint er nur die Namen der Fluren im engeren Sinn, i. e. der bewirtschafteten Felder, Wiesen und Äcker. Die breitere Definition versteht unter *Flurnamen* die Onyme aller nicht bewohnten Örtlichkeiten, wobei also Flurnamen im engeren Sinn, aber auch Namen von Wäldern, Bergen, Gewässern und Wegen dazu gerechnet werden können.[24]

Diese Onyme dienen in erster Linie der Orientierung innerhalb der ländlichen Welt: Sie sind entstanden aus dem Bedürfnis der Menschen, sich untereinander über die einzelnen Bereiche ihres Lebensraumes zu unterhalten und abzusprechen. Daraus lässt sich folgern, dass sie spätestens mit der Sesshaftwerdung der Menschen, dem Übergang vom Nomaden- zum bäuerlichen Leben und der damit einhergehenden intensiven Nutzung der Landschaft, entstanden sind.[25] Zweifelsohne hatten auch schon vorher besonders eindrucksvolle Punkte in der Landschaft wohl eine Form von Benennung.

Aus dieser Tatsache wurde lange Zeit – wie auch in der Feststellung von Grimm ersichtlich – fälschlicherweise der Schluss gezogen, die Namen der Fluren gehörten zu den ältesten Onymen überhaupt und würden in die frühesten Stadien der Besiedlung zurückweisen. Tatsächlich sind Flurnamen im engeren Sinn jedoch zu den jüngeren Onymen zu rechnen. Sie stehen in weit engerem Zusammenhang mit dem appellativischen Wortschatz als andere Namen, etwa Orts- oder Familiennamen. Durch den appellativen Wortschatz wird der Flurnamenbestand ständig erneuert: Jüngere Appellativa kommen herein, ältere und unverständliche werden ausgestoßen und durch neuere Bezeichnungen ersetzt.[26] Daraus ergibt sich die starke etymologische Durchsichtigkeit dieser Onyme. Nichtsdestotrotz halten sich auch gewisse markante Bezeichnungen und längst untergegangenes Dialektwortgut im Flurnamenschatz. Es herrscht ein Nebeneinander von jüngeren und älteren Prägungen, von Namen mit Wurzeln in verschiedenen Sprachschichten, gerade in jenen Bereichen, wo Siedler unterschiedlicher Sprachgruppen einander ablösten.

---

[23] Vgl. Witkowski, Terminologie, 292.

[24] Vgl. Tyroller, Typologie, 1434. In dieser Arbeit wird der Terminus *Flurname* sehr weit gefasst – mit Ausnahme der Haus- und Hofnamen werden alle Benennungen der Pfalzner Landschaft einbezogen im Sinne der Erfassung des Namennetzes als „Landkarte im Kopf".

[25] Vgl. Scheuermann, Dorfflur, 540.

[26] Vgl. Haubrichs, Namenforschung, 73. Das Phänomen lässt sich durch die geringe räumliche und personale Reichweite der Flurnamen erklären. Oft genügt ein Besitzerwechsel für das „Aussterben" aller alten Flurnamen, die dieser Besitzer allein verwendet hatte.

Mit der ständigen Verjüngung der Flurnamen ist ein wesentliches Problem der Flurnamenforschung verbunden: Jedes Sammeln ist ein Sammeln gegen die Zeit und gegen das Vergessen, da die Namen mit den Fluren und mit deren Bewirtschaftern oft untergehen, dies gerade in Zeiten der abnehmenden landwirtschaftlichen Nutzung, der zunehmenden Verbauung der Landschaft und groß angelegten Flurbereinigung. Erschwerend hinzu kommt der Faktor, dass die Flurnamen weit weniger verschriftlicht als die Ortsnamen und vielfach nur im Gedächtnis der Bevölkerung verankert sind. Sie gehören somit primär dem Bereich der Mündlichkeit an und sind charakterisiert durch ihre fehlende Normierung. Daraus ergibt sich für jeden Flurnamensammler und Ersteller von Flurnamenkarten das Problem der Schreibung dieser Onyme, da es kaum Regeln dafür gibt, wie dialektales Sprachgut verschriftlicht werden soll. Im Prinzip widerspricht die Verschriftlichung sogar dem Charakter des Dialektnamens. Das zeigt sich an der Fülle unbefriedigender Formen, die geschriebene dialektale Onyme darstellen, weil sie spröde, sperrig und gekünstelt wirken.[27]

Als zusätzliche Charakteristik der Flurnamen lässt sich ihre geringe Reichweite anführen. In räumlicher Hinsicht ist damit die geringe Größe der von ihnen bezeichneten Fläche zu verstehen, die oft nur einen Punkt in der Landschaft oder Teile eines Feldes ausmacht, wenngleich manche Namen auch größere Gebiete umfassen. Zum anderen ist auch in Bezug auf die Benutzer der Namen von einer geringen Reichweite zu sprechen: Manche Namen sind nur innerhalb einer Familie bekannt, und auch dort oft nicht allen Mitgliedern. Daraus ergibt sich ein komplexes Netz von sich überschneidenden Namenfeldern und die ans Unmögliche grenzende Erfassung aller Flurnamen eines Gebietes.[28]

Abschließend lassen sich die wichtigsten Charakteristika der Flurnamen im Vergleich zu anderen Namen wie folgt zusammenfassen:[29]

1. Sie stehen den Appellativa weit näher als die meisten anderen Namen. Damit einher geht ihr konkreter Charakter: Flurnamen sind sinnlich-anschauend, abstrakte Formen sind selten.[30]
2. Sie gehören zu den jüngeren Prägungen innerhalb der Namen.
3. Sie sind gebunden an die dörfliche Flur und deren Bewohner und haben somit eine geringe räumliche und personale Reichweite.
4. Sie gehören in den Bereich der Mündlichkeit und lassen sich nur schwer verschriftlichen.
5. Flurnamen bilden kein flächendeckendes, homogenes Netz, sondern ein komplexes Gewebe aus überlappenden, individuellen, familiären und ortsteilgebundenen Namenfeldern.

Diese Onyme erfüllen insgesamt zwei allgemein als prototypisch angesehene Charakteristika der Namen in der Regel nicht: a) Sie haben im Gegensatz zu den meisten Namen häufig eine „Bedeutung“, i. e. sie sind etymologisch durchsichtig. b) Sie verhalten sich syntaktisch meist wie Appellativa, i. e. sie werden fast immer mit Artikel verwendet.

---

[27] Vgl. zu dieser Problematik Löffler, Flurnamengebung, 499.
[28] Vgl. ebd., 498–499.
[29] Vgl. ebd. 498–499.
[30] Vgl. Debus, Soziolinguistik, 397.

3. Semantik der Flurnamen: An der Grenze zwischen Appellativ und Name

> Whereas words (appellatives) must be semantically transparent in order to be used appropriately and competently, names can be, and often are, completely opaque semantically, can be empty shells waiting to be filled with onomastic content.
>
> (Wilhelm F. H. Nicolaisen)[31]

Von der Bedeutung der Namen zu sprechen, scheint an sich paradox zu sein, da es zu den prototypischen Charakteristika von Namen gehört, nichts zu bedeuten: Ein Name ist vorzugsweise etwas, das man nicht versteht. Werner schreibt dazu:

> Der Verlust an (etymologischer) „Durchsichtigkeit" erhöht den EN-Status und verbessert die Benutzbarkeit [...][32]

Diese Schlussfolgerung ergab sich auch aus den Interviews mit den Gewährspersonen: Je durchsichtiger ein Name, je näher er dem Appellativ stand oder gar eine präpositionale Bildung darstellte, desto zögernder wurde er genannt und als „kein richtiger Name" eingestuft. Bereits in den vorhergehenden Kapiteln wurde jedoch dieses Postulat der Arbitrarität von Namen als problematisch angesehen und auf den besonderen Status der Flurnamen verwiesen. Für sie gilt diese Forderung in der Regel nicht; sie fallen gerade durch ihren appellativischen Charakter auf.

Was ein Name und was ein Appellativ ist, und wo die Grenze letztlich zu ziehen ist, lässt sich semantisch sicher nicht klären. Die zunehmende Erforschung der Pragmatik von Namen hat in der letzten Zeit sogar dazu geführt, dass diese postulierte totale Opposition zwischen Onymen und Appellativen, wie sie sich historisch etabliert und durch die Jahrhunderte gehalten hat, teilweise aufgegeben wurde: Es gibt zu viele Zwischenformen, „Appellativnamen" und „Namenappellative", sodass es sinnvoller ist, von fließenden Übergängen zu sprechen, nicht ohne jedoch appellativische und onymische Charakteristika und Besonderheiten herausstreichen zu können.[33] Deshalb soll hier versucht werden, die typischen semantischen Unterschiede der beiden Typen von Nomen zu beleuchten.

Wenngleich sich aufzeigen lässt, dass Namen nicht bedeutungsleere Worthülsen sind, die nur nennen, ohne irgend etwas auszusagen, ist dennoch ein Unterschied zwischen appellativischer und onymischer Bedeutung festzustellen. Die appellativische Bedeutung lässt sich traditionellerweise als Summe von Bedeutungselementen begreifen, die gemeinsam die Bedeutung eines Wortes ausmachen. Wird dieses Appellativ nun zum Namen, so ergibt sich eine bemerkenswerte Veränderung. Die einzelnen semantischen Merkmale, die die Bedeutung konstituierten, verblassen. Statt dessen wird die Bindung des Namens an das Objekt – z. B. den Acker hinter dem Haus – stärker und letzten Endes ausschließlich. Das Wort verliert an Bedeutung und gewinnt an In-

---

[31] Nicolaisen, Name and Appellative, 388. [Während Wörter (Appellativa) semantisch durchsichtig sein müssen, um angemessen und kompetent verwendet zu werden, können Namen semantisch völlig dunkel sein – ja sie sind es sogar häufig; sie können leere Hülsen sein, die darauf warten, mit onomastischem Inhalt gefüllt zu werden.]

[32] Werner, Pragmatik, 478.

[33] Vgl. dazu Koß, Bedeutung, 458.

halt.[34] Darunter ist eine ganze Fülle von Informationen zu verstehen, die der Sprecher über das betreffende Objekt besitzt: z. B. ‚Ort, wo ich als Kind immer gespielt habe', ‚Ort wo früher Rüben angepflanzt wurden, jetzt aber die Holzhütte steht', ‚Flur, die ich vom Nachbarn nach einem zehn Jahre dauernden Prozess zurückbekommen habe' etc. Dieser Inhalt umfasst also auch die Geschichte der Flur, die Entstehung des Namens, den Akt der Namengebung, Uminterpretationen bis hin zur aktuellen Verwendung.[35]

Wie stark die semantischen Merkmale des Appellativs im Namengebungsakt verblassen, zeigt die Tatsache, dass ein appellativischer Name wie *der Acker* sich genauso hält, auch wenn die Flur längst eine Wiese ist oder vielleicht sogar ein Haus darauf gebaut wurde:

> In its most severe form, one might express this contrast in the formula: Words (= appellatives) must have meaning in order to function, names must have content. In this respect, lexical meaning if transparent or lexical etymology if ascertainable may contradict or be completely unrelated to the content of an onomastic item – somebody called *Smith* may be a baker, *Fiona* (from Gaelic *fionn* ‚white') may be a girl with a dark complexion, *Cambridge* may be on the Charles River, and *Perth* may be a city (rather than a thicket).[36]

Daraus ergibt sich auch gerade die Langlebigkeit von Namen: Da die Bedeutungsmerkmale verblassen und nur mehr die Nennung, die Bindung an das gemeinte Objekt eine Rolle spielt, ist es völlig irrelevant, ob das Wort als Appellativ aus dem Wortschatz verschwindet, ob schließlich die Sprache selbst untergeht, andere Siedler kommen, die das Wort nicht mehr verstehen. Hier setzt der Forschergeist der Onomastik ein, der in komplizierten Entschlüsselungsverfahren wieder den einstigen Kern der Namen aufzuspüren sucht. Dabei kann es sich jedoch nicht darum handeln, die „Bedeutung" des Namens zu rekonstruieren; diese ist jedem Namenbenützer völlig geläufig, sofern er weiß, welche Flur mit dem Namen gemeint ist, und wo sich diese befindet. Es geht vielmehr darum, die Bedeutung des oder der Appellativa zu eruieren, die der Benennung zugrunde liegen, und daraus das Motiv für die Benennung zu erfahren.

4. Die Menschen hinter den Namen: Namengeber und Namenpräger

> Flurnamengebung ist Feldgliederung. Was die Benennung einer Örtlichkeit hervorruft, ist keineswegs ein Faktor, welcher der Örtlichkeit selbst eignet, sondern ein psychisches Phänomen: die innere Einstellung des Menschen zu einem Bestandteil seines Lebensraums, die Stärke seines Interesses dafür, die (positive oder negative) Bindung daran. Erst wo sich eine solche

[34] Vgl. dazu Wimmer, Eigennamen, 378; Nicolaisen, Name and Appellative, 388; Lötscher, Lexikalische Einheit, 453.

[35] Vgl. Wimmer, Eigennamen, 374.

[36] Nicolaisen, Name and Appellative, 388. [In seiner strengsten Form könnte man diesen Kontrast in der Formel ausdrücken: Wörter (= Appellativa) müssen Bedeutung haben, um zu funktionieren, Namen müssen Inhalt haben. In dieser Hinsicht kann die wörtliche Bedeutung, wenn sie durchscheint, oder die Etymologie, wenn sie entschlüsselt ist, dem Inhalt eines Onyms widersprechen oder in keiner Beziehung dazu stehen – jemand der *Schmied* genannt wird, kann ein Bäcker sein; *Fiona* (vom gälischen *fionn* ‚weiß') kann ein Mädchen dunklen Typus sein, *Cambridge* kann am Charles River liegen und *Perth* mag eine Stadt sein (und kein Dickicht).]

seelische Beziehung zwischen Mensch und Sache herstellt, wird der Mensch zum Namengeber. (Gerhard Bauer)[37]

Die Benennung der Fluren hat primär einen Sinn: Die Schaffung eines Koordinatensystems, mittels dessen sich die Menschen in einem bestimmten Gebiet orientieren können.[38] Flurnamengebung ist somit „Feldgliederung“, um mit Bauer zu sprechen, entstanden aus dem Bedürfnis, den eigenen Lebensraum zu gliedern und damit fassbar und weiter vermittelbar zu machen. Es schafft ein Gefühl der Sicherheit, das zu benennen, was um uns ist. Dadurch lassen sich Erfahrungen mitteilen, die wir mit Örtlichkeiten machen, eine Kommunikation zwischen den Bewohnern kann entstehen. Es ist ein ähnliches Phänomen, das den Wanderer dazu bringt, die Namen der Bergspitzen, die er sieht, auf Karten zu suchen und Einheimische danach zu fragen. Eigene Namen wird er jedoch erst dann für einen Ort prägen, wenn er immer wieder dorthin zurückkehrt, wenn dieser Ort eine Bedeutung für ihn gewinnt, und er in eine Beziehung zu ihm tritt: Etwa der Punkt, wo die Hälfte des Weges zurückgelegt und die erste Rast angesagt ist, oder jener Platz, wo er stets seine Mittagsmahlzeit einnimmt, wenn er diesen Weg begeht.[39] Genauso werden auch innerhalb der dörflichen Gemeinschaft nur jene Örtlichkeiten benannt, die im sozialen Leben wichtig sind.[40] Sicher sind es dort weit mehr, da die Dorfflur intensiv landwirtschaftlich genutzt wird, und somit beinahe jedes Fleckchen Erde seine bestimmte Bedeutung im Leben der Menschen hat.

Namen sind also immer bezogen auf die Kommunikationsgemeinschaft, die sie verwendet.[41] Dabei kann nicht davon ausgegangen werden, dass alle Sprecher dasselbe Namensystem benützen: Es ist eine Charakteristik des onymischen Wortschatzes, dass er weit individueller ausgeprägt ist als der appellative. Wieviele Namen ein Mensch in seinem Leben lernt, in welchem Grad er sich Namen merken kann, ist äußerst unterschiedlich.[42] Genauso verschieden stark ausgeprägt ist auch das Bedürfnis eines Menschen, seine Umgebung durch Namen zu individualisieren: Nicht jeder gibt seinem Computer und seinem Auto einen Namen – genauso lassen sich auch unterschiedlich dichte Namenfelder in der Mikrotoponymie beobachten. Die Extrembeispiele in dem von mir erhobenen Gebiet waren ein Bauer mit nur etwa fünfzehn Namen für die Fluren unmittelbar um sein Haus und ein Bauer mit über sechzig für eine räumlich etwa idente Zone. So wissen die Bewohner des Dorfes auch genau, wer im Dorf die Namen kennt und wer nicht.

Dies hängt natürlich auch mit unterschiedlichen Notwendigkeiten zusammen. Ein Jäger, Förster oder Hirte hat weit mehr das Bedürfnis, Namen zu geben, um sich auf den weiten Wanderungen orientieren und mit anderen Arbeitskollegen verständigen zu können, als ein Bauer, der im Wesentlichen nur seine eigenen Felder benennen muss. Daher bilden sich in einem gegebenen Gebiet verschiedene Namennetze heraus, die sich zum Teil überlappen, zum Teil aber auch deutliche Lücken aufweisen. Wie es im

---

37 Bauer, Flurnamengebung, 456.

38 Vgl. dazu auch Scheuermann, Dorfflur, 539.

39 So prägten mein Onkel und seine Bergkameraden den Namen *Oachkatslschnapslplatzl* (Eichkätzchenschnapslplatzl) für einen Rastplatz mit einem markanten Wurzelstock, der wie ein Eichkätzchen aussieht, und wo man sich das erste Schnäpschen genehmigte.

40 Vgl. Šrámek, Eigennamen, 381.

41 Vgl. Haubrichs, Namenforschung, 73.

42 Vgl. Werner, Pragmatik, 477: „Wir lernen jeweils nur einen kleinen Teil der EN je nach den Kommunikationskreisen, in denen wir leben.“

appellativen Wortschatz Spezialwortschätze und Fachsprachen gibt, so lassen sich solche Spezialnamenfelder auch in der Onomastik eruieren. Am auffälligsten ist dabei sicher der Namenschatz der Jäger. Führt man solche „Jägernamen" in ein normales Gespräch ein, so reagieren die Gewährspersonen sofort und stellen fest, dass dies wohl ein Name der Jäger sei.

Besonders interessant ist in diesem Zusammenhang der familiäre Namenschatz. Innerhalb des intimen Bereichs der Familie fällt die Grenze zwischen Appellativ und Name gänzlich. Da es meist nur wenige Exemplare einer Sorte in diesem begrenzten Raum gibt, genügt die Verwendung eines einfachen Appellativs zur Individuation. Bezeichnenderweise heißt am Bauernhof der Hund meist *Hund*, die Katze *Katze*; der älteste Sohn ist *der Bub*, die älteste Tochter *die Gitsche* (hd. das *Mädchen*) und die jüngste entsprechend *die Letze* (hd. die *Kleine*).[43] Analog finden sich zumeist nur appellativische Namen rund um das Haus, angefangen bei den präpositionalen Bildungen *hinter dem Haus, unter dem Haus* bis zu den appellativen Standardnamen *der Baumgarten, die Leite, die Wiese, der Acker.* Wird von den Nachbarn auf diese Fluren verwiesen, so wird zur näheren Individuation einfach der Hofname angehängt.

Erneut zeigt sich also die große Nähe von Appellativ und Name. Beide sind letztlich „Zugriffsindizes für Informationsmengen im Gedächtnis"[44]. Dabei sind Eigennamen besonders ökonomische Referenzmittel, weil sie ungleich mehr unter ihrem „Etikett" abspeichern als reine Appellativa. Bereits im Semantikkapitel wurde darauf verwiesen, dass Namen *Inhalt* statt *Bedeutung* haben. Das bedeutet weiters, dass ein Name eine ganze Fülle von Informationen, von Wissen zu einem Ort in sich gespeichert hat, der bei jeder Nennung aktiviert wird. Ein Name identifiziert eindeutig das benannte Objekt, ermöglicht den Kommunikationspartnern, sich in der Landschaft zu orientieren, und ruft zugleich eine Flut von Daten über die Art der Flur, ihre Beschaffenheit, ihre Geschichte etc. auf. Umgekehrt jedoch können Namen auch Kommunikationsprobleme aufwerfen, wenn sie aufgrund der verschiedenen Namenkenntnisse nicht verstanden werden.[45] Hier entsteht eine Kommunikationsbarriere, die erst durch längere Beschreibungen gebrochen werden kann. Damit wächst zugleich der Namenschatz der einzelnen Sprecher. Wie wichtig die Erweiterung des Namenschatzes für die Kommunikationspartner ist, zeigt sich auch daran, dass es regelrechte Metakommunikation in Bezug auf Namen gibt, i. e. Menschen sprechen über Benennungen, tauschen ihre Namenkenntnis aus – man denke auch hier wieder an Wanderer im Gebirge, die sich gegenseitig die Bergspitzen und Almen zeigen und deren Namen nennen.[46]

Der onomastische Wortschatz ist ein offener: Er passt sich stets den neuesten Gegebenheiten an. Veränderungen in der Landschaft führen auch zu neuen Namen. Dies zeigt sich etwa am Fall des *Fuchsbichls* in Pfalzen, der mit dem Abwurf einer Bombe während des Zweiten Weltkrieges zerstört wurde und prompt den neuen Namen *das Bombenloch* erhielt. Daraus erklären sich auch neueste Namenbildungen der Art *bei der Araltankstelle,* wie sie vielerorts bestehen. Die Menschen haben allerdings ein sehr spezifisches Verständnis von Namen. Als „echte" Namen gelten in der Regel nur alte und individuelle Benennungsformen, während die jüngeren Prägungen, stark appellativi-

---

[43] Vgl. dazu auch Löffler, Flurnamengebung, 498.
[44] Koß, Bedeutung, 461.
[45] Vgl. Werner, Pragmatik, 482.
[46] Vgl. ebd., 482.

sche Namen und Flurbezeichnungen[47] nicht als Namen empfunden werden. *Die Wiese, die Leite, der Acker,* auch *die Peinte, der Pifang* und alle präpositionalen Bildungen der Art *bei der Schupfe, hinterm Haus* werden in der Regel nicht als Namen angesehen und oft nur unter Zögern genannt.

Die Dorfbewohner haben eine sehr enge Beziehung zu ihren Namen, alte und skurrile Benennungen werden mit Stolz genannt und die entsprechende Erklärung oder Geschichte dazu erzählt. Namen scheinen eine sehr enge soziale Bindung herzustellen, wie in den Befragungen immer wieder deutlich wird. Sitzen mehrere Bauern beisammen und rekonstruieren gemeinsam das Namennetz des Dorfes, so entstehen intensivste Gespräche, die bis in die Nacht dauern, Kindheitserinnerungen und alte Geschichten werden ausgetauscht: Es entsteht der Eindruck, dass mit der Rekonstruktion des Namennetzes gleichsam das Dorf und das dörfliche Leben aus der Vergangenheit auftauchen und sich puzzleartig zu einem Ganzen zusammenfügen.

Die Flurnamengebung ist zwar grundsätzlich ein kollektives, zugleich aber auch in seinem Ursprung ein zutiefst individuelles Phänomen. Verallgemeinernde Aussagen zu „typischen“ Gruppen von Namengebern sind also mit äußerster Vorsicht zu machen. Einige generelle Beobachtungen ergeben sich dennoch aus den Befragungen: Namengeber sind zum überwiegenden Teil Männer. Traditionellerweise war die Arbeit auf dem Bauernhof eingeteilt in weibliche und männliche Domänen. Den Frauen oblag dabei insbesondere die Arbeit am Hof selbst und im Haus, während die Männer im Wesentlichen die Arbeit auf den Fluren bewältigten.[48] So mag es nicht verwundern, dass zum Großteil Männer Flurnamen geben, kennen und verwenden. Diese Beobachtung darf allerdings nicht absolut gesetzt werden, da auch Frauen durchaus die Namen der Fluren wissen. In verschiedenen Situationen übernahmen auch Frauen Männerarbeit, etwa in den Zeiten intensiver bäuerlicher Arbeit, wie Heumahd und Ernte, wo die Frauen selbstverständlich in die Männerarbeit außer Haus, auf den Feldern einbezogen waren. Innerhalb der „Männerwelt“ sind vor allem die Jäger und Hirten aktive Namengeber und -verwender, da sie in besonderem Maße auf ein verlässliches und allgemein verständliches Orientierungsnetz angewiesen sind, um sich auf ihren weiten Wanderungen zu orientieren und mit anderen zu verständigen. Viele Namen prägten auch die Holzarbeiter, die besonders die Mühen und Gefahren ihrer Arbeit in den Benennungen festhielten.

Bemerkenswert scheint das Phänomen, dass auch unter dem Aspekt der *Namenpräger* in dem von mir erhobenen Namenmaterial der Anteil der Männer überwiegt.[49] Unter *Namenpräger* verstehe ich dabei den passiven Aspekt, i. e. dass die Menschen die Prägung der Namen motiviert haben, als Personen im Namenmaterial festgehalten sind. Sie treten in der Regel als Besitzer der Flur auf, die entsprechend nach ihnen benannt ist. Dies führt zu der Fülle von Benennungen nach Hofnamen, die zu einer der größten Teilgruppen des Namenschatzes zählt und in der Folge in einem separaten Kapitel betrachtet wird. Wenngleich der Besitzername an sich auch die weiblichen Bewohner des Hofes umfassen kann, ist er dennoch in erster Linie männlich intendiert, da er

---

47 Als *Flurbezeichnungen* gelten in der Namenkunde präpositionale Bildungen, die sich auf den Namen eines benachbarten Flurortes beziehen, z. B. *hinterm Geriede*. Vgl. Scheuermann, Dorfflur, 554–555; Tyroller, Typologie, 1434.

48 Vgl. zum speziellen Arbeitsbereich der Frau: Wopfner, Bergbauernbuch 3, 102–103.

49 Dies gilt nicht nur für das Namenmaterial der Gemeinde Pfalzen, sondern auch für jenes der Nachbargemeinden Kiens, Terenten und Vintl, das ebenfalls von mir erhoben wurde.

sich auf den Bauern als Hofbesitzer bezieht. Dies zeigt sich bereits in der Hofnamengebung, die im Gebiet der Gemeinde Pfalzen in der Regel auf zweierlei Weise erfolgen kann: Zunächst die Benennung der Hofstätte selbst, was zu sächlichen Formen – meist mit Präposition – geführt hat: *auf Pramstall, auf Kronbichl* (in Analogie zur mundartlichen Bezeichnung *das Heimat* für eine Hofstelle). Daneben existiert weiters die maskuline Benennungsform nach dem Besitzer, ebenfalls mit Präposition: *beim Pramstaller, beim Kronbichler.*

Da den Besitzernamen ein eigenes Kapitel gewidmet ist, soll hier ein Abstecher gemacht und das Interesse auf jene wenigen Namen gerichtet werden, in denen Frauen die Namenprägung motivierten. Bemerkenswerterweise sind solche Namen in der Regel mit einer Geschichte verknüpft. Da Beispiele für dieses Phänomen nicht besonders häufig sind, sollen in den folgenden Betrachtungen auch Belege aus dem Namenmaterial der Nachbargemeinden Kiens und Terenten herangezogen werden.

Die Spur von Frauen in Toponymen zeigt sich vordergründig in jenen Formen, wo weibliche Vornamen enthalten sind. Dies ist unter den rund dreitausend Namen, die ich in den Gemeinden Pfalzen, Terenten und Kiens insgesamt erhoben habe, nur zweimal der Fall: *der Magdalenawald* und *die Moidlan Raide. Der Magdalenawald* (ma. *Moadelienewald*) ist der Name eines Waldes in Pfalzen. Allerdings verbirgt sich dahinter keine historische Dorfbewohnerin, sondern die Heilige Magdalena. Es befindet sich nämlich in diesem Wald ein Bild dieser Heiligen an einem Baum, nach dem der Wald benannt ist. Der Sankt Magdalenatag war einst ein wichtiger Abgabetermin im bäuerlichen Jahr. Dies wurde auch von den Gewährspersonen als Motivationsgrund für die Benennung angeführt, womit die Bedeutung dieser Form als „Frauenflurname“ wieder relativiert ist.

Auf dem Getzenberg, der der Pfalzner Mittelgebirgsterrasse genau gegenüberliegt und zur Gemeinde Kiens gehört, findet sich der Flurname *die Moidlan Raide.* Ma. *Raide* heißt „Kurve“[50], während *Moidl* die mundartliche Kose- und Diminutivform zu *Maria* ist. Es ist dies der Name einer besonders steilen und scharfen Kurve. Zur Erklärung des Namens werden zwei verschiedene Geschichten angeführt. Die eine Variante ist jene, dass man mit *Moidl* oder *Moidile* früher ganz allgemein eine besonders tückische und hinterhältige Frau bezeichnete. Diese Kurve war ebenfalls besonders tückisch und hinterhältig: Die Pferde wollten beim Holzziehen nicht mehr weiter, man musste sie ausspannen und hinunter führen – kurz es war eine besonders gefürchtete und gefährliche Stelle, die man in Analogie zu einer tückischen Frau *Moidile* nannte. Die zweite Variante der Geschichte besagt, dass der Bauer auf dem hochgelegenen Hof Kühelehen mehrere Töchter hatte, darunter eine Moidl. Diese habe wohl eines Tages, als sie diesen Weg entlang ging, die Kurve nicht mehr geschafft und sei hingefallen, aus welchem Grund auch immer. Die zweite Variante wird nur unter Schmunzeln erzählt; das Mädchen dürfte wohl betrunken gewesen sein. Der Name ist jedenfalls einer der bekanntesten des Getzenbergs, den jeder sofort mit Begeisterung nennt.

Mit einer scherzhaften „Frauengeschichte“ ist schließlich der Name die *Trolltrate* verbunden, wobei der Name der Frau sich hier unter einer Spottform verbirgt. Er findet sich in Hofern, dem an Issing angrenzenden Dorf, das zur Gemeinde Kiens gehört. Ein Bauer habe sich hier einst einen Scherz erlaubt. Er habe mit verschiedenen Frauen aus dem Dorf ein Rendezvous vereinbart und ihnen mitgeteilt, er werde sie auf besag-

[50] Vgl. Schatz, 478.

ter Flur, einer Trate, erwarten. Als die ausgemachte Stunde da war, versteckte er sich auf einem Baum in der Nähe und beobachtete, was sich wohl tun würde. Tatsächlich erschienen alle Frauen, die er angesprochen hatte. Da lachte er aus vollem Hals, und die Frauen waren lauter „Trolle“, was soviel bedeutet wie dumme Menschen.[51] Seither trägt die Flur diesen Namen.

Ein skurriler „Frauenflurname“ ist auch der Almname *das alte Weib* in Terenten. Die Gewährspersonen können den Namen nicht erklären. Da die Benennung aber für ein durchfurchtes Almgelände voller „Pinggln“ und seltsamer Hügel geprägt wurde, vermute ich dahinter eine personifizierende Metapher: Die Strukturiertheit der Landschaft hat die einstigen Namengeber wohl an das in den Jahrzehnten verwitterte Gesicht einer alten Frau erinnert.

An letzter Stelle sei der seltsame Name das *Frauenköfile* in Pfalzen erwähnt. Was es mit diesem Namen auf sich hat, scheint bislang völlig unklar zu sein. Vermutet werden darf wohl auch hier eine historische Begebenheit, die in diesem Namen dokumentiert und verewigt wurde. Die Erinnerung daran ist jedoch mit der Zeit verloren gegangen. Innerebner erwähnt eine urgeschichtliche Wallburg *Großegg / Frauenbrünnl* in Pfalzen. Das Frauenköfile könnte damit in Zusammenhang stehen. In diesem sehr ungewöhnlichen Flurnamen könnte sich somit eine verblasste Erinnerung an diese alte Siedlungsstätte verbergen, um die sich vielleicht sagenhafte Geschichten gerankt haben.

---

[51] Vgl. ebd., 652: „*trol. troll* m., *trollɛ* f. (Pust.) unbeholfener Mensch“.

II. Die Gemeinde Pfalzen in Raum und Zeit

Nach den allgemeinen Ausführungen zum besonderen Quellenmaterial dieser Untersuchung, den Flurnamen, soll in diesem Kapitel das Siedlungsgebiet der Gemeinde Pfalzen kurz charakterisiert und in seiner historischen Gewachsenheit skizziert werden. Dabei kann hier kein erschöpfender Abriss der Siedlungsgeschichte gegeben werden. Ziel ist es vielmehr, den Ausbau der Besiedlung auf der Mittelgebirgsterrasse bis ins Mittelalter zu verfolgen, bis zu jenem Zeitpunkt also, wo sich die Struktur der bäuerlichen Besiedlung mit den wichtigen Hofstätten herausgebildet und verfestigt hat. Die detailliertere Darstellung der historischen Verhältnisse im Siedlungsraum erfolgt im dritten Großkapitel anhand der Flurnamen. Die folgenden beiden Kapitel sollen somit gewissermaßen den lokalen und zeitlichen Hintergrund umreißen, vor dem die Entfaltung des Namennetzes in seiner historischen Aussagekraft erfolgen wird.

1. Charakterisierung des Siedlungsgebietes[52]

Pfalzen liegt auf einer Mittelgebirgsterrasse an der Nordseite des Südtiroler Pustertals, rund 4,5 km nordwestlich von Bruneck. Die Gemeinde Pfalzen umfasst die Katastralgemeinden **Pfalzen**, **Greinwalden** und **Issing** als Fraktionen. Das Gemeindegebiet hat eine Fläche von 3.324 ha. Rund die Hälfte des Gebietes liegt auf einer Höhe von über 1.500 m Meereshöhe, was bereits auf eine wesentliche Charakteristik der Siedlung hinweist, die insgesamt an einem Hang gelegen ist: 70 % der Fluren liegen auf hügeligem bis steilem Gelände. Der alte Dorfkern von Pfalzen selbst befindet sich bereits auf einer Höhe von 1.022 m.

> Die einzelnen Landschaftsstufen verteilen sich folgendermaßen: 460 ha liegen zwischen 800 und 1000 Meter, 750 ha liegen zwischen 1000 und 1200 Meter, 524 ha liegen zwischen 1200 und 1500 Meter und 1590 ha liegen über 1500 Meter Meereshöhe.[53]

Die Mittelgebirgsterrasse, auf der die Siedlung angelegt ist, entspricht dem Rest des alten Talbodens, den der Gletscher während der Würmeiszeit geformt hat. Sie zeichnet sich durch ein besonders sonniges und angenehmes Klima aus, was sie zu einem gegenüber dem Talboden günstigeren Siedlungsgebiet macht. So gedeihen trotz der hohen Lage noch Pflanzen wie die Edelkastanie und selbst Weinreben. Flurbenennungen wie *Weinberg* weisen auf früheren Weinanbau in dieser Gegend hin.

Pfalzen ist ein durchaus landwirtschaftlich geprägtes Dorf. Jahrhundertelang waren die Einwohner Bauern und Handwerker. Erst in den sechziger Jahren kamen der Tourismus und der Dienstleistungssektor als weitere Erwerbsquellen hinzu. Noch 1958 schrieb der Wissenschaftler Christoph Jentsch:

---

[52] Informationen entnommen Harrasser, Naturkundliches, 11–39; Niedermair, Streifzüge, 170–171.

[53] Niedermair, Streifzüge, S. 170.

Auf der großen Terrasse von Pfalzen und Terenten ist die landwirtschaftliche Struktur am reinsten erhalten. Über 90 Prozent der beschäftigten Personen arbeiten in der Landwirtschaft.[54]

Die landwirtschaftliche Prägung hat allerdings in den sechziger Jahren einen starken Einbruch erfahren. Die reinen Ackerflächen gingen um durchschnittlich ca. 45 % im Vergleich zum Stand der fünfziger Jahre zurück. Diese Entwicklung hängt – wie oben erwähnt – mit dem Aufkommen neuer Erwerbsquellen zusammen und geht einher mit einer rasanten Bauentwicklung in den sechziger und vor allem den siebziger Jahren. Viele Fluren wurden seit dieser Zeit verbaut, deren Namen sich jedoch bis heute noch erhalten haben. Es sind allerdings nur an bestimmten Orten neue Ansiedlungspunkte geschaffen worden, sodass das Dorf Pfalzen insgesamt seinen alten Charakter als „Straßendorf" beibehalten hat. Unterteilt wird der Ort bis heute in *Oberdorf*, *Mitterdorf* und *Unterdorf*. Die Einwohnerzahl des Dorfs Pfalzen betrug 1999 2.150 Personen.

Trotz aller Veränderungen lässt sich Pfalzen nach wie vor als vorwiegend bäuerlich geprägt ansehen. Somit hat sich auch noch eine große Zahl von Flurnamen erhalten. Auch hier steht jedoch eine Flurbereinigung bevor, und viele ehemals getrennte Fluren sind bereits vereinheitlicht worden. Etwas gehemmt wird die Entwicklung vor allem durch das Vorhandensein zahlreicher denkmalgeschützter Trockenmauern, die die Fluren einfassen und damit in ihrer ursprünglichen Form erhalten.

2. Siedlungsgeschichtlicher Abriss der Gemeinde Pfalzen

Die ältesten bekannten Quellen zeigen nach Lunz eine Besiedlung Südtirols ab der späten Jungsteinzeit, d. h. ab ca. 2000 v. Chr.[55] Zentren frühbronzezeitlicher Besiedlung waren in der unmittelbaren Umgebung von Pfalzen einerseits die *Kleine* und *Große Pipe* von St. Georgen – einem Dorf bei Bruneck, nordöstlich unterhalb der Pfalzner Mittelgebirgsterrasse gelegen[56]; andererseits der *Ternerbühel*, der seinen Namen bezeichnenderweise vom zweiten Gemeindeort auf der Mittelgebirgsterrasse, nämlich *Terenten*, erhalten hat. Es ist dies gewissermaßen der senkrechte Hang, der unterhalb der Mittelgebirgsterrasse zur Rienz abfällt. Der langgezogene, bewaldete Höhenrücken muss in der älteren und jüngeren Eisenzeit ein Anziehungspunkt gewesen sein, an dessen Fuß und auf dessen Kuppe mehrere Siedlungseinheiten gelegen waren.[57] Dieser Umstand ist sicher darauf zurückzuführen, dass dieses Gebiet zu den sonnigsten und klimatisch günstigsten des Pustertales gehörte, und die Hanglage auch ausreichend Sicherheit für die frühzeitlichen Siedlungen bot.

Im Bereich des Dorfes Pfalzen konnten zwar bislang keine urzeitlichen Siedlungsreste gefunden werden, allerdings gibt es im Gemeindegebiet Überreste von zwei Wallburgen, den *Baumannbühel* (aus der frühen Bronzezeit) und das *Großegg / Frauen-*

---

54 Jentsch zit. nach ebd., 170.
55 Vgl. Lunz, Ur- und Frühgeschichte, 7.
56 Vgl. ebd., 9.
57 Vgl. ebd., 21.

brünnl (Besiedlungszeit unbestimmt);[58] weiters wurde bei Greinwalden ein frühzeitlicher Depotfund festgestellt.[59]

Die römische Besiedlung hat im Bereich von Pfalzen selbst keine Spuren hinterlassen, obwohl dieses unmittelbar oberhalb der wichtigen Station *Sebatum* gelegen ist. Zudem weisen die Namen *Terenten* (von roman. *torrent-* ‚Wildbach') und *Pein* (von roman. *pinu* = ‚Föhrenwald'), beides Dörfer auf dem Mittelgebirgsplateau, darauf hin, dass hier romanische Siedler tätig waren.[60] Hinzu kommt ferner die Tatsache, dass bei Pfalzen ein Granitsteinbruch lag, den die Römer gekannt und für ihre Bautätigkeit genützt haben dürften. Auch deshalb ließe sich eine romanische Siedlungsanlage im Bereich Pfalzens erwarten, wie vereinzelt von der Forschung angenommen wird.[61] Die romanische Besiedlung, so sie vorhanden war, hat im Flurnamenmaterial von Pfalzen allerdings im Prinzip keine Spuren hinterlassen.[62] Die Diphthongierung in *Pein* weist ferner darauf hin, dass um die Jahrtausendwende auf der Terrasse bereits die deutsche Sprache vorherrschend war, da bei einer Übernahme des romanischen Namens nach dieser Zeit in die deutsche Sprache die Diphthongierung nicht mehr wirksam gewesen wäre, wurde sie doch im 13. Jahrhundert abgeschlossen.[63]

Das Flurnamengut auf der Mittelgebirgsterrasse weist mit seinem überwiegend deutschsprachigen Charakter zurück in die Zeit der bajuwarischen Besiedlung, die seit der Mitte des 6. Jahrhunderts anzusetzen ist.[64] Die verhältnismäßig geringen Spuren romanischer Benennungen im Pustertaler Raum[65] lassen sich dahingehend interpretieren, dass durch das Auftreten der Baiern[66] die alte Siedlungskontinuität im Pustertal gestört wurde.[67] Für diese Zeit ist das Quellenmaterial allerdings sehr dünn, so dass sich nur große Entwicklungen nachzeichnen lassen: Das Pustertal wurde im 6. Jahrhundert Schauplatz der Auseinandersetzungen zwischen den Bajuwaren, die sich im Alpenraum ausbreiteten, und den Slawen, die vom Osten her gegen das Pustertal vordrängten und im 6. Jahrhundert bereits bis in das Toblacher Gebiet gelangt waren. Im Zuge dieser Kämpfe wurden die letzten romanischen Siedlungen (Aguntum, Sebatum) zerstört. Es lässt sich vermuten, dass die romanische Bevölkerung in abgelegenes Gebiet und die Seitentäler auswich, während die Bajuwaren eine intensive Siedlungstätig-

---

58 Vgl. Innerebner, Wallburgen, 43–47. Die Namen wurden von den Gewährspersonen nicht genannt. Vielleicht besteht aber beim *Großegg / Frauenbrünnl* ein Zusammenhang mit dem *Frauenköfile.*

59 Vgl. Niedermair, Streifzüge, 41.

60 Vgl. Kühebacher, Kiens, 262.

61 Vgl. Niedermair, Streifzüge, 42–43.

62 Zwar fehlen im Flurnamenmaterial der Gemeinde Pfalzen romanische Flurnamen zur Gänze; in der Nachbargemeinde Terenten sind demgegenüber jedoch mehrere Benennungen mit romanischer Wurzel anzutreffen.

63 Vgl. Finsterwalder, Hochmittelalterliche Siedlung, 930.

64 Vgl. Riedmann, Tirol, 26.

65 Vgl. Finsterwalder, Deutscher Sprachraum, Karte Seite 11.

66 Ich verwende im Folgenden den gängigen Begriff „bajuwarische Landnahme" bewusst nicht, da ich ihn aufgrund der jüngeren Diskussion, vor allem auch um den Artikel von Mayerthaler „Woher stammt der Name ‚Baiern'?", als problematisch empfinde. In diesem Artikel revidiert Mayerthaler die bisherige Vorstellung der Ethnogenese der Baiern, glaubt ihr Kerngebiet auf den Raum um Salzburg [PAG(O)IVARO > Baiern] begrenzen zu können und bezweifelt entschieden die These von der Landnahme der Bajuwaren.

67 Vgl. Kühebacher, Kiens, 262.

Abb. 1: Überblickskarte. Die geographische Lage von Pfalzen (bei Bruneck; Pustertal/Südtirol). Ausschnitt aus der topographischen Übersicht des Tirol-Atlas, hrsg. vom Institut für Geographie, Abteilung Landeskunde der Universität Innsbruck.

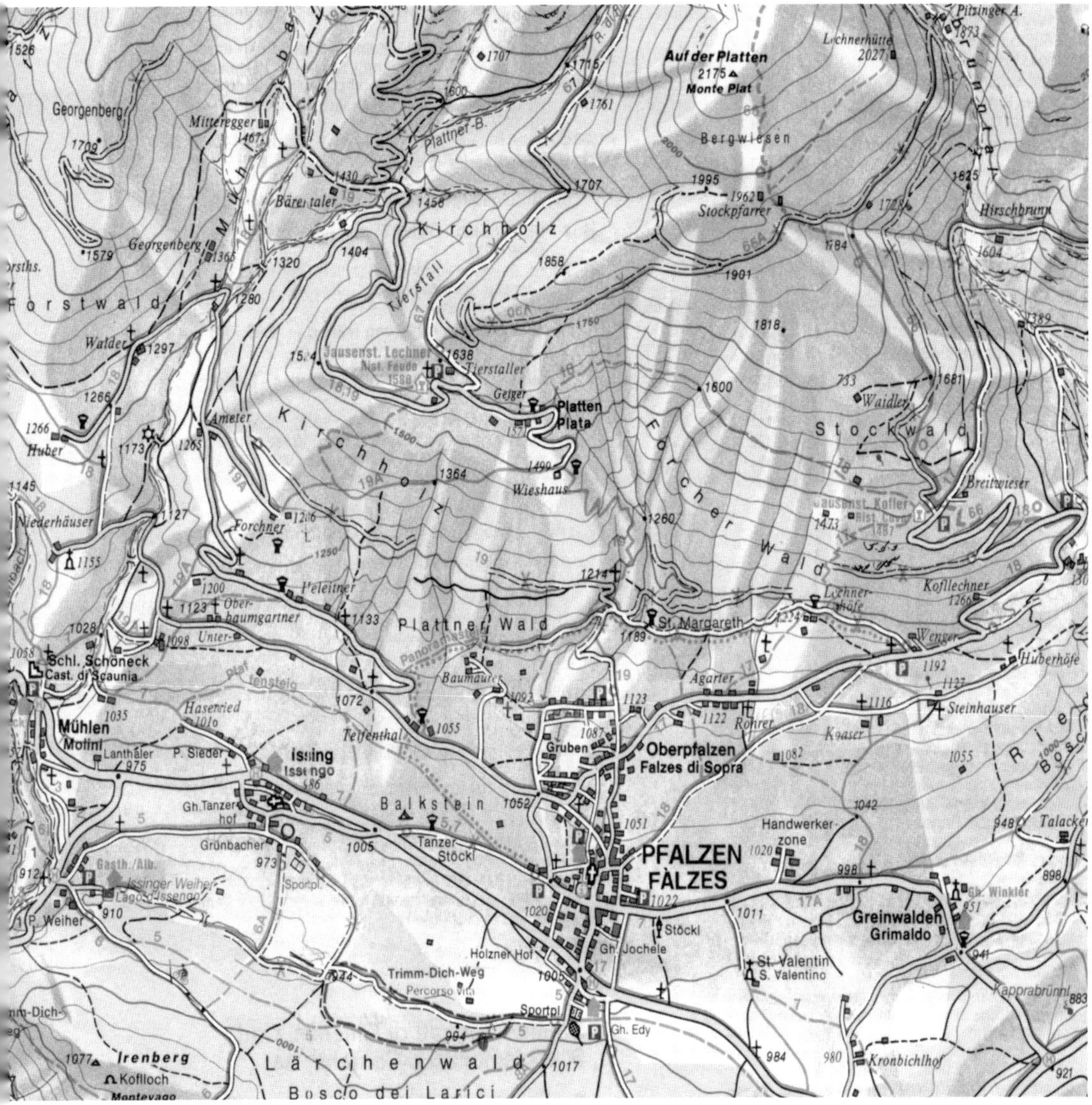

Abb. 2: Ausschnitt aus der Wanderkarte des Tourismusvereins Terenten, Pfalzen, Kiens: Das Gebiet der Pfalzner Mittelgebirgsterrasse mit den Katastralgemeinden Issing, Pfalzen, Greinwalden.

keit begannen.[68] Die Mittelgebirgsterrasse war aufgrund ihrer günstigen Lage als Siedlungsgebiet sehr wichtig, wovon auch verschiedene Ortsnamen zeugen. So steckt im Namen *Greinwalden* der Herzogsname *Grimoald* aus dem Agilolfingerhaus, im Namen *Issing* der bairische Personenname *Isso.*[69] Die Rodungstätigkeit, die damals auf der Mittelgebirgsterrasse im Gang war, fand ihren Niederschlag in Flurnamen wie *Brand, Moas* oder *Ried*. Damit begann die deutsche Besiedlung der Terrasse, die bis heute das Gebiet – und besonders den Flurnamenbestand – geprägt hat.

Um 1100 dürfte der Siedlungsausbau in Pfalzen praktisch abgeschlossen gewesen sein, da in den ersten Urkunden aus dieser Zeit gerade auch die besonders hoch gelegenen Höfe stets als fertige Hofgebilde mit allen Zugehörigkeiten und beachtlichen Abgabeleistungen erwähnt werden.[70]

Ungeklärt ist bislang noch die Etymologie des Namens *Pfalzen.*[71] Die wichtigsten Deutungen sind:

1. *Pfalzen* von *palantium, palantia*. Durch die ahd. Lautverschiebung wurde aus dem mittellateinischen *palantium, palantia* das ahd. *pfalanza*, welches im Mhd. als *pfalenze, pfalz* aufscheint. Es bedeutet ‚Wohnung, Land eines geistlichen oder weltlichen Fürsten'. Durch Mittelsilbenschwund wurde *phalenzen* über *phalnzen* zu *Pfalzen.*[72] Problematisch hierbei ist jedoch gerade die Entwicklung p > pf in dieser Stellung.[73]
2. *Pfalzen* von *falciburgum*. Staffler bemerkt, dass dieser Name für die Sichelburg schon im 9. Jahrhundert vorkommt, damit verbunden auch der Name der *Herren ab Falcibus*. Niedermair bezweifelt in diesem Zusammenhang besonders die Fundiertheit der Quelle (Resch), da nach 1000 der Name *Falciburgum* nicht mehr vorkommt. Zumindest wurde dieser Ansatz die Basis für Tolomeis italienische Übersetzung des Namens in *falzes.*[74]
3. Ein dritter Ansatz betrachtet *St. Valentin* (ma. *Sonk Pfoltan* /ʂǫŋk̬xp̬ɣǫ́lt̬ɑn/)als möglichen Namengeber. Allerdings stammt das entsprechende Kirchlein bei Pfalzen aus der gotischen Epoche, also aus einer Zeit nach dem Auftreten des Namens *Pfalzen*. Zudem sprechen mittelalterliche Urkunden stets von „St.-Valteins-Kirche".[75]
4. *Pfalzen* von etruskisch **pala* ‚Fels, Stein', wobei der Name über eine Zwischenstufe **fal* entstanden sein müsste. Doch die Alternanz *p–f* in vorrömischen Toponymen ist

[68] Vgl. Finsterwalder, Sprachepochen, 21–23; Kühebacher, Kiens, 261–263; Riedmann, Tirol, 26–30.

[69] Vgl. Finsterwalder, Deutscher Sprachraum, 7–8.

[70] Vgl. Niedermair, Streifzüge, 44.

[71] Urkundliche Belege des Namens nach Kühebacher, Ortsnamen, 311: „1050–65 *Phalanza, Phalenza*, 1165–70 *Phalteze, Phalenze*, 1217–20 *Phalenzen*, 1228–35 *Phalnzen*, 1305 *Phaltzen*, 1366 *Pfaltzen*, 1440 *Pfaltzen*, 1519 *Phaltzen*, seit dem 17. Jahrhundert *Pfalzen*, 1817 *Pfalzen*, 1910 *Pfalzen*, 1923 *Fálzes*, 1940 *Fàlzes*, später *Falzes*. Ma. *Pfålzn*."

[72] Vgl. Kühebacher, Ortsnamen, 311. Auch Sparber und Battisti nehmen *palatium* als Etymon an (Niedermair, Streifzüge, 40).

[73] Hinweis Prof. Guntram Plangg (Innsbruck); vgl. dazu auch Battisti / Montecchini, DTA II.2, 188 und Mayerthaler, Baiern, 16: „Anlautendes p vor Vokal (p/#_V) bleibt im Bairischen (wie im Ladinischen und im Kontrast zum Alemannischen) trotz gegenteiliger Behauptung aller einschlägigen Handbücher und / oder Aufsätze erhalten bzw. wird allenfalls zu *b* ‚verschoben'."

[74] Vgl. Niedermair, Streifzüge, 40–41.

[75] Vgl. ebd., 41.

in dieser Region laut Battisti / Montecchini noch nicht sicher belegt.[76] Niedermair betrachtet die Wurzel **pal* als plausibelstes Etymon und würde den Namen erklären als ‚Ort der Steine, der Felsen, der Granitfindlinge'.[77]

[76] Vgl. Battisti / Montecchini, DTA II.2, 188–189.
[77] Vgl. Niedermair, Streifzüge, 41.

III. Geschichte im Spiegel der Flurnamen

Die Mikrotoponyme als Spuren der sozialen und wirtschaftlichen Verhältnisse in der Gemeinde Pfalzen

Gegenstand des dritten Hauptkapitels sind nach diesen allgemeinen einleitenden Betrachtungen die einzelnen Flurnamen der Gemeinde Pfalzen. Es handelt sich um ein Korpus von ca. 850 Namen, das im Zeitraum vom Dezember 1996 bis Februar 1998 durch die Befragung von 16 Gewährspersonen erfasst wurde. Dabei ging es darum, die Namen flächendeckend zu erheben, um das dörfliche Koordinatennetz rekonstruieren zu können. Aus diesem Grund wurden auch weniger „namenhafte" Bildungen gesammelt, da auch sie der Orientierung im Gelände dienen. Aus Zeitgründen konnte jedoch nicht jeder einzelne Dorfbewohner befragt werden, weshalb stark appellativische Namen (insbesondere aus dem Bereich der familiären Namengebung um die einzelnen Höfe) sicher häufiger in Pfalzen aufscheinen, als sie in diesem Korpus dokumentiert sind. Wo das Pfalzner Material schließlich spärlicher fließt, und es interessante Beispiele aus den angrenzenden Gemeinden Kiens und Terenten gibt, werden diese zur Verdeutlichung zusätzlich herangezogen. Der Begriff *Flurname* wird in dieser Darstellung sehr weit gefasst. Abgesehen von Haus- und Hofnamen werden alle Benennungen untersucht, die im dörflichen Orientierungsnetz eine Rolle spielen. Das Netz der Flurnamen wird gewissermaßen als „Landkarte im Kopf" betrachtet.

Ziel der vorhergehenden Kapitel war es zum einen, die Namen als besondere sprachliche Zeichen zu betrachten und in ihrer Eigenheit zu definieren. Zum anderen sollte auch das Gemeindegebiet in seiner geographischen Lage und historischen Gewachsenheit eingeordnet werden. Im Folgenden wird nun nachgezeichnet, welche Spuren die sozioökonomischen Verhältnisse der Gemeinde Pfalzen im Flurnamengut hinterlassen haben. Die Namen stellen eine historische Momentaufnahme dar, einen statischen Querschnitt – diesen Charakter hat auch die folgenden Darstellung: Es werden keine komplexen historischen Entwicklungen aufgezeigt und wohl auch kaum neue Erkenntnisse über die sozialen und wirtschaftlichen Gegebenheiten der Mittelgebirgsterrasse geliefert. Ziel ist es vielmehr, die Spuren aufzuzeigen, die eine über tausend Jahre lange Geschichte in den Toponymen hinterlassen hat, und anhand dieser besonderen Quellen ein Stück Mikrogeschichte zu rekonstruieren.

Die Fülle des Namenmaterials lässt sich aufgrund der komplexen, mehrgliedrigen Strukturen oft in vielfältiger Hinsicht interpretieren und für Aussagen heranziehen. Eine eindeutige Kategorisierung ist nur bei einfachen Namen oder isolierten Namenbestandteilen möglich.[78] Es wird in dieser Darstellung somit eine möglichst sinnvolle Kategorisierung angestrebt, die eine Illustration der natürlichen und sozialen Lebenswelt Pfalzen ermöglicht, wobei auf die Komplexität der Benennungsformen fortlaufend ver-

---

[78] Vgl. Tyroller, Typologie, 1434.

wiesen wird. Manche Namen werden auch unter verschiedenen Gesichtspunkten analysiert und mehrfach als Belegmaterial herangezogen.

Aus systematischen Gründen wird die Ausarbeitung in der Folge dreigeteilt: Ein erster Teil zeigt jene Namen, in denen die natürliche Umgebung der Menschen ihren Niederschlag gefunden hat. Ein zweiter Abschnitt behandelt die historisch-soziale Dimension, die sich in den Namen widerspiegelt. Ein dritter Abschnitt wird sodann die wirtschaftlichen Verhältnisse, die sich anhand der Namen nachvollziehen lassen, rekonstruieren. Diese Trennung ist natürlich eine künstliche, da alle drei Ebenen engstens miteinander verknüpft sind. Sie entspricht jedoch der konventionellen Einordnung der Namen nach Benennungsmotiven und bietet damit zugleich Einblick in die üblichen Benennungsstrategien und in die Zusammensetzung des Namennetzes.

1. Die natürliche Ebene: Die Menschen und ihre Umgebung

Die Sprache ist das Mittel schlechthin, das der Mensch zur Verfügung hat, um seine Umwelt zu erfassen, anderen zu vermitteln und damit zugänglich zu machen. Jahrhunderte alt ist der Streit darüber, ob es jenseits der Sprache überhaupt eine Realität gibt, ob wir nicht vielmehr durch die Sprache unsere Wirklichkeit erst schaffen. Die Macht der Sprache als Mittel der Erfassung der Außenwelt manifestiert sich in kaum einem anderen Bereich der Sprache so deutlich wie in jenem der Mikrotoponymie. Tatsächlich existiert hier eine mentale Landkarte im Kopf der Menschen. Mit der Nennung der Namen entsteht diese Landschaft vor unserem geistigen Auge, nimmt Form an und gibt uns Auskunft zu den verschiedensten Aspekten des dörflichen Lebens in seiner Abhängigkeit und in seinem Eingebundensein in die Natur.

Dabei dokumentiert der Namenschatz nicht nur die soziale Umwelt der Menschen, erinnert an die Dorfbewohner und an die Geschichten, die mit ihnen verbunden sind. Eine beachtliche Zahl von Namen spiegelt die verschiedenen Aspekte der natürlichen Umgebung wider. Es scheint dies der erste Weg zu sein, nach dem die Benennung der Fluren erfolgt:

> Flurteile werden ebenso wie Geländeteile, wenn irgend möglich, nach einer charakteristischen Besonderheit der Örtlichkeit benannt; versagt dieses Prinzip, etwa weil – infolge der Vielzahl sich auf kleinstem Raum zusammendrängender zu benennender Lokalitäten – keine auffallenden Eigenschaften dem betreffenden Orte anhaften, so erfolgt die Benennung durch Heranziehen sekundärer, der Örtlichkeit nicht immanenter, sonder [sic] von außen an sie herangetragener Charakteristika – Besitzernamen oder -bezeichnungen beispielsweise.[79]

Wenngleich diese Erklärung sicher nicht zu verallgemeinern ist, und es noch eine ganze Fülle anderer Motive der Namengebung gibt, so ist doch unbestreitbar die Beschaffenheit des Ortes, seine naturgegebene Charakteristik besonders ausschlaggebend für die Prägung der Namen. Darin dokumentiert sich erneut das enge Eingebundensein der Menschen in ihre Umwelt, die genaue Beobachtung der Natur, die sie zu phantasievollen Namengebern werden ließ. Aufgrund der bisherigen Erfahrung bei den Flurnamenerhebungen würde ich die These formulieren, dass die Landschaft die Dichte und Art des Namennetzes beinahe mehr bestimmt als die Menschen: Je stärker

---

[79] Bauer, Flurnamengebung, 460.

gegliedert die Natur ist, desto mehr Namen finden sich. Das Namennetz zeichnet regelrecht die Strukturiertheit der Landschaft nach.

Gegenstand dieses Kapitels sind die sogenannten *Naturnamen*. Darunter ist jene Kategorie von Namen zu verstehen, die noch keine Rückschlüsse auf kulturelle Tätigkeiten der Menschen erlauben und lediglich Aspekte der natürlichen Lebenswelt dokumentieren.[80] Die Trennung zwischen *Naturnamen* und *Kulturnamen* ist an sich eine problematische, da sie zwischen Onymen differenzieren will, die von den natürlichen Gegebenheiten ausgehen, und solchen, die auf das Einwirken der Menschen verweisen. Natürlich ist jedoch jeder Benennungsakt an sich bereits eine kulturelle Tätigkeit, wie auch die Sprache überhaupt zu den kulturellen Errungenschaften des Menschen gehört. Die Namengebung ist Zeuge der Kultivierung einer Landschaft, da sie erst dann beginnt, wenn der Mensch eine enge Beziehung mit dem Land eingeht, weil er sich dort angesiedelt hat und das Gelände intensiv bewirtschaftet. Dieses erschöpfende, dauerhafte Bewirtschaften der Flur erweckt erst die Notwendigkeit einer Benennung. Es ist also zu präzisieren, dass es um die Motive der Benennung geht, um die Frage, ob und wie in den Namen die natürlichen Gegebenheiten ihren Niederschlag gefunden haben. Eine klare Grenze zwischen Kultur- und Naturnamen kann jedoch auch so nicht gezogen werden, da das Einwirken des Menschen ebenso die natürlichen Gegebenheiten einer Landschaft nachhaltig geprägt und verändert hat.

Im Folgenden werden die Namen in Kategorien zusammengefasst. Die Einteilung entspricht im Wesentlichen jener, die Tyroller als Grundlage seiner Systematisierung wählt, und die ihrerseits auf Dittmaier fußt.[81] Anhand dieser Einteilung soll untersucht werden, welche natürlichen Gegebenheiten der Pfalzner Landschaft sich in den Namen dokumentieren, nach welchen Elementen ihrer natürlichen Umgebung die Menschen Namen geprägt haben. Innerhalb dieser Kategorie werden auch Bildungen mit Besitzernamen aufgenommen, da das Angeben eines Besitzernamens prinzipiell bei jedem Flurnamen möglich ist, falls eine genauere Differenzierung der Flur nötig ist. Entfällt diese Notwendigkeit – etwa wenn der Besitzer selbst über sein Grundstück spricht – so fällt auch der Besitzername. Es handelt sich dabei somit in der Regel um fakultative Namenbestandteile, die in der Kategorisierung vernachlässigt werden können.

1.1 Allgemeine Gestalt, Form und Begrenzung

Eine erste Gruppe von Naturnamen in Pfalzen ist einzig nach der allgemeinen Gestalt der Flur geprägt. Die Namengebung funktioniert nach dem Prinzip, dass man die Flur gewissermaßen in ihrem Aussehen beschreibt und damit differenzierend aus der Fülle der anderen Fluren heraushebt. Hier spielt zunächst die simple Ausdehnung eine Rolle: *Das Breiteck, das Gebreite, das kurze Geland*[82], *die Langwiese* dokumentieren diese Benennungsstrategie. Es genügen hier offensichtlich die allgemeinsten und in ihrer Bedeutung offensten Adjektive zur näheren Charakterisierung.

---

[80] Vgl. Tyroller, Typologie, 1434.

[81] Vgl. ebd., 1434–1441.

[82] Bemerkenswert hier wie im vorhergehenden Beispiel ist die Kollektivbildung mit dem Präfix *ge-*: im ersten Fall wird damit die Summe der Ackerbreiten angedeutet, im zweiten die Flur als Kollektiv von *Land* betrachtet.

Auf die spezielle Form der Flur verweisen folgende Namen: *Der Geigerzäpfe* und *der Pramstallerzäpfe* – Namen von zipfelförmigen, spitz zulaufenden Grundstücken[83]; *das Scheibile* und *das Scheibenhölzl* – Benennungen von Fluren, die die runde Form einer Scheibe haben. *Der Schlot* weist sich als rohrförmiges, schlotartiges Gelände aus.[84] *Der Winkel* und *im Winkel* kennzeichnen eckig zulaufende Fluren. Als Bestimmungswort erscheint *Winkel* im komplexen Namen *der Gänsebichler Winkelrain*. Das Grundwort *Rain* (ma. *Roan*) bezeichnet in der Mundart einen steilen Hang.[85] In diesem Fall handelt es sich um einen Hang, dessen Form einen markanten Winkel beschreibt. *Der Schluff* ist schließlich der Name einer schmalen, engen Flur, die früher eine Weide zwischen Mauern war, über die man mit Ross und Wagen fuhr. Das Grundstück ist heute öffentlicher Grund und stellt einen Spazierweg dar. Das mundartliche Appellativ *Schluff* bezeichnet einen schmalen, engen Durchgang.[86]

Auf die Funktion der Begrenzung bezieht sich im untersuchten Gebiet *die Saume* (ma. *Same* /ʂā́mẹ/). Der Name lässt sich vom Wort *Saum* ableiten und benennt den Wald, der den Berghang unterhalb der hervortretenden Rodungsfläche von Platten säumt. Es handelt sich dabei wohl im Grunde um die Pluralform zu *der Saum*. Der Name wird aber ähnlich wie *die Zäune* (siehe Kapitel III 3.4 *Zäune*) als feminine Singularform verwendet. Die Fläche wird zusätzlich unterteilt in *Obersaume* und *Untersaume*. Solche *Saum*namen tauchen recht häufig auf, der markante Hausberg von Pfalzen selbst heißt der *Sambock*. Dieser Bergname ließe sich genauer als *Saumbock* verschriftlichen, da *Saum* mundartlich als *Sam* /ʂā́m/ ausgesprochen wird. Allerdings hat sich die Schreibung des Namens mittlerweile so sehr eingebürgert, dass eine Änderung wenig sinnvoll scheint.

In diese Kategorie gehört weiters auch das allgemeine Grundwort *das Eck,* das die Basis zahlreicher Flurnamen bildet. Es wird im Dialekt noch durchaus appellativisch verwendet und bezeichnet die Kanten, die sich zwischen den Gebirgstälern und Steilrinnen erheben, wo der Berghang endet und steil ins Tal abfällt. Es sind dies gewissermaßen die natürlichen Grenzen zwischen den Tälern, oft verbunden auch mit Grenzfunktionen rechtlicher Art, insbesondere was Besitz- und Weiderechte angeht.[87]

---

[83] Ma. *Zäpfe* bezeichnet einen Zipfel bzw. eine spitz zulaufende Flur (vgl. Schatz, 725). Näher bestimmt werden beide Namen durch die Angabe des Besitzers.

[84] Die Etymologie ist nicht ganz zweifelsfrei. Schatz erwähnt unter dem Lemma *schlâtl* „vom Wald umrahmtes Feld" (vgl. ebd., 528). Finsterwalder behandelt das Problem ausführlich: „Nur hält Fischer a. O. in manchen Fällen für möglich, daß statt mhd. *slâte* sw. f. mhd. *slât* st. m. = ‚Schlot, Rohr' vorliegt und daß der gleiche Wortstamm (aber flexivisch unterschieden) in anderen Fällen, wo die Realprobe eine eigenartige Tälchenform ausweist [...], für einen Vergleich der Bodenform, eines Tälchens, mit der Form eines Schlots gebraucht ist. So heißt bei Innichen, Pust., *šlôta* m., d. i. *Schlater*, ein steiles, als Holzrise (Gleitbahn) gebrauchtes Tal [...]" (Finsterwalder, Familiennamenkunde, 469–470). Er führt als weiteres mögliches Etymon jedoch auch das mhd. *slâte,* etwa ‚Schilfrohr' an (vgl. ebd., 469). Im konkreten Fall dürfte es sich jedoch eher um die Bedeutung ‚schlotartiges Tälchen' handeln, da der Bewuchs einer Flur mit Schilfrohr im betrachteten Gebiet zu den Namenbildungen auf *Rohr-* geführt hat.

[85] Vgl. Schatz, 468.

[86] Vgl. ebd., 535.

[87] Vgl. dazu ausführlicher Kapitel III 2.3 *Gerichtsbarkeit* dieser Arbeit.

1.2 Die natürliche Lage

Zahlreich sind Benennungen nach der natürlichen Lage der Geländeteile, da eine der grundlegendsten Strategien zur Orientierung in der Landschaft die Angabe der Lage der Flur ist. Dies ist der erste Schritt zur Benennung der Örtlichkeiten, mit denen der Mensch zu tun hat. Am Anfang stehen dabei analytische Bildungen um Präpositionen nach dem Schema *an, bei, hinter, neben* etc. + Orientierungspunkt: *beim großen Stein, bei den Seen, beim Turm* (der *Turm* ist hier ein markanter Fels), *oberm Loach, unterm Klapf, unterm Koflerklapf.* In der Namenkunde werden solche indirekten Benennungen mittels Präpositionen *Flurbezeichnungen* genannt.[88]

Daran schließen sich Differenzierungen eines Geländes mittels Präpositionen an, die Minimalpaare von zusammengehörenden Fluren schaffen. Hierher gehört die Fülle der Komposita, deren Bestimmungswort eine Lokalpräposition ist, nach dem Schema *Ober-, Mitter-, Unter-, Inner-, Außer-* etc. + Grundwort, und die auf die relative Lage der Flur verweisen: *die Wieshauser Außerwiese, die Mitterleite, die Oberleite, die Unterleite, der Oberwald, der Teiffenthaler Oberwald.*

In den Bereich der Benennung nach der natürlichen Lage gehören aber auch Namen von Fluren, die nach ihrer Lage zu anderen Fluren benannt worden sind. Eine solche Benennungsstrategie führte abgesehen von den oben angeführten Flurbezeichnungen zu Kompositaformen, deren Bildung die Lage zweier Flurorte zueinander zugrunde liegen. Der primäre Flurname erscheint in diesen Komposita als Bestimmungswort, während das Grundwort ein Appellativ ist. In der Namenforschung unterscheidet man prinzipiell zwischen direkten und indirekten Benennungsakten. Hierbei geht es um die Frage, ob eine Flur unmittelbar für sich selbst benannt wurde, wodurch die sogenannten *primären Flurnamen* charakterisiert sind, oder ob die Benennung indirekt nach der Lage an einer anderen Flur oder einem anderen Orientierungspunkt in der Landschaft erfolgte, woraus die sogenannten *sekundären Flurnamen* hervorgegangen sind. Die Verwendung des Terminus *sekundär* ist in der Namenkunde nicht eindeutig geregelt.[89] In dieser Darstellung wird *sekundär* – wie oben ausgeführt – für indirekte Benennungen nach der Lage der Flur an anderen Fluren oder Orientierungspunkten verwendet. Anders als Tyroller und Bach[90] reduziere ich indirekte Benennungsformen jedoch nicht nur auf präpositionale Bildungen, sog. *Flurbezeichnungen*, sondern beziehe auch Komposita ein, deren Bildung die Lage zweier Flurorte zueinander zugrunde liegt.[91] Benennungen nach Bauwerken, Siedlungen und sonstigen von Menschen geschaffenen Orientierungspunkten zählen zwar ebenfalls zu den *Sekundärnamen*, sie werden jedoch nicht in diesem Kapitel betrachtet, da hier nicht mehr von einer „natürlichen Lage" die Rede sein kann.

Benennungen, deren Bildung die Lage zweier Flurorte zueinander zugrunde liegt, sind im Pfalzner Namenmaterial unter anderem[92] *das Erschpam Waldile* (nach seiner

[88] Vgl. Scheuermann, Dorfflur, 554–555; Tyroller, Typologie, 1434.

[89] Vgl. dazu Witkowski, Terminologie, 292.

[90] Vgl. Tyroller, Typologie, 1434.

[91] Scheuermann spricht von „Weiterbildungen mit einem Grundwort" und klassifiziert diese wie die Flurbezeichnungen als Flurnamen, die relative Lageverhältnisse beschreiben (vgl. Scheuermann, Dorfflur, 554–556).

[92] Diese Beispiele dienen nur der exemplarischen Illustration, da bei der Fülle von mehrgliedrigen Benennungen sekundäre Formen stets einfließen; in der Folge werden sekundäre Bildungen

Lage an der Großflur *Erschpam*), *der Jochboden* (nach der Lage des Geländes unterhalb des *Joches*), *der Kamplboden, das Kampileeck, die Kamplrise* (alle drei benannt nach der Lage an einem Bergrücken, dem *Kampile*), *der Köfilewald* (nach der Lage an einem kleinen *Kofl*), *das Saumeck, die Saumplatte, der Sambock* (nach dem Wald *die Saume*)[93], *der Sambockboden* (nach dem Berg *Sambock*), *der Seeklapf* (nach der Lage des Klapfs oberhalb eines kleinen Sees), *die Talwiese* (nach der Lage der Wiese im Tal), *das Wiesköfeleck* (nach den *Wiesköfeln*). Hierher gehören auch das *Birkeckenbachl*, das am *Birkeck* zwischen Pfalzen und Issing entspringt, sowie das *Lärchabachl*, das unterhalb der *Lärchawiesen* in Greinwalden fließt.

Interessanter ist in dieser Gruppe der Name *Widerleitbichl*, der auch in der Form *Niederleitbichl* auftritt. Aufgrund der lautlichen Ähnlichkeit der beiden Onyme war eine Verwechslung leicht möglich. Es konnte dabei nicht geklärt werden, welche der beiden Formen die ursprünglichere und damit ältere ist. *Widerleitbichl* bezeichnet wohl die Lage dieses Hügels gegenüber dem Berghang, an dem das Dorf Pfalzen liegt (tatsächlich stellt er den unteren, erhöhten Rand der Mittelgebirgsterrasse oberhalb des Pustertales dar). *Niederleitbichl* bezeichnet hingegen die allgemeine Gestalt und Morphologie des Hügels als ‚niederer Hang'. Dabei ist dies nicht ein echter Sekundärname, da nicht die Lage an einer entsprechenden *Leite* bezeichnet wird, sondern vielmehr der Hügel selbst diese Leite ist. Es handelt sich somit um ein komplexes Phänomen mehrgliedriger Benennungsstrukturen.

1.3 Morphologie: Ebenes Gelände, Bodenerhebungen und -vertiefungen in der Landschaft

In der gebirgigen Landschaft der Pfalzner Mittelgebirgsterrasse ist eine der herausstechendsten Charakteristiken für die Individualisierung einer Flur der Grad der Erhebung des Geländes im Vergleich zum restlichen Gebiet. Diese Art der Benennungsmotivation wird unter dem Begriff *Morphologie* zusammengefasst und in die drei Kategorien des ebenen Geländes, der Bodenvertiefungen und der Bodenerhebungen differenziert.

Zur Bezeichnung flacheren Geländes dient das gängige Appellativ *der Boden*, das auch in der Pluralform *die Böden* und in der Diminutivform *das Bödenle* als Name erscheint. Insbesondere werden ebenere Bereiche im Almgelände als *Böden* bezeichnet. Auf flaches Gelände verweist im Pfalzner Namenkorpus weiters der Name *die Platte* für eine Bergwiese oberhalb von Pfalzen. Das Wort *Platte* wird nicht als Appellativ verwendet. Als Etymon steckt es noch im Weilernamen *Platten* und deutet auch dort an, dass das Gelände relativ flach ist im Vergleich zum steilen Berghang.

Vielfältiger und häufiger sind Benennungen für Bodenvertiefungen. Hier finden sich Bildungen zum gängigen Grundwort *Graben* und seinen Diminutiv- und Pluralformen: *der Mairhofgraben, das Grabile, das Schustergrabile, die Grabilan*. Weitere Bildungen hängen am Appellativ *Grube*: *die Grube, das Grüebl* sowie die Kollektivbildung *das Gruba*[94]. Gängiges Appellativ und Bestandteil mancher Namen ist in dieser Kategorie

meist gemeinsam mit dem primären Namen bzw. gemäß des aussagekräftigeren Namenbestandteils betrachtet.

93 Die korrekte hd. Form wäre auch hier *Saumbock*, da *Saum* mundartlich *Sam* heißt. Der Bergname hat sich jedoch in der Form *Sambock* bzw. auch *Sanbock* allgemein etabliert.

94 Das Kollektivsuffix *-ach*, das in der Mundart zu *-a* abgeschwächt wurde, gibt stets die Summe der mit dem Grundwort bezeichneten Objekte an, also hier eine Summe von Gruben. In der

weiters *Tal*: Als Simplexform findet es sich in Greinwalden als Flurname, wobei dieses *Tal* nach den jeweiligen Besitzern noch zusätzlich differenziert wird in *das Lechnertal, das Rainertal, das Winklertal*. Zu den gängigen Appellativen als Namengrundlage gehört in der Gruppe der Bodenvertiefungen auch *Loch*. Es findet sich in verschiedenen Flurnamen: *das Lochwiesile*, wo eine markante Vertiefung in der Wiese namenprägend wurde; *das Nöcklerloch*, das der Jäger Nöckler gegraben hat, damit die Jäger das Wild beobachten können; *das Rappenbichler Loch*, Name eines kleinen Wiesentals (zusätzlich bestimmt durch die Angabe eines Hofnamens), sowie *das Bachlaloch*, sekundäre Bildung zur Großflur *Bachla*. Die Ausmaße, die ein solches Loch tatsächlich hat, können variieren von der kleinen Vertiefung im Feld bis hin zum regelrechten Tal.

Als Appellativ ist heute noch *die Klamme* gebräuchlich, die in Pfalzen als Name auftaucht. Das Mundartwort bezeichnet eine Felsenkluft. Es beruht auf dem mhd. *klam*, das ‚Bergspalte, Schlucht' bedeutet.[95] Der Name *die Pitzingerscharte* fußt ebenfalls auf einem Appellativ: Ma. *Scharte* bezeichnet generell einen Einschnitt, hier in einem Berggrat.[96] Die Differenzierung erfolgt durch Anhängen eines Almnamens; die Scharte stellt einen Übergang zu dieser Alm dar.

In der Kategorie der Vertiefungen finden sich auch markantere Benennungsformen, die oft metaphorischen Charakter tragen. *Die Gelenke* basiert beispielsweise auf dem Grundwort *Lenke*, eine in dieser Gegend öfters gebrauchte Bezeichnung für ein Bergjoch bzw. eine Einsenkung im Gelände.[97] Es ist jedoch nur mehr Namenbestandteil und wird nicht als Appellativ verwendet. In dem Wort enthalten ist das mhd. *gelenke*, ein Kollektiv zu *lanke*, das Lexer definiert als „der biegsame schmale leib zwischen hüfte und brust, taille"[98]. Es wurde also gleichsam metaphorisch auf das Phänomen ähnlicher Einschnitte, „Verdünnungen" im Gelände übertragen. Im betrachteten Gebiet existieren noch zwei weitere Namenbildungen zu diesem Wort: *der Gelenkboden* und *der Gelenkrain*. Metaphorisch lässt sich auch der Name *das Gfas* verstehen. Es steht für das hochdeutsche *Gefäß*, erscheint jedoch nicht als Appellativ. In diesem Fall wird die Senke mit der Form eines Gefäßes verglichen. Eine verblasste Metapher findet sich im Namen *die Plattner Krägen*. Das Grundwort *Kragen* verweist auf die „kragenartige" im Sinn von „halsartige" Form der Flur im Gelände. *Kragen* bezeichnet mundartlich eine schluchtartige Rinne im steilen, felsigen Gelände, ist jedoch als Appellativ in Pfalzen nicht mehr üblich. Näher bestimmt werden diese Krägen durch ihre Lage oberhalb des Bergweilers Platten.

Bemerkenswert ist der Name *das Wühla*, eine Kollektivbildung zum Verb *wühlen*. Er verweist auf die durchfurchte Form der Flur mit zahlreichen Einbuchtungen als Folge der Erosionstätigkeit eines Baches. Nicht ganz klar ist schließlich die Etymologie des Namens *die Alege*. Schatz führt ein Adjektiv *âlâg* an mit der Bedeutung ‚leicht abfallend, nach abwärts geneigt, vom Gelände'.[99] In diesem Sinn würde es die Morphologie des Geländes kennzeichnen. Andererseits wäre jedoch auch eine Ableitungsform zum

---

Schreibung rekonstruiere ich die etymologische Form *-ach* nicht, sondern behalte die mundartliche Form *-a* bei, da das Suffix mittlerweile aus dem Sprachgebrauch verschwunden und nicht mehr produktiv ist.

95 Vgl. Lexer 1, Sp. 1603–1604.

96 Vgl. Schatz, 513.

97 Vgl. ebd., 386.

98 Lexer 1, Sp. 810.

99 Vgl. Schatz, 2.

Verb *ablegen* denkbar, es könnte sich dann um einen Lagerplatz etwa für gefällte Holzstämme handeln. Beide Erklärungen wären möglich, da es sich bei der Flur um eine Bergwiese handelt.

Ein Sonderfall an der Grenze zwischen den Benennungen von Vertiefungen und Erhöhungen ist der Name *Grändleite*. Darin steckt das Mundartwort *Grand* (/gʀǫnṭ/), eine Kollektivbildung zu *Rand*, das ein becherartiges Gefäß, einen Trog oder eine Truhe bezeichnet. Die Pluralform kann sowohl *Grande* (/gʀánṭẹ/) als auch *Gründe* (/gʀẹnṭẹ/) lauten.[100] Das Wort erscheint öfters in der Mikrotoponymie. Als Grundwort findet es sich etwa im *Koflergrandl*, Name einer Bergwiese in Pfalzen. Im Antholzer Dialekt wird *Grand* noch heute appellativisch verwendet, allerdings zur Bezeichnung von Rücken im Gelände. In jedem Fall scheint hier die Form eines Troges – sei es erhöht oder vertieft in der Landschaft – namenprägend gewesen zu sein.

Zahlreich sind auch Benennungen, die auf erhöhtes und steiles Gelände Bezug nehmen. Gleich dreimal findet sich im untersuchten Material die Simplexform *der Bichl* (hd. *Bühel*) als Name hügeliger Fluren. Daneben erscheint es sehr häufig als Grundwort komplexerer Namenbildungen, etwa *Fildrafaldrabichl, Grantnbichl, Fuchsbichl, Niederleitbichl*. Mit ähnlicher Bedeutung wird zur Bezeichnung von Hügeln und Bergkuppen das Appellativ *Kopf* verwendet.[101] Als Grundwort erscheint es in den Namen *Geigenkopf, Lauskopf* und *Saukopf;* in der Diminutivform findet es sich im *Pernthalerköpfl.* Zur Bezeichnung von Hängen, ansteigenden Feldstreifen und Grenzstreifen steht das Wort *Rain* (ma. *Roan*) zur Verfügung.[102] Es ist häufiges Grundwort von Flurnamen. So finden sich im Flurnamengut der Gemeinde Pfalzen *der Gänsebichler Winkelrain, der Huberrain, der Gelenkrain* und *der Leitlrain.* Äußerst gängig ist weiters der Name *Leite*, der zum Teil noch als Appellativ verwendet wird. Das Onym ist so häufig, dass es die Menschen nicht als richtigen Namen empfinden. Eine Gewährsperson meinte etwa, dass im Grunde jeder Bauer seine Leite hinter dem Haus habe, genauso wie den Baumgarten, die Wiese und den Acker. Tatsächlich ist die Benennung Teil der beinahe stereotypen Mikrotoponymie im familiären Bereich, i. e. im engsten Umkreis des Hofes. Benannt wird damit ein in der Regel sonniger und ansteigender Hang, nach ahd. *lîta*, mhd. *lîte*, der Bezeichnung für einen Bergabhang.[103] Weitere Namenbildungen um dieses Wort sind im betrachteten Gebiet: *das Leitwaldile, das Leitl* und *der Leitlrain.*

Individueller sind die folgenden Namen für Bodenerhebungen: *das Gebergla*, eine doppelte Kollektivbildung zum Grundwort *Berg* mit dem Kollektivsuffix *-ach* (ma. *-a*) und dem Präfix *ge-*. Die Flur wird somit als wahre Fülle kleiner Hügel gekennzeichnet. *Das Kampile* ist eine – wenn auch durchaus standardisierte – Metapher für einen schmalen Bergrücken. *Das Knöspltal* ist wohl benannt nach kleinen Hügeln, die metaphorisch als kleine Knospen angesehen werden. Grimm führt unter dem Eintrag *Knospe* an:

> „1) *knospe*, ‚knorre', diese urbedeutung erscheint einmal mhd. [...] in der hs. G, die statt des *knurren* im texte *knospen* hat, knorren an einem steine [...]. daher erklärt sich bergmännisch *knospe*, ‚knorriges stück', eig. wol ‚knorriger auswuchs' [...] 3. [...] a) die eig. bed. ist auch hier, wie bei *knopf* [...] ‚härtliches rundes ding', ‚knoten', ‚auswuchs'".[104]

---

[100] Vgl. ebd., 249.
[101] Vgl. ebd., 349: ‚Kopfartiges, Bergkopf'.
[102] Vgl. ebd., 468.
[103] Vgl. Kühebacher, Kiens, 270.
[104] Vgl. Grimm 11, Sp. 1494.

Einstiges Appellativ, nunmehr nur noch als Name für einen Hügel verwendet, findet sich *der Noll*, dessen ursprüngliche Bedeutung ‚Bergrücken, Bergweide' war.[105] Eine Metapher ist wiederum *der Porzen*, Name einer Bergwiese. Das Mundartwort bezeichnet üblicherweise eine grasbewachsene Erhebung im Feld.[106] *Die Schwelle* verdankt ihren Namen ihrer einer Türschwelle vergleichbaren Form. Eine sehr beeindruckende Metapher zeigt sich zuletzt im Bergnamen *der Windschar*. Hier wird der Fels mit einer Pflugschar verglichen (ahd. *scar* ‚Pflugschar, Hacke'[107]), die in den Himmel ragt und den Wind durchpflügt.[108]

1.4 Geologie: Die Beschaffenheit des Bodens

Die Beschaffenheit des Bodens, das Vorhandensein von Felsen und Steinen, aber auch die Farbe der Erde haben Namen geprägt, die sich unter dem Schlagwort „Benennungen nach der Geologie" zusammenfassen lassen. Die Nähe zu den Appellativa ist auch hier oft zu bemerken.

Auf den sandigen Grund einer Weide verweist der Name *das Sandl*. *Breitensteina* ist demgegenüber ein typischer Pfalzner „Steinname". Tatsächlich sind viele Fluren durch markante Findlinge geprägt, die der Gletscher beim Abschmelzen zurückließ. Im Fall dieser Flur ist es sogar eine ganze Fülle solcher breiter Steine, die zur Kollektivbildung auf *-ach* (ma. *-a*) führte. *Das Klapfl* ist eine Diminutivbildung zu *Klapf*, dem typischen mundartlichen Wort für *Fels*. Die Gewährsperson betonte, dass es sich dabei nicht etwa um den Namen eines einzelnen Felsens handle, sondern vielmehr um einen Geländenamen, denn in Greinwalden „sei eben alles nur Klapf". Die karge Beschaffenheit des Bodens lässt sich auch aus dem Flurnamen *das Köfile*, ebenfalls in Greinwalden, erschließen. Ma. *Kofl* bezeichnet einen großen Stein, eine Felswand oder einen Felsblock.[109] Hier werden damit Fluren benannt, die einen besonders felsigen Boden haben. Ähnlich ist der Fall wohl auch beim *Köfelacker* in Issing. Als Grundwort findet *Kofl* sich im Bergnamen *Weißkofl*, wo das Bestimmungswort noch zusätzlich die Farbe des Gesteins angibt.

Das steile, felsige Gelände der Pfalzner Mittelgebirgsterrasse hat zahlreiche Geröllabgänge zur Folge. Diese Geröllawinen und die Schutthalden, die von ihnen überbleiben, werden als *Lammern* bezeichnet.[110] Auch dieses Appellativ findet sich als gebräuchlicher Name oder Namenbestandteil: *die Lammer, das Lammerle, die große Lammer, die untere Lammer, das Lammertal* und *die Lammertase*. Der letzte Name ist schwer zu deuten. Ma. *Tase* ist gängiges Appellativ und bezeichnet üblicherweise einen Nadelzweig.[111] Die Benennung ließe sich also höchstens als Metapher erklären für die Form der Flur, die tatsächlich etwas geschwungen und gekrümmt ist.

Als weitere Bezeichnung für eine Lawine jeder Art, vor allem aber für Schneelawinen, dient das mundartliche *Lane*. In Pfalzen findet sich *die rote Lane* als Flurname, wo das Adjektiv auf die Farbe der Erde verweist, aus der diese Lawine bestand. Die Kahlschläge, die durch solche Lawinenabgänge entstanden und sich hervorragend als Wei-

[105] Vgl. Schatz, 454.
[106] Vgl. ebd., 98: ‚kleine Erhöhung, Wulst im Felde, große Scholle'.
[107] Splett I.2, 842.
[108] Vgl. Finsterwalder, Watschar, 265, Anm. 2.
[109] Vgl. Schatz, 347.
[110] Vgl. ebd., 370.
[111] Vgl. ebd., 629.

den eigneten, werden häufig *Lana* genannt, was soviel heißt wie ‚eine Menge von Lanen', die hier Winter für Winter ins Tal donnerten. Als Grundwort kommt es in Issing in den Namen *Ober-* und *Unterlana* vor, insgesamt *im Lana* genannt. Als Ellipse zu *Lanacker* dürfte hingegen in Pfalzen der Flurname *der Laner* (/lắnɑ/) gelten. Der männliche Artikel verweist auf eine Ableitungsform auf *-er*, die in der Pusterer Mundart ebenfalls /ɑ/ ausgesprochen wird. Kollektivbildungen auf *-ach*, ma. *-a* sind im Pfalzner Dialekt demgegenüber immer Neutra.

1.5 Hydrologie: Benennungen nach Wasser

Eine eigene Kategorie von Namen sind die Benennungen jener Fluren, die mit Wasser in Verbindung stehen und danach benannt sind. Dabei ist zu unterscheiden zwischen Benennungen von Fluren nach ihrer Lage am Wasser oder dem Wassergehalt ihres Bodens und tatsächlichen Gewässernamen. Die Gewässernamen gehören innerhalb der Namenkunde zum Bereich der Toponymie, wobei sie im weiteren Sinn zu den Flurnamen gerechnet werden und gemeinsam mit diesen den Siedlungsnamen gegenüberstehen. Im engeren Sinn jedoch bildet die Erforschung der sogenannten *Hydronyme* einen eigenen Bereich der Onomastik, der sich als *Hydronomastik* bezeichnet. Hier werden die Namen stehender und fließender Gewässer erforscht, die zu den ältesten Namen überhaupt gehören.[112] Die Gewässernamen des Pfalzner Gebiets gehören allerdings zur jüngsten Schicht innerhalb der Hydronyme, da es Namen sind, die auf noch heute gebräuchlichen Appellativa wie *-bach*, *-see* etc. enden.[113] Im Rahmen dieses Kapitels werden nicht die Namen der Gewässer selbst angeführt, da diese nach einer Fülle verschiedenster Motive benannt wurden, die nicht alle zu den „natürlichen" Benennungsmotiven zu zählen sind. Gewässernamen werden im Rahmen dieser Darstellung mit den allgemeinen Flurnamen gleichgesetzt und jeweils unter jenen Kapiteln analysiert, die ihrer Benennungsmotivation entsprechen. Hier sollen nur Namen von Fluren betrachtet werden, die nach ihrer Lage am Wasser oder ihrem Wassergehalt benannt sind.

Auf das Vorhandensein von Wasser auf der Flur oder ihrer Lage an Gewässern verweisen folgende Benennungen: *das alte Wasser*, Name eines Waldes, in dem sich die Quelle befindet, von der der Baumaurerhof früher sein Wasser bezog. Als dann das Wasser aus einer anderen Quelle geschöpft wurde, erhielt die einstige Quelle und mit ihr der ganze Wald diesen Namen. *Das Bachla* ist demgegenüber ein Großflurname in der Katastralgemeinde Pfalzen. Die Kollektivbildung verweist darauf, dass sich viele kleine Wasserrinnsale und Bächlein durch dieses Gebiet ziehen. *Das Bründl* ist nicht der Name einer Quelle – im Dialekt werden Quellen als *Wasser* oder *Brunnen* bzw. durch deren Diminutivformen bezeichnet –, sondern der Name einer Bergwiese, auf der eine Quelle entspringt. Dies ist auch der Fall bei der *Bründlwiese*. *Der Hinterbach* ist zum einen tatsächlich der Name eines Baches. Zugleich werden auch das ganze Tal, durch das der Bach fließt, und der Wald in diesem engen, finsteren Tal so genannt. Der Name bezieht sich auf die Lage von Tal und Bach hinter dem Gemeindegebiet von Issing. *Hirschbrunn* ist der Name einer großen Almfläche oberhalb des Dorfes Greinwalden. Sekundär danach benannt sind *das Hirschbrunnfeld* und *der Hirschbrunnwald*. Die

---

112 Vgl. zum speziellen Thema der Hydronomastik Greule, Gewässernamen, 1534–1539 und Naumann, Gewässernamen, 711–718.

113 Vgl. Naumann, Gewässernamen, 712.

Quelle, nach der die Alm einst wohl benannt wurde, scheint mittlerweile nicht mehr bekannt oder versiegt zu sein; sie wurde jedenfalls von den Gewährspersonen nicht angeführt. Ähnlich liegt der Fall auch beim Namen *Kaltenbrunn*, womit eine Bergwiese bezeichnet wird. Auch hier findet sich keine Quelle, die diesen Namen trägt. Benennungen von Bergwiesen und Almen nach dem Vorhandensein von Wasser finden sich häufig auch in den Nachbargemeinden und verweisen auf die Bedeutung des Wasservorkommens im Berggelände.

Die Benennung eines Waldes nach dem Bach, der durch ihn fließt, zeigt sich auch am Beispiel des *Moschbachs*, Name eines Waldes unterhalb von Pfalzen. Die Etymologie ist in diesem Fall nicht ganz klar. Es könnte sich einerseits um eine deformierte Form des Namens *Moosbach* handeln, der mundartlich jedoch *Mossbach* oder *Mössbach* lauten müsste. Auf eine solche Etymologie verweist auch die historische Schreibung im Theresianischen Kataster:

ein Stûckl wald, das Mosbâchl genannt (Ther. Kat., folio 1193′)

Eine Bildung nach dem Waldmoos ist auszuschließen, da dies in der Mundart *Mies* lautet.[114] Plausibler scheint die Benennung nach dem Vogelbeerbaum und seinen Beeren, mundartlich *Moschpa* genannt.[115] Der Name wäre also der Rest eines einstigen Kompositums *Moschpabach*. Durch den Wald fließt das Bächlein *Moschbachl*, dessen Name sich wohl auch so erklären lässt.

Der Tümpflinger ist eine typische elliptische Form zur Benennung eines Ackers. Der Name ist das Diminutiv zu *Tumpf*, womit ein Wasserreservoir, eine Wassergrube bezeichnet wird.[116] In Pfalzen ist eine ganze Reihe von Äckern so benannt, es handelt sich also um eine Großflurbenennung. Namenprägend dürfte entweder das Vorhandensein eines solchen Reservoirs gewesen sein oder die Lage der Fluren in einer Geländevertiefung. Zur Differenzierung dient der Besitzername, so gibt es etwa den *Jochile Tümpflinger*, Acker des Jochile Bauern.

Das Waicha ist schließlich der Name des Geländes um den Issinger Weiher. Unklar ist, ob es sich um eine Bildung auf *-ach* (ma. *-a*) oder einfach um eine elliptische Form *Weiher* handelt, da beide Varianten mundartlich zusammenfallen und *Waicha* lauten. Als Bestimmungswort findet es sich noch im Namen *die Weiherwiese* (ma. *Waichawiese*).

Eine Sonderkategorie innerhalb dieser Gruppe der durch Wasser charakterisierten Fluren und Flurnamen stellen die Namen von Sumpfland dar.[117] Gängigste Bezeichnung für Sumpfland im betrachteten Gebiet ist das Appellativ *Moos*, das insgesamt siebenmal als Name einer Flur von den Gewährspersonen genannt wurde. In der Pluralform erscheint der Flurname *die Möser* in Greinwalden. Mit einem Besitzernamen näher bestimmt findet sich in Pfalzen *das Gassermoos,* das bereits im Rustical Steuerkataster erwähnt wird.

gassers Moos (Ther. Kat., folio 1176′)

Dies ist bei Bildungen auf Besitzernamen selten, da diese Namen sich häufig mit einem Besitzerwechsel wieder verändern bzw. von dem Eigentümer selbst in der Regel

---

114 Vgl. Schatz, 426.

115 Vgl. ebd., 433.

116 Vgl. Kühebacher, Kiens, 278. Allerdings nannten mir Gewährspersonen in Pfunders *Tumpf* als Appellativ für eine Mulde ganz allgemein.

117 Zur Darstellung der Namen für Sumpforte im begrenzten Gebiet eines Dorfes vgl. auch Scheuermann, Dorfflur, 552–553.

natürlich ohne Besitzernamen verwendet werden. Der Beleg aus dem Kataster findet sich bezeichnenderweise auch nicht bei der Nennung der steuerpflichtigen Fluren des Besitzerhofes, sondern unter der Rubrik der angrenzenden Fluren, bei der stets der Besitzername zur genauen Lokalisierung angeführt wird. Bei der Auflistung der steuerpflichtigen Fluren eines Hofes ist er überflüssig und entfällt somit.

Die weiteren Sumpfnamen, die in Pfalzen genannt wurden, sind jeweils Adjektivabstrakta. So gibt es in Pfalzen die Wiese *das Nasse*, wo die Eigenschaft der Wiese abstrakt zu ihrem Namen erhoben wurde. In Greinwalden findet sich als ähnliche Bildung *in der Feuchte*. Dies ist zugleich auch der Name eines Hofes auf diesem sumpfigen, besonders nassen Gelände. Dazu existieren weiters die Bildungen *die Feuchtleite* und das *Feuchtner Waldile*, wobei in diesen beiden Fällen unklar bleiben muss, ob nicht eher der Hofname dahintersteckt. Da der Hof jedoch nach dem sumpfigen Gelände, auf dem er erbaut ist, benannt wurde, lassen sich beide Motive annehmen.

1.6 Flora und Fauna

Neben Form, Größe, Bodenbeschaffenheit und Wassergehalt ist der Bewuchs einer Flur von besonderem Interesse für die Nutzer. Hier lassen sich drei große Gruppen von Namen unterscheiden: Namen für baumbestandene Fluren, Namen von Grasland und schließlich Namenbildungen zu charakteristischen Pflanzen.

Waldnamen werden im Kapitel III 3.6 *Forstwirtschaft und Jagd* dieser Arbeit als eigene Kategorie analysiert. Hier sollen also nur jene Namen angeführt werden, die auf den Bewuchs der Flur mit bestimmten Bäumen verweisen. Als allgemeine, appellativische Bildung findet sich *das Hölzl*, eine Diminutivbildung zu *Holz*, einst gängiges Appellativ für einen Wald.[118] Häufiger Name ist weiters *der Loach*. Das ursprüngliche Appellativ bezeichnet einen Wald, in dem die Bäume weit auseinander stehen, einen Wald mit Weideboden.[119] Mit Präpositionen differenziert finden sich in Pfalzen *der Außerloach, der Oberloach, der Unterloach*. Als Diminutiv erscheint der Name in der Form *das Leachl* dreimal im untersuchten Material. Auch hier gibt es wieder die mittels des Besitzernamens differenzierte Form: *das Oblinderleachl*.

Besonders charakteristisch sind Kollektivbildungen auf *-ach* zur Benennung von Wäldern. Dieses alte Kollektivsuffix wird in der Mundart zu /a/ abgeschwächt. Ich behalte es bei den Namenschreibungen in seiner dialektalen Form bei, da das alte Suffix längst nicht mehr produktiv ist. Im Pfalzner Material erscheinen *das Bircha*, typischer Name für einen Birkenwald, *das Erla* und *das Forcha*. Die Kollektivbildung *das Lärcha* bezeichnet demgegenüber Bergwiesen in Greinwalden. Analog finden sich in Pfalzen die Bergwiesen *Oberlärcha* und *Unterlärcha*. Ebenso benennt auch die Kollektivbildung *Kehrerweidla* Bergwiesen in Pfalzen. Das Bestimmungswort *Kehrer* gibt den Besitzer an. Das Grundwort *Weide* bezeichnet Niedergehölz, die Kollektivbildung kommt häufig als Flurname vor[120], etwa auch in der Benennung *die Weidlawiesen* in Greinwalden. Dass der Name etwas mit *Weide* im Sinne der *Viehweide* zu tun haben könnte, scheint äußerst unwahrscheinlich, da diese mundartlich als *Woade* /wǫɑdę/ ausgesprochen

---

118 So bedeutet *holz* noch im Mittelhochdeutschen ‚wald, gehölze' (vgl. Lexer 1, Sp. 1329).

119 Vgl. Schatz, 393; Tyroller, Typologie, 1437. Das mittelhochdeutsche Wort ist *lôch* ‚gebüsch; wald; gehölz' (vgl. Lexer 1, Sp. 1949).

120 Vgl. Schatz, 695.

wird, während die hier betrachtete Kollektivbildung tatsächlich /wáẹdlɑ/ und nicht etwa /wǫ́ɑdlɑ/ lautet.

Seltener sind Kompositaformen, in denen Baumnamen als Bestimmungswörter erscheinen: *das Birkeck, die Erlwiesen, der Lärchwald* sowie mit Kollektivbildungen *das Lärchaeck, die Lärchawiesen, die Weidlawiesen*. Bemerkenswert ist die Verwendung der Diminutivform von Baumnamen zur Benennung von Bergwiesen: *das Förchenle, das Tanndl*. Die Benennung von Bergwiesen nach Bäumen ist ein sehr häufiges Phänomen. Dabei werden sowohl Kollektiv- als auch Diminutivbildungen verwendet, die den einstigen Baumbestand dokumentieren, dem die Wiese abgerungen wurde. Mittlerweile hat die Realität manche Namen eingeholt: Viele einstige Bergwiesen sind verwachsen und tragen nun wieder jene Bäume, an die ihre Namen erinnern.

Die Namen für Grasland bestehen im Untersuchungsmaterial in Benennungen, die sich um das Wort *Wiese* gruppieren. Hier findet sich zunächst überaus häufig das Appellativ *Wiese* als Name, in der Regel für die dem Haus am nächsten gelegene Flur dieser Art. Weiters erscheint die Diminutivform *das Wiesile* und die Kollektivbildung *das Wieslat*[121]. Nach ihrem Grasbewuchs benannt sind *das Wiesental* und *die Wiesköfel*.

Der Bewuchs mit einer besonderen Pflanzenart führt zu sehr individuellen Benennungsformen, die dokumentieren, wie genau die Namengeber ihre Umwelt beobachteten: *Das Ochale*, Name einer Bergwiese, ist eine Ableitung zum Mundartwort *Ochalkraut* bzw. *Ochal*, das die Schafgarbe benennt.[122] Der Name *am Distla* charakterisiert den so benannten Boden in großer Höhe durch seinen starken Distelbewuchs. *Der Fildrafaldrabichl* ist ein Hügel, auf dem im Frühjahr immer ein Meer von Maiglöckchen blüht, im Dialekt *Fildrafaldra* genannt.[123] Das reiche Vorhandensein der begehrten *Grantn* (hd. *Preiselbeeren*) prägte die Benennung *der Grantnbichl*. Im *Holermoas*[124] stehen viele Holundersträucher, im Dialekt *Holer* genannt. Interessant ist die Bildung *das Koflerrösl*. *Rösl* als typische Diminutivform zur Benennung einer Bergwiese ist hier wohl eine Ableitung zu *Alpenrose*, deren Bewuchs diese Wiese kennzeichnet. *Der Kressboden* ist nach der Bergkresse benannt, *die Rohrwiesen* schließlich bilden eine Großflur, die durch Schilfrohrbewuchs auffällt. Danach ist sogar der angrenzende Hof *Rohrer* benannt. Auch Gewässer erhalten mitunter ihren Namen aufgrund des Bewuchses um sie herum. So das bereits erwähnte *Moschbachl*, das wohl nach den *Moschpa*, den Vogelbeerbäumen benannt wurde, oder der *Rosenbrunn* in Issing, wiederum nach den Alpenrosen so genannt.

In den Bereich der Naturnamen fallen weiters jene Namen, die an Wildtiere erinnern, so *der Fuchsbichl, die Fuchslöcher* und *der Rommboden*(/ʀọmp̮ọ́ᵘdn̥/; hd. *Rabenboden*). Ma. *Romm* (/ʀọ́m/) ist die Pluralform zu /ʀọ́p̮ẹ/ *Rabe*.[125] Der Name *Krahlana* enthält das Bestimmungswort *Krah*, das die Plural- und Singularform zur Bezeichnung der Krähe ist. Die Bergwiese, die diesen Namen trug, ist jedoch mittlerweile verwachsen. Interessant und nicht völlig durchsichtig ist der Bergwiesenname *die Fliddrarin* sowie sekundär dazu gebildet *der Fliddraklapf*. Basis dieser Ableitungsform dürfte das mundartliche *Flitterle* sein, womit der Schmetterling bezeichnet wird. Eine Benennung

---

121 Das Kollektivsuffix *-ach* findet sich hier noch um *-t* erweitert; in der Mundart wird daraus *-at*.

122 Vgl. ebd., 7.

123 Vgl. ebd., 172.

124 Das Grundwort verweist diesen Namen in den Bereich der Kulturnamen, da *Moas* ein Rodungsname ist; vgl. Kapitel III 3.1 *Rodung* dieser Arbeit.

125 Vgl. dazu die Bemerkungen zu *Rabenstein* bei: Finsterwalder, Ortsnamen um Klausen, 1038.

nach Insekten findet sich auch beim *Mückenwald.* Abschließend seien noch zwei Gewässernamen angeführt, die ebenfalls nach Wildtieren benannt sind: *das Hirschbründl* in Issing und *die Hirschlacke* in Pfalzen und in Issing.

1.7 Allgemeine Charakteristik und Eigenschaften von Fluren

Die Erfahrung des Menschen mit seiner Umwelt ließen ihn auch manche Flur nach ihrer Eigenschaft, sei sie gut oder schlecht, benennen. So ist *das Finstertal* ein oft dunkles, schluchtartiges Tal, *das Rauchntal* entsprechend besonders rau (ma. *rauch*) und karg, ein tiefes, schluchtartig in den Hang gefressenes Tal. *Die Ramml*, Appellativ und Name zugleich, bezeichnen unwegsames, unproduktives Gelände, meist einen steileren Hang voller Steine und Geröll.[126] Ein sehr häufiges Grundwort in Namenbildungen ist das einstige Appellativ *Hölle.* Es bezeichnet jedoch keineswegs einen Eingang zur Unterwelt, sondern felsiges, oft dunkles, schluchtartiges Gelände. Ähnliche Bedeutung hat die Bezeichnung *Hölle* im Bezug auf den engen, dunklen Raum zwischen Ofen und Wand. Schatz erklärt dazu:

> *hellɛ, hel* f. als Flurn. Felsklamm, Bachklamm mit dem Begriff des Gefährlichen, Unheimlichen; auch trichterartige Vertiefung im Felde.[127]

Auf lieblicheres Gelände verweisen die beiden letzten Namen dieser Kategorie: *Das Schönbödenle* lässt daran denken, dass der so benannte Boden wohl besonders lieblich, vielleicht auch sonnenbeschienen in der ansonsten rauen Landschaft oberhalb der Waldgrenze ist. *Die Warmtäler* sind kleine Gebirgstäler, die windgeschützt sind. Im Sommer erhitzt die Sonne die Steine dort sehr stark, woran dieser Name erinnert.

Auch Gewässer können nach ihrer Eigenschaft oder Eigenheit benannt werden. So der *Finsterbach* in Pfalzen, der den Namen der Farbe seines Wassers verdankt, das sich durch ein enges, finsteres Tal schlängelt und besonders dunkel wirkt. *Der Rumplbach* in Issing ist durch eine „akustische" Eigenschaft des Wassers charakterisiert, i. e. das *Rumpeln*, also Rumoren des Wassers, wenn es Steine und Geröll mitnimmt. Im Kataster und in den Karten findet sich als offizieller Name *Mühlbach*, da dieser Bach zahlreiche Mühlen betrieb. Dahinter steckt das Benennungsmotiv der menschlichen Nutzung. Der allgemein übliche Name *Rumplbach* war offensichtlich für die offizielle Namengebung zu banal und zu dialektal. Die Mundart hat ihn jedoch bis zum heutigen Tag als einzig übliche Benennung für diesen Bach bewahrt.

Resümee

Die Untersuchungen in diesem Kapitel zeigen auf, wie genau die Menschen ihre natürliche Umgebung beobachteten und wahrnahmen, und in welcher Fülle und Vielfalt sich diese Erfahrung im Namenmaterial niederschlug. Zugleich dokumentieren diese Namen auch die Bedeutung der natürlichen Umwelt für den Menschen, seine Abhängigkeit davon. Es scheint sehr plausibel, dass eine beachtliche Zahl dieser Namen Fluren außerhalb des Siedlungsgebietes benennt. Hier waren tatsächlich die natürlichen Gegebenheiten die primäre Charakteristik des Geländes und weit weniger die Bewirtschaf-

---

[126] Vgl. Fink, 210.

[127] Schatz, 287 vgl. auch Lexer 1, Sp. 1232.: mhd. *helle* = ‚die verbergende und verborgene unterwelt, hölle; enger raum zwischen dem ofen und der wand.'

tung durch den Menschen, die insbesondere die Benennungen im besiedelten, wirtschaftlich intensiv genutzten Gelände im Tal und um die Siedlungen prägte. Wie wichtig die natürliche Beschaffenheit der Umgebung für die Benennung ist, zeigt sich nicht zuletzt darin, dass das Namenfeld umso dichter ist, je markanter und bizarrer die Landschaft geformt ist. Eine derart gegliederte Landschaft ermöglicht zahlreiche Orientierungspunkte im Gelände und eine intensive Gliederung der Flur, die sich auch im Namenschatz niederschlägt. Die Strukturiertheit der Landschaft bestimmt maßgeblich Art und Dichte des Namennetzes.

Zusammenfassend lässt sich feststellen, dass Benennungen nach den natürlichen Gegebenheiten mindestens ebenso häufig sind wie das gesamte Feld der Benennungen nach wirtschaftlichen und sozialen Faktoren insgesamt. Deshalb schien es angebracht, diesen so bedeutenden Teil des Namennetzes den Betrachtungen der spezieller historisch aussagekräftigen Gruppe der Kulturnamen voranzustellen. Es zeigte sich, dass in Pfalzen am häufigsten die Bodenerhebung und -vertiefung zur Namengebung herangezogen wurde: Die Menschen benannten ihre Fluren nach den Mulden und Hügeln, Tälern und Bergen und den wenigen ebenen Flächen, die die Landschaft prägten. Weiters spielt der Boden selbst eine wichtige Rolle und lässt die Menschen Namen prägen nach der Farbe des Gesteins, nach Felsen und Geröllhalden, Erdrutschungen und Steinen. Wichtig war auch der Wassergehalt des Grundes, entschied er schließlich wesentlich über die Nutzbarkeit der Flur als Weide und Acker. Wasser war Segen und Fluch zugleich, war nötiges Trinkwasser und konnte aber auch Gebiete versumpfen und nutzlos machen. Entsprangen Quellen auf dem Gelände oder flossen sogar Bächlein durch, so war das von so großer Bedeutung für die Nutzer, dass sie mitunter das Gelände selbst nach diesem Wasservorkommen benannten.

Zu erwähnen ist weiters, was auf der Flur wächst. So benannten die Bauern die Wälder nach den Baumarten, die dort vorkamen, die Wiesen nach ihrer Lage an Wald und Bäumen, die Bergmähder schließlich häufig nach bestimmten Blumen und Kräutern, die sie zierten, ihren Nutzen oft noch vergrößerten. Weit seltener sind demgegenüber Benennungen nach Wildtieren: Sie spielten für die Bauern keine große Rolle, hielten sich auch selten dauerhafter an bestimmten Orten auf. So sind hier nur einzelne Beobachtungen dokumentiert.

Wichtig ist schließlich die beschreibende Benennung der Fluren nach ihrem Aussehen, ihrer Gestalt oder nach bestimmten Qualitäten und Charakteristiken. Hatte die Flur gänzlich nichts Besonderes an sich, fiel durch keine markante Form oder Eigenschaft auf, sondern war schlicht wie viele andere, so benannte man sie häufig einfach nach ihrer Lage an einer anderen Flur, was einen ganzen Kreis sekundärer Benennungen von einer Örtlichkeit nach der anderen nach sich ziehen konnte.

Da sich die Landschaft über die Zeit verändert hat, insbesondere viele einstige Rodungsflächen wieder zugewachsen und Tiere und Pflanzenarten ausgestorben sind, zeichnen die Naturnamen zugleich ein Bild der historischen Naturlandschaft des Gemeindegebietes. Nach diesem Abstecher in die Natur um das Dorf herum sollen die folgenden Kapitel das Augenmerk wieder auf den Menschen in seinem Eingebundensein in die Sozietät des Dorfes richten.

2. Die historisch-soziale Ebene

Der Begriff „sozial“ wird im Rahmen dieser Untersuchung und Systematisierung sehr weit gefasst und synonym mit „den Menschen betreffend“ benützt. Es geht somit in diesem Abschnitt um jene Namen, anhand derer sich Aussagen über die Menschen des Dorfes und ihre Gemeinschaft machen lassen. So werden Namen betrachtet, die nach einzelnen Personen und Besitzern geprägt wurden, Namen, die Einblick in die dörfliche Organisation mit Herrschaftsverhältnissen, Rechten und Pflichten geben, Namen, in denen sich religiöse Einstellungen der Menschen erkennen lassen, sowie Namen, an denen ein Teil der mündlich überlieferten Geschichte des Dorfes hängt, insofern sie an bestimmte Vorkommnisse erinnern. Als eigene Kategorie gehört in diesen Bereich auch die Gruppe der Wegnamen, da Wege gewissermaßen die Lebensadern des Dorfes sind, Kommunikations- und Verbindungslinien zwischen den einzelnen Dorfbewohnern, die deshalb unter der Perspektive der sozialen Ebene eingereiht werden. Letztlich soll auch die Kreativität der Menschen, ihr Humor und ihre lyrische Seite anhand des Flurnamenmaterials beleuchtet werden. Verwiesen sei an dieser Stelle noch auf das Kapitel I 4. dieser Darstellung, in dem die Menschen hinter den Namen vorgestellt wurden in ihrer Eigenschaft als Namengeber und Namenpräger.

2.1 Besitzernamen

Am häufigsten haben Personen als Besitzer ihre Spur in den Flurnamen hinterlassen. Es ist eine der gängigsten Strategien überhaupt, Fluren nach den Personen zu benennen, denen sie gehören. Besonders gilt dies für stark appellativische Namen, die ohne weitere Angabe zu allgemein wären, und deshalb durch zusätzliches Anhängen des Besitzernamens noch genauer differenziert werden. Innerhalb der Gruppe der Besitzernamen lassen sich wieder verschiedene Kategorien unterscheiden.

Die kleinste Kategorie ist jene der weiblichen Eigentümer. Im Pfalzner Gebiet gibt es nur einen Namen dieser Art: *der Salacker.* Nach Angabe des jetzigen Besitzers heißt die Flur so, weil sie einst einer *Sal Lisl* abgekauft worden war. Aus dem Flurnamen selbst ist nicht ersichtlich, dass ausnahmsweise eine weibliche Besitzerin dahinter steht. Bemerkenswerterweise hat sich die Tatsache aber im Gedächtnis der Bevölkerung erhalten. In Ehrenburg, Teil der Gemeinde Kiens, gibt es als ähnlichen Namen *die Saltrate*, so benannt nach dem einstigen Hof *Sale*. Kühebacher führt dazu aus, dass der Name *Sale* sich heute nur mehr in dieser Flurbenennung finde. Als Etymon gibt er das mittellateinische *vasallus* an, mit dem ein Gefolgsmann bezeichnet wurde, altmundartlich *Salmann* genannt.[128] Es könnte jedoch weiters durchaus ein Zusammenhang mit dem historischen Begriff *Salland* bestehen, der Bezeichnung für jenen Teil des Landes, den sich der Grundherr für den eigenen Anbau vorbehielt.[129]

Weit größer ist die Kategorie jener Benennungen, in denen ein männlicher Vorname erhalten ist. Hier sind zunächst jene zu erwähnen, in denen sich alte germanische Namen verbergen. So die Ortsnamen *Issing* und *Greinwalden*, wo sich die Agilolfingernamen *Isso* und *Grimoald* erhalten haben.[130] Der alte Name *Iro* dürfte in *Irnberg* stecken,

---

[128] Vgl. Kühebacher, Kiens, 276–277.

[129] Vgl. Le Goff, Hochmittelalter, 69; Blickle, Untertanen, 28.

[130] Vgl. dazu das Kapitel III 3.1 *Rodung* dieser Arbeit.

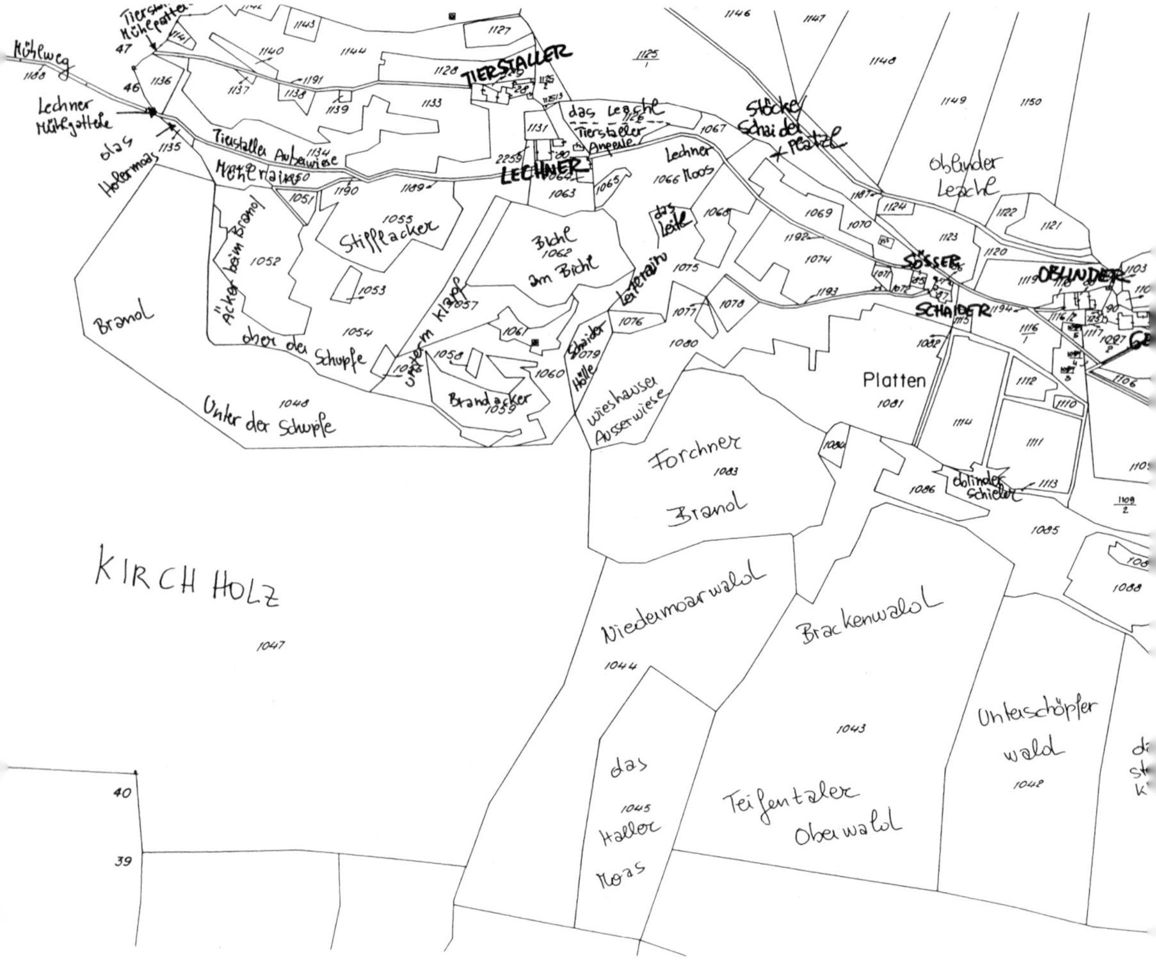

Abb. 3: Ausschnitt aus der Katastermappe von Pfalzen: Platten

Name einer Rodungsfläche und des darauf befindlichen großen Hofes unterhalb von Issing. Förstemann schreibt in seinem Namenbuch zur Wurzel *ir*:

> IR. Ein unerklärter stamm; vielleicht bricht von dem wichtigsten dieser namen, *Iring*, ein licht hervor. An die *Iren* darf wol nicht gedacht werden. Schwer ist die scheidung vom Stamme HIR.
>
> *Iro.* [...] *Irihc.* [...] *Yrinus.* [...] *Iring.* Diese form und *Irinc* überall sehr häufig [...] *Irfrid.* [...] *Irmunt.* [...] *Yrolf.* [...] *Irlicho.* [...] *Iriling.* [...] *Irlewar.* [...] *Irinbold.* [...] *Irinbrig.* [...] *Irinbert.* [...] *Irinburg.* [...] *Irinfrid.*[...][131]

Weniger deutlich liegt der Fall beim Namen *Panzatal* in Pfalzen. Auch hier könnte sich ein alter Personenname verbergen, vielleicht ein *Panzo*. Förstemann führt als Personennamen an „*Panzo* [...] *Benzo* [...] *Bentzo* [...] *Penzo* [...]“[132].

---

[131] Förstemann, Namenbuch, Sp. 967–969.
[132] Ebd., Sp. 246.

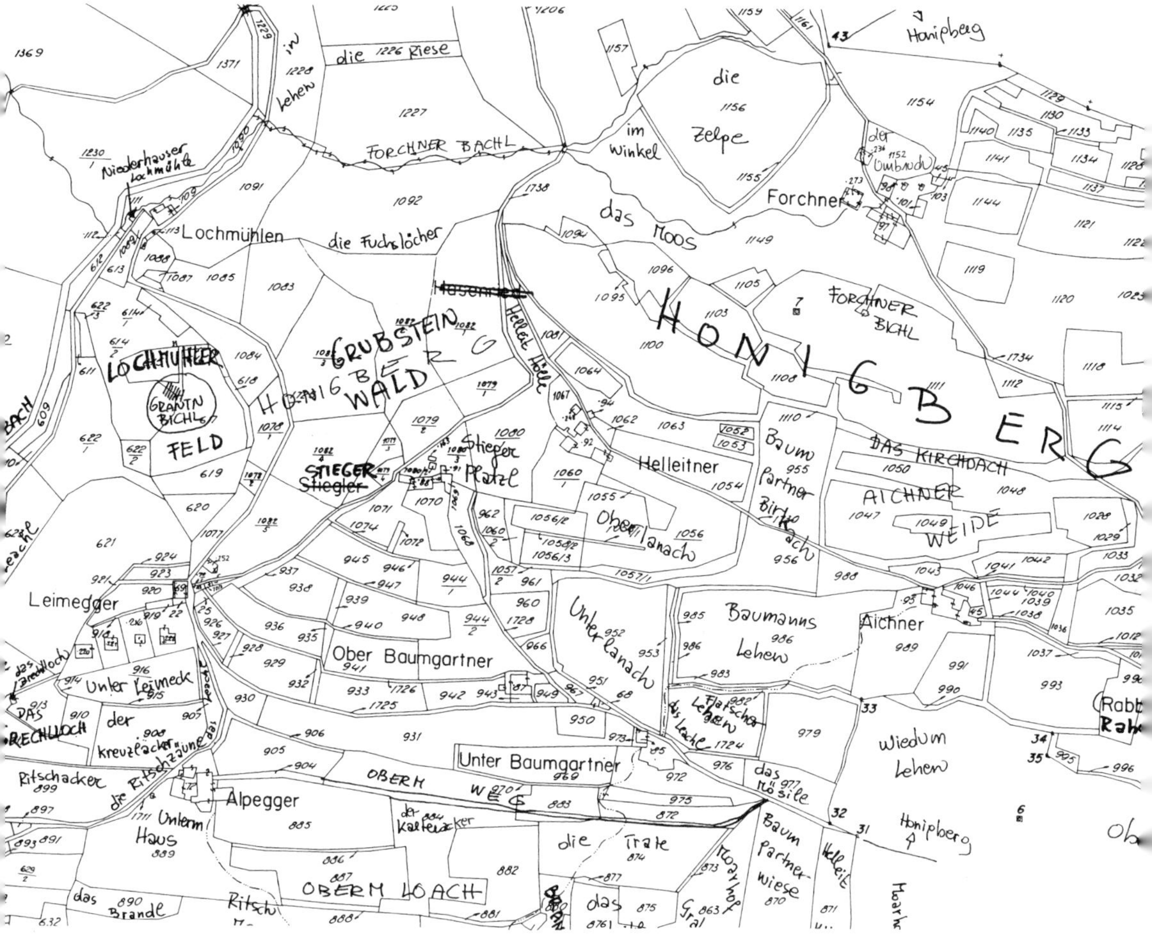

Abb. 4: Ausschnitt aus der Katastermappe von Issing: Honigberg

Von diesen altbairischen Namen zu unterscheiden sind Flurnamen, in denen sich noch heute gängige, jüngere Vornamen verbergen. Als Zwischenform ist hier der Name *Georgenberg* für die Streusiedlung oberhalb Issings anzusehen – in der Mundart lautet die Form *Jerginaberg* (hd. *Georgenerberg*). Obwohl der Name *Georg* heute noch sehr gängig ist und im Vergleich zu den bisher betrachteten germanischen Vornamen gewissermaßen jünger wirkt, dürfte auch dieser Name noch in eine frühe Zeit der Besiedlung zurückweisen. Dafür sprechen die ausgedehnte Fläche, die damit bezeichnet wird, sowie die Nähe zu den anderen altbairischen Namenprägungen auf *-berg*, siehe *Irnberg*, *Getzenberg*, *Tesselberg* etc. Die Namen *der Andoacker* (zu *Andreas*) und *das Stefansbrandl* verweisen demgegenüber auf keine historischen Großeigentümer, sondern auf bescheidenere Besitzer. Tatsächlich kann es sich kaum um Bauern gehandelt haben, da deren Besitzungen stets nach dem Hof benannt sind. Eher dürfte es sich hier um Grundstücke von Tagelöhnern oder anderen Kleinbesitzern handeln, die keinen eigenen Hof- oder Hausnamen führten. Spuren solcher Kleinstbesitzer finden sich auch im Rustical Steuerkataster. Bezeichnenderweise sind deren Fluren „namenlos“. Da diese Klein-

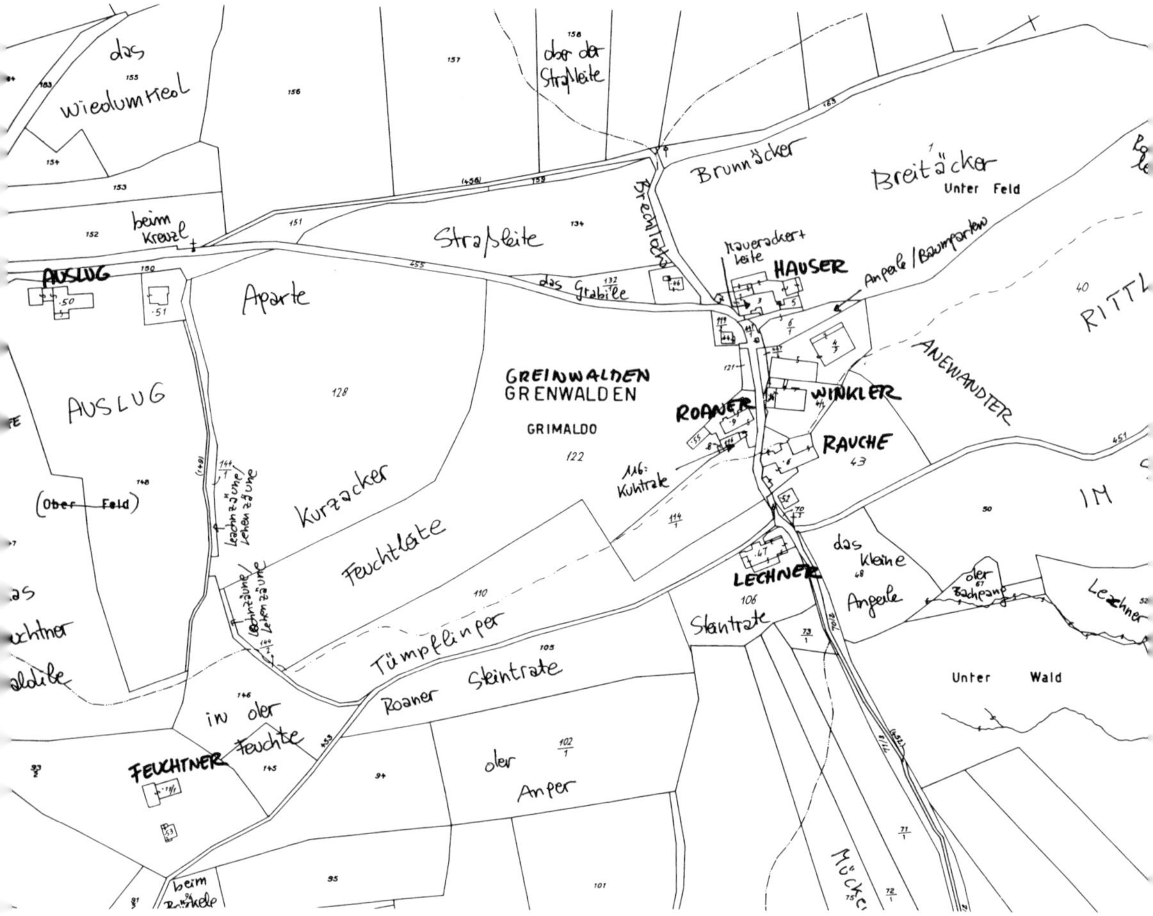

Abb. 5: Ausschnitt aus der Katastermappe von Greinwalden

häusler meist nur über ein oder zwei Grundstücke verfügten, empfanden sie wohl keine Notwendigkeit zur onomastischen Differenzierung ihres Besitzes, im Gegensatz zu Bauern, die eine Fülle von Fluren ihr Eigen nannten.

Eine Art Übername scheint in dem Flurnamen *der Eckpeter* zu stecken. Hier ist nur mehr der Besitzername als Benennung übrig geblieben, ein *Peter,* der wohl an der Ecke wohnte. Unklar ist in der Kategorie der Bildungen auf Vornamen der Fall *Lupwald.* Die Etymologie dieses Namens ist nicht sicher. Es könnte sich um ein Kompositum mit einem elliptischen Personennamen, abgeleitet aus *Leopold,* bzw. um eine volksetymologische Umdeutung handeln. Zumindest wird der Name in dieser Form nirgends im Theresianischen Kataster erwähnt, was deshalb verwunderlich ist, da es sich um eine Großflur handelt, die sich direkt oberhalb des Dorfes erstreckt. Demgegenüber kommt jedoch eine Fülle von *Leopold*-Fluren vor:

ein âckerle, das Leipoldele Genannt (Ther. Kat., folio 1229′)

ein Stûck Erdreich in acker ûnd wiesen, das Lûpold geheissen (Ther. Kat., folio 1366′)

[...] hat eigenthûmlich innen ein Stûk Grûnd der Leopold Acker genannt (Ther. Kat., folio 1428′)[133]

Der häufigste Typus bei den Bildungen auf Besitzernamen sind Zusammensetzungen mit dem Hofnamen, zu dem die Flur gehört. Bildungen auf Hofnamen stellen einen Sonderfall der Flurnamen dar, da der Besitzername oft nur fakultativ zur Verdeutlichung angehängt wird und auch weglassbar ist – die Besitzer selbst verwenden die Namen verständlicherweise in der einfachen Form. Vielfach sind solche Bildungen auch keine wirklichen Namen, sondern haben mehr den Charakter von einfachen Besitzangaben, ändern sich mit jedem Besitzwechsel und haften der Flur nicht dauerhaft an. Typisch ist etwa auch das Phänomen der Großfluren, die meist zusätzlich nach den Besitzern der einzelnen Flurteile unterteilt und benannt werden.

Die Gruppe dieser Benennungen wird in der folgenden Tabelle dargestellt, wobei der namengebende Hof – soweit es sich beim Besitzernamen um einen Hof- und nicht um einen einfachen Familiennamen handelt – mit Angabe der Katastralgemeinde, in der er steht, angeführt wird. Die Schreibung der Hofnamen richtet sich nach der Schreibung im Pfalzner Dorfbuch, sofern der Hof dort erwähnt wird. Obwohl die Etymologie der Hofnamen nicht Gegenstand dieser Arbeit ist, werden besonders markante Fälle missverständlicher Verschriftlichungen in den Fußnoten kommentiert. Da jedoch die Schreibung der Hofnamen relativ konventionalisiert ist, wird als Hauptvariante die im Dorf übliche verwendet. Es werden hier exemplarisch nur jene Benennungen betrachtet, die auf einem allgemeinen Grundwort gebildet sind, wo somit der Besitzername ausschlaggebend für die Identifikation der Flur ist.

Hofnamen in Pfalzner Flurnamen

Flurname	Hofname & Katastralgemeinde
Aichnerweide	Aichner (Issing)[134]
Ameterrise	Amite / Ameter (Issing)
Baumannfeld Baumannhölle[135] Baumannlehen Baumanntal Baumannwald	Baumann (Issing, Mühlen)
Baumgartner Bircha[136] Baumgartnerwiese	Unterbaumgarten & Oberbaumgarten (Issing, Georgenberg)

[133] Weitere Belege: folio 1381′; 1361′; 1167′; 1188′; 1280′.

[134] Dem Standard entspräche heute die Schreibung *Eichner*; der Mundart die Schreibung *Oachner*.

[135] *Hölle* ist ein sehr häufiges Appellativ und bezeichnet keineswegs einen Eingang zur Unterwelt, sondern felsiges, oft dunkles, schluchtartiges Gelände. Ähnliche Bedeutung hat die Bezeichnung *Hölle* in Bezug auf den engen, dunklen Raum zwischen Ofen und Wand. Vgl. Schatz, 287: „*hellɛ, hel* f. als Flurn. Felsklamm, Bachklamm mit dem Begriff des Gefährlichen, Unheimlichen; auch trichterartige Vertiefung im Felde"; vgl. mhd. *helle* = ‚die verbergende und verborgene unterwelt, hölle; enger raum zwischen ofen und der wand'. Vgl. Lexer 1, Sp. 1232.

[136] *Bircha* ist eine Kollektivbildung mit dem Suffix *-ach* (ma. /a/) zum Grundwort *Birke*, und bedeutet soviel wie ‚Ort, an dem viele Birken wachsen'.

Flurname	Hofname & Katastralgemeinde
Binderfeld Bindermoas Binderwiese	Binder (Issing)
Dittlacker	Dittl (Pfalzen)
Elzenbaumeracker Elzenbaumeralm Elzenbaumer Oberalm	Elzenbaum (Pfalzen)
Flatscherlehen	Flatscher (Issing)
Forchneralm Forchnerbichl Forchnerbrand Forchnerwiese	Forchner (Issing)
Gassermoos	Gasser (Pfalzen)
Geigermoos Geigertal Geigerwald Geigerwiese	Geiger (Pfalzen; Platten)
Hallermoas	Haller (Pfalzen)
Haselriederloach Haselriederwald	Haselried (Issing)[137]
Helleithölle Helleitwald Helleitwiese	Helleite (Issing)[138]
Hellsteinerklapfl	Hellsteiner (Pfalzen)
Hilbermoas	Hilber (Pfalzen)
Hirschbrunnfeld Hirschbrunnwald	Hirschbrunn (Greinwalden)[139]
Huberhölle	Huber (Issing; Georgenberg)
Kapperacker Kapperfeld	Kapper (Pfalzen)
Kasserfeld	Kasser (Pfalzen)
Kehrerfelder	Kehre (Greinwalden; Ried)
Kleinrubatscherackerle[140]	

[137] Daneben existiert auch die Schreibung *Hasenried*, vgl. dazu die Ausführungen unter Kapitel III 3.1 *Rodung* dieser Arbeit.

[138] Ans Hochdeutsche angepasst wäre die Schreibung *Höllleite*, doch *Helleite* ist allgemein üblich. Ähnlich auch beim folgenden Namen: *Hellsteiner* vs. *Höllsteiner*. Die mundartliche Form von *Hölle* lautet *Helle* /hẹ́lę/.

[139] Heute ist dies kein Hof mehr, sondern eine Alm.

[140] Die Flur hieß früher *Melcherackerle*. Den kleinen Hof *Melcher* gibt es jedoch nicht mehr; an seiner Stelle steht heute die Feuerwehrhalle. Die Flur wird nun nach dem neuen Besitzer benannt.

Flurname	Hofname & Katastralgemeinde
Koflerfeld Koflerklapf Koflerwald	Kofl (Greinwalden; Ried)
Kofllechenklapf	Kofllechen (Greinwalden)[141]
Kotzacker	Kotzer (Pfalzen)[142]
Kronbichlbachl Kronbichlfeld Kronbichlwaldile	Kronbichl (Greinwalden)
Lechnerleite Lechnertal Lehenhölle Lehenwiese	Lehen (ma. Leachn) / Lechner (Greinwalden)
Lippenfeld	Lippe (Issing)
Lochmühlerfeld	Lochmühle (Issing)
Mair am Bichl Loach	Mair am Bichl (Issing)
Mairhansenwiese	Mairhans (Issing)
Mairhofgraben Mairhofloach	Mair am Hof (Issing)[143]
Maurergartl	Maurer (Issing)
Maurerwald	Baumaurer (Pfalzen)
Meistertal	Meister (Pfalzen)
Melcherackerle Melchertrate	Melcher (Pfalzen; der Hof existiert nicht mehr)
Mesneracker	Mesner (Pfalzen)
Niedermairtal	Niedermair (Pfalzen)
Nockeracker	Nocker (Pfalzen)
Oberauertrate	
Oblinderleachl	Oblinder (Pfalzen; Platten)
Perchneralm Perchnerleite Perchnerwiese	Perchner (Issing)
Pernthaleralm Pernthalerfeld Pernthalerholz Pernthalerköpfl	Pernthal[144] (Issing; Georgenberg)

141 Eine exaktere Verschriftlichung wäre *Kofllehen*; die im Pfalzner Dorfbuch angeführte Schreibung ist eine Mischung aus der Mundartform *Koflleachn* und der etymologischen Schreibung *Kofllehen*.

142 In der Mundart Pfalzens sind /ọ/ und /ö/ häufig austauschbar und erscheinen als Varianten nebeneinander. Der Hofname wird somit sowohl *Kotzer* als auch *Kötzer* ausgesprochen, der Flurname entsprechend auch als *Kötzacker*.

143 In der Mundart wird der Hof kurz der *Moarhof* genannt.

144 Dem Standard entspräche heute die Schreibung *Bärental*.

Flurname	Hofname & Katastralgemeinde
Pramstaller Steigacker	Pramstall (Pfalzen)
Rappenbichler Loch	Rappenbichl (Issing)[145]
Rantacker Rantwiese	Rantner (Issing)[146]
Ritschacker Ritschmoos	Ritsche (Issing)
Rainer Steintrate Rainerleite Rainertal	Rainer (Greinwalden)
Rohrer Bergwiese	Rohrer / Rohre (Pfalzen)
Schaiderhölle Schaiderwiese	Schaider / Schaide[147] (Pfalzen; Platten)
Schusteracker Schustertal	Schuster (Pfalzen)
Schustergrabile	Schuster (Issing)
Stadlermoos	Stadler
Stegerrise	Steger
Stiegerplatzl	Stieger (Issing)
Tanzeracker	Tanzer (Issing)
Teiffenthaler Langwiese Teiffenthaler Oberlana Teiffenthaler Oberwald Teiffenthaler Unterlana Teiffenthaler Waldile	Teiffenthal (Pfalzen)
Tierstaller Angerle	Tierstaller (Pfalzen; Platten)[148]
Tischleracker Tischlerfeld	Tischler (Pfalzen)
Unterauertrate	
Unterschöpferwald	Unterschöpfer (Pfalzen)
Walderrise	Walde / Unter- und Oberwalder (Issing; Georgenberg)
Weberbrandl Weberfeld	Weber (Issing)
Weiherwiese	Weier (Issing)[149]

145 Die dem Hochdeutschen angepasste Schreibung wäre *Rabenbichler*, da ma. *Roppm* ‚Raben' bedeutet und nichts mit schwarzen Pferden zu tun hat.

146 Dem Standard entspräche die Schreibung *Randner*.

147 Die mundartliche Form lautet *Schoader*; dem Hochdeutschen entspräche heute die Schreibung *Scheider*.

148 Die Verschriftlichung lässt hier einen Zusammenhang mit dem hochdeutschen Wort *Tier* vermuten, der jedoch sehr unwahrscheinlich ist. Tatsächlich entspricht diesem Wort in der Mundart in der Regel die Bezeichnung *Vieh*; ma. *Vich* /ɣī́x/, auch als Singular zur Bezeichnung eines Tieres gebräuchlich. Eine genaue Klärung der Etymologie müsste sich

Flurname	Hofname & Katastralgemeinde
Wengwiesile	Wenge (Greinwalden; Ried)
Wieshauser Außerwiese	Wieshaus (Pfalzen; Platten)
Winklertal	Winkler (Greinwalden)
Zassler Bergwiese Zasslerklapfl	Zassler (Greinwalden; Ried)

Die oben angeführte Tabelle erhebt keinen Anspruch auf Vollständigkeit. Die Fülle von Kompositabildungen auf Besitzernamen ist schier unerschöpflich, und es ließen sich sicher noch eine Menge solcher Formen ausfindig machen. Es sind hier nur jene angeführt, die ich erhoben habe. Dennoch lässt sich bereits daran die überwältigende Anzahl solcher Benennungen erkennen.

Manche Benennungen auf Besitzernamen erscheinen auch als Ellipsen; so die Ackernamen *der Nocker, der Eckmoar* oder der bereits zuvor erwähnte *Eckpeter*. Das einstige Grundwort ging offensichtlich verloren, sodass der Besitzername allein zur Benennung der Flur übrig blieb. Ein Sonderfall ist der Name *das Brunna*. Es ist der Name einer Flur in Greinwalden, auf der einst der Brunnerhof stand. Die mundartliche Form lässt dabei zwei Möglichkeiten offen: Es könnte sich um eine Kollektivbildung auf *-ach* handeln mit der Bedeutung ‚Ort, an dem viele Quellen sind'.[150] Andererseits wäre der Name auch als Wüstungsname zu interpretieren. Die Bezeichnung eines Hofes mit sächlichem Artikel als Neutrum ist im Dialekt sehr üblich. Damit werden der Hof und das umliegende Gelände erfasst, analog zum Ausdruck *das Heimat* als Bezeichnung einer Hofstelle. Der Name hat sich also noch gehalten, nachdem der Hof verschwunden ist.

Als Kollektivbildung erscheint im Untersuchungsmaterial die Form *Rantners*, womit alle Fluren benannt werden, die zum Rantnerhof gehören. Bemerkenswert sind schließlich die weiblichen Besitzernamenformen *die Binderin* und *die Stegerin*. Es handelt sich dabei um typische Benennungsformen für Wiesen bzw. Bergwiesen. Sofern sie nicht als Komposita erscheinen, werden diese in der Regel mit dem femininen Suffix *-in* vom Besitzernamen abgeleitet.[151]

Interessant ist die Doppelform *Starkl Steinhaus*, die ohne Artikel verwendet wird. Der frühere Besitzer dieser Flur war der Bauer vom Hof *Steinhaus* in Greinwalden, der spätere der Bauer *Starkl* in Pfalzen. Es ist dies ein gutes Beispiel dafür, wie ein Besitzername mit der Zeit verblassen und durch einen weiteren ergänzt werden kann. Der einstige Besitzername wird als Ellipse zum Grundwort für den Namen der Flur. Die appellativische Benennung für das Grundstück ist völlig verschwunden.

Ein Besitzername dürfte auch im Waldnamen *der Grubsteinwald* stecken. Belege im Theresianischen Kataster führen nämlich eine andere Form an:

ein Stûck Erdreich in acker et wiesen, der *G*rûebstall *G*enannt (Ther. Kat., folio 910′)
aber ein Laich der *G*rûebstall genannt (Ther. Kat., folio 914′)

---

an historischen Quellenbelegen orientieren; eine vorsichtigere Schreibung könnte sich ganz an die Aussprache halten und *Tirstaller* anführen.

149 Dem Hochdeutschen entspräche die Schreibung *Weiher*, der Mundart die Form *Waicha*; es handelt sich um das Haus am Issinger Weiher.

150 *Quelle* heißt mundartlich *Brunn* oder *Wasser*, vgl. Schatz, 114; 690. Bezeichnenderweise fehlt der Buchstabe *Q* im Wörterbuch völlig! Das Kollektivsuffix *-ach* ist in der Mundart zu *-a* abgeschwächt.

151 Vgl. dazu auch Hornung, Flurnamenbildung, 519.

Möglicherweise erfolgte hier eine Umdeutung von *Grubstall* zu *Grubstein*, der Wald wäre demzufolge nach seiner Zugehörigkeit zum Grubstallhäusl in Issing benannt, das zwar heute nicht mehr existiert, jedoch im Theresianischen Kataster verzeichnet ist:

mehr eine behaûsûng, das Grûebstallhaûsl *G*enannt (Ther. Kat., folio 908′)

Eine Verwechslung der beiden Grundwörter *stein* und *stall* zeigt sich schriftlich dokumentiert im Theresianischen Kataster für den Fall *Marstein* und *Marstall:*

ein acker, der Marstall heissend (Ther. Kat., folio 1141′)

ein Stûck Erdreich in acker, vermôg der briefen Marstain „iezt aber der Großacker genannt (Ther. Kat., folio 1090′)

Hofnamen finden sich weiters auch in Namen von Gewässern. In solchen Fällen verweisen sie in der Regel auf die Nutznießer: *das Helleitwasser, das Kronbichlbachl, der Mittereggerbach, die Niedermairlacke*[152] und *das Schaiderbachl.* Ein solches Nutzungsrecht prägte etwa auch den Namen *das alte Wasser.* Dies ist ein Waldname in Pfalzen. In diesem Wald befindet sich die Quelle, aus der der Baumaurerhof früher sein Wasser bezogen hat. Als dann das Wasser aus einer anderen Quelle geschöpft wurde, erhielt die einstige Quelle und mit ihr der ganze Wald diesen Namen.

Abschließend seien noch jene Mikrotoponyme hier angeführt, die nicht nach einzelnen Besitzern bzw. Höfen geprägt sind, sondern nach ihrer Zugehörigkeit zu ganzen Siedlungen. Das ist der Fall bei der *Lanebacherscharte,* Name eines Einschnittes im Berggrat, der benannt ist nach seiner Lage hinter dem Berg *Windschar* gegen die Siedlung *Lanebach* oberhalb von Gais (Ahrntal). Nach dem Weiler *Platten* oberhalb von Pfalzen sind mehrere Namen geprägt: *die Plattner Bergwiese, die Plattner Waldilan* und *die Plattner Krägen.* Das Grundwort *Kragen* ist eine metaphorische Bezeichnung, die auf die „kragenartige“ im Sinn von „halsartige“ Form des Geländes verweist. *Kragen* bezeichnet mundartlich eine schluchtartige Rinne in steiler, felsiger Gegend, ist jedoch als Appellativ in Pfalzen nicht mehr üblich. An der Grenze zwischen Siedlungs- und Hofnamenbildungen liegen die Namen *der Haselriederloach, der Haselriederwald* sowie *die Riedinger Felder.* Sowohl *Haselried* als auch *Ried* sind nämlich zugleich die Namen kleiner Weiler und dort befindlicher großer Höfe, sodass sich hier beide Interpretationen anbieten.

2.2 Herrschafts- und Abgabeverhältnisse

Die Betrachtung der Dorfbewohner in ihrem Eingebundensein in die Sozietät des Dorfes erfordert zugleich auch die Skizzierung der sozialen Gruppen, die die dörfliche Gemeinschaft bildeten. Das sind zum einen Handwerker, Tagelöhner, Knechte und Mägde, zum anderen aber der Stand der Bauern, dem das besondere Interesse dieser Arbeit gilt. Da die Bauern die Hauptbesitzer der einzelnen Fluren sind, erscheinen sie – wie bereits öfters angesprochen wurde – auch als die primären Namengeber und -präger.[153] Ihre soziale Umwelt ist es also, die in erster Linie in den Flurnamen widergespiegelt wird. So ist es Ziel dieses Kapitels, den Bauernstand in seiner ständischen Dimension zu beleuchten und die Reflexion dieser ständischen Definierung in den Flurnamen

---

152 Ma. *lacke* bezeichnet eine Pfütze, einen kleinen Tümpel, vgl. Schatz, 370.

153 Es sei daran erinnert, dass unter *Namenpräger* der passive Sinn zu verstehen ist: Bauern haben als Besitzer der Fluren ihre Spuren in den Namen häufiger hinterlassen als jede andere Personengruppe.

aufzuspüren. Dabei kann in diesem knappen Rahmen keine ausführliche Darstellung des Bauernstandes geboten werden; vielmehr soll abrissartig die Situation skizziert, der Kontext damit angedeutet werden. Das Hauptaugenmerk gilt den Spuren des Ständewesens, die sich im Namenmaterial finden.[154]

Der Begriff *Bauer* lässt sich in zweierlei Hinsicht interpretieren. Zum einen ist der *Bauer* der Bearbeiter der Fluren, der *Landwirt* im heutigen Sinn. Im engeren Kontext der europäischen Geschichte allerdings ist der Bauer insbesondere definiert als eine Standesperson, als Angehöriger des sogenannten *Nährstandes.* Diese Vorstellung intendiert zugleich, dass der Bauer in einer Abhängigkeit zu den anderen beiden Ständen, der Geistlichkeit (dem Betstand) und dem Adel (dem Wehrstand) steht. Er ist prinzipiell definiert durch seine Bestimmung, die darin liegt, die anderen beiden Stände durch den Ertrag seiner Felder und seines Viehbestandes zu ernähren. Dafür erwartet er sich umgekehrt deren Hilfe in Form des geistlichen Beistands, gewissermaßen des „seelischen" Schutzes einerseits, und der Verteidigung gegenüber feindlichen Übergriffen als „körperlicher" Schutz andererseits.[155]

Im Früh- und Hochmittelalter hatte es eine dualistische Einteilung der sozialen Gruppen in Freie und Unfreie gegeben, die seit dem 11. Jahrhundert immer mehr von dieser Dreigliederung in soziale Stände überlagert wurde. Die Bauern waren bis auf wenige Ausnahmen in der Regel nicht selbst die Eigentümer des Bodens, den sie bearbeiteten, sondern sie hatten ihren Grund von einem geistlichen oder weltlichen Herrn zur Nutzung und Bewirtschaftung übertragen bekommen. Das Gros der Bauern war ursprünglich unfrei, Leibeigene, über die der Grundherr relativ willkürlich verfügen und sie von Jahr zu Jahr auf einem anderen Hof einsetzen konnte. Dieses sogenannte *Freistiftrecht* war allerdings weder für den Bearbeiter des Bodens noch für den Grundherrn von Vorteil, da die einzelnen unfreien Landarbeiter keine persönliche Bindung an den Grund eingehen konnten und damit auch diesen nicht durch längerfristige intensive Bewirtschaftung zu maximalen Erträgen steigerten. Im Verlauf des 13. Jahrhunderts wurde im Tiroler Raum dieses Freistiftrecht zusehends durch das Leihrecht abgelöst; der Grundherr verlieh nunmehr dem Bauern den Hof auf Lebenszeit, eine Form, die als *Leibgeding* bezeichnet wird. Darauf folgte schließlich das sogenannte *Erbbaurecht*, der Grundherr verlieh dem Bauern den Hof auf ewige Zeit, mit dem Recht, ihn an seinen Sohn weiterzuvererben.[156]

Damit war aus dem unfreien Landarbeiter ein *Bauer* geworden. Europaweit erfolgte zugleich eine Ausbildung dörflicher Gemeinschaften gegenüber der bisher vorherrschenden Einöd- und Weilersiedlung. Die Dörfer gründen somit auf dem Zusammenwohnen selbstständig wirtschaftender Bauern.[157] Der Bauer ist seinem Herrn nun nicht mehr zu Arbeitsleistungen verpflichtet, er steht jedoch nach wie vor in einer Abhängigkeit zum Besitzer von Grund und Boden, was sich in der Entrichtung bestimmter Abgaben äußert. Diese Abgabenleistungen können verschiedene Formen annehmen. Niedermair führt für das betrachtete Gebiet folgende Abgabearten an:

---

[154] Die folgenden Ausführungen zum Thema *Bauernstand* basieren auf Blickle, Bauer, 140–150 sowie auf seiner Monographie „Deutsche Untertanen. Ein Widerspruch".

[155] Zum Wesen des Herrschaftsverhältnisses und zum Begriffspaar *Schutz und Schirm* vgl. Brunner, Land und Herrschaft, 258–272; 343–348. Zur kritischen Reflexion dazu vgl. Algazi, Herrengewalt, 51–71.

[156] Vgl. dazu Niedermair, Streifzüge, 72–73; Riedmann, Tirol, 47; Forcher, Tirols Geschichte, 27.

[157] Vgl. Blickle, Bauer, 144.

Zinsarten:
a) Grund- und Herrenzins: Naturalien und Geld
b) Die Weisat (weiszat): Lämmer, Kitze, Hühner, kleine Geldsummen
c) Steuern (Öl, Kirchensteuer)
d) Fuhrdienste
e) Vogteiabgaben (Futter an Schloß Schöneck)
f) Zehent (Getreidezehent)

Verschiedene Abgaben:
a) Vieh (Schafe, Hammel, Hühner, Kühe)
b) Getreide: Roggen, Weizen, Gerste, Hafer, Hirse; Bohnen und Erbsen wurden dazugezählt
c) Tierische Produkte: Schultern (scapula), Fleischstücke (perna), Käse
d) Brote: panes – Roggenbrote, Weizenbrote, Torte oder „Fochitzan“[158]

Auch freie Landwirte unterstellten sich vielfach Adel oder Klerus bzw. gerieten in deren Abhängigkeit und wurden damit zu Bauern im ständischen Sinn. Für die europäischen Bauern war die Einbindung in eine Grundherrschaft geradezu per definitionem gegeben, nur sehr wenige freie Bauern konnten sich halten.

Dieses Abhängigkeitsverhältnis bestand im Prinzip bis zur Aufhebung der Adelsherrschaft und der Säkularisierung der Kirche in Folge der Französischen Revolution, d. h. bis ins 19. Jahrhundert weiter.[159] Noch 1776 existieren in Pfalzen die wichtigsten Grundherrschaften; die einzelnen Pfalzner Höfe waren folgenden Grundherren grundzinspflichtig:

Kloster Neustift:
Huber am Georgenberg
Aichner / Issing
Oblinder / Platten
Schaider / Platten
Roaner / Greinwalden
Tanzer / Mayr bei Kirchen
Plieml
Palzl
Teiffenthaler
Kofler am Kofl
Gartlechen / Gartner / Issing
Mayr am Hof / Issing
Jakob Mayr an der Ranten / Issing
Oberbaumgartner / Issing
Ritsche
Flatscher
Müller im Loch / Mühlen
Perchner / Mühlen
Perchner Müller / Mühlen
Mitterhaus / Maurer / Issing

Schloß Schöneck:
Tasser an der Richtgruben
Lackner oder Breitwieserhaus / Unterdorf
Pernthaler
Forchner
Mitteregger
Amater
Stieger

Bruderschaft zur Unseren Lieben Frau / Pfalzen:
Winklhaus / Rader / Pfalzen
Oberhallerhäusl
Treyer / Pabsten / Pfalzen
Oberlechnergut ob Rohr / Kasser

Pfarrkirche Pfalzen:
Lechner / Platten
Wißhauser
Mayr im Feld / Kellermayr (nur Haus)

---

[158] Niedermair, Streifzüge, 75. Seine Angaben sind diversen Urbaren, das Pfalzner Gemeindegebiet betreffend, entnommen.
[159] Vgl. Blickle, Bauer, 141 und ders., Untertanen, 21.

Esterle
Haller
Peintl oder Bindergartl

Pfarrwidum Pfalzen:
Helleitner / Issing
Oberpramstaller / Pfalzen
Ambachgut / Jochile / Pfalzen
Kronbichler / Greinwalden
Baumaurer / Maurer 5

Domkapitel Brixen:
Mayrhof an der Ranten / Issing
Mayr am Bichl / Issing
Gasser / Pfalzen
Gattermayr
Stainhauser
Unterrain 6

v. Hebenstreit:
Außerhuber / Ried
Innerhuber / Ried
Rappenbichl / Issing
Unterpramstall / Pfalzen
Ehrenreichhäusl / Hainz / Pfalzen 5

Graf Künigl, Ehrenburg:
Oberwalder / Georgenberg
Oberrainer / Pfalzen

Pfarrkirche Gais:
Geiger und Tierstaller auf Platten

St.-Georgen-Kirche in St. Georgen:
Zaßl-Lechen / Ried

Propsteikirche in Ehrenburg:
Müller / Mühlen
Rainer
Unterbachhaus / Litterer / Mühlen

v. Vintler, Bruneck:
Hasenrieder / Hasenried

Domkapitel Innichen:
Unterbaumgartner / Issing
Rohrer / Pfalzen
Kofl-Lechen / Ried

Amt Ehrenburg:
Mayrhansen / Issing

Amt Michaelsburg:
Bachler / Issing
Hauser in Greinwalden

v. Mörl:
Stiefler und Flatscher in Issing

v. Mörl u. von Mayerhofen:
Laimegger

Graf Troyer u. Klebelsberg:
Alpegger / Issing
Mayr am Bach / Pfalzen

Ignaz von Gall, Bruneck:
die Hälfte des Flatscherhauses in Issing
Kramerhaus / Pfalzen
Platzer
Winkler / Oberschöpfer / Pfalzen
Frau v. Wenzl
Lippe / Mühlen
Winkler / Oberdorf / Pfalzen

Graf Künigl. Benefizium zu den Hl. Drei Königen in Kiens:
Irnbergerhof

Lichtenstainisches Amt zu Zell (Welsberg):
Niedermairhof / Pfalzen

Kaplanei des Baron Sternbach zu Dietenheim:
Unterhauser und Grunser in Pfalzen

Pfarrwidum Bruneck:
Breitwieser / Ried
Hellsteiner / Pfalzen
Satlhaus / ein Teil / Pfalzen
Kaiserlechen / Ried

Spital zu Bruneck:
Hueber / Pfalzen
Pachler-Schmied-Haus / Mühlen

Graf Welsberg zu Bruneck:
Unterschöpfer / Pfalzen
Rauche / Greinwalden
Kellermayr / Pfalzen
Lechner / Greinwalden
Neumayr / Pfalzen

St. Valentin im Moos:
Starkl (vom Feld)
Hansweber / Pfalzen
Neumayr (vom Palkensteinacker)

Holzwegerhof:
Satlhaus (Pfalzen) eine Hälfte

St. Johann in Hasenried:
Wölfl / Meister / Pfalzen

Pramstallerhof:
Kasser / Rohrlechen / Pfalzen

Custoderei in Brixen:
Agerter / Pfalzen

Platzergut:
Rechen- oder Harterhäusl

Schloß Taufers:
Hirschbrunn / Ried

Starkl:
Holzerhaus

Jochile / Ambach:
Kotzhäusl

Pfarrkirche Kiens:
Unterrainer-Häusl

Anreiter, Postmeisterin Bruneck:
Rohrporerhaus / Pfalzen

v. Elzenbaum in St. Lorenzen:
Rechenmacherhaus / Melcher / Pfalzen

Stift Sonnenburgische Kaplanei in St. Martin:
Elzenbaumer / Pfalzen

Kloster Sonnenburg:
Winkler in Greinwalden
Oberkehrer in Ried
Hans Harrasser, Firber in Reischach
Feichter in Greinwalden[160]

Damit erscheinen für das Pfalzner Gebiet am Ende des 18. Jahrhunderts noch 39 verschiedene Grundherren, alle aus dem Raum Pustertal / Brixen, von Brixen bis Innichen verstreut. Weltliche und geistliche Grundherren halten sich dabei, was die Zahl der Höfe anlangt, in etwa die Waage. Die größten waren das Schloss Schöneck (17 zinspflichtige Höfe), Pfarrkirche und Pfarrwidum in Pfalzen (zusammen 11 zinspflichtige Höfe) und das Kloster Neustift (10 zinspflichtige Höfe). Besonders das Schloss „beherrscht" die Mittelgebirgsterrasse, sowohl im Sinne des Abhängigkeitsverhältnisses als auch landschaftlich gesehen, da es sich als prächtigstes herrschaftliches Bauwerk am Rande des Gemeindegebietes aus dem Wald erhebt. Zusätzliche Autorität kam ihm noch als Gerichtssitz zu. Seine dominante Position kommt auch in der mundartlichen Bezeichnung zum Ausdruck: Es wird schlicht *das Schloss* genannt und damit in seiner Singularität als einziges solches Monument hervorgehoben, für das es keine weitere Bezeichnung oder Benennung braucht.

Die Realität der Grundherrschaft, des Abgaben- und Lehenswesens, hat in Pfalzen ihren Niederschlag nur vereinzelt in Flurnamen gefunden. Die allgemeinste Form des Abhängigkeitsverhältnisses, die Verleihung des Grundes an sich, zeigt sich in den Flurnamen *die Lehen* (ma. *die Leachn* /dilę̨ɑxn̥/), die zweimal in Pfalzen auftreten. Dabei wird hier nicht näher angeführt, um welche Art von Lehen es sich handelt. Im Steuerkataster finden sich mehrere Nennungen solcher Fluren:

ein Stûck Erdreich in acker et wiesen, das edle Lechen genant (Ther. Kat., folio 1127′)
ein Stûck Erdreich in acker ûnd wiesen, in lechen genant (Ther. Kat., folio 978′)
ein Stûck wiesfeld, die lechen genannt (Ther. Kat., folio 1042′)

---

[160] Niedermair, Streifzüge, 66–69. Die Hofnamen wurden so verschriftlicht wie von Niedermair angegeben, da diese Auflistung wörtlich von ihm übernommen wurde. Die Schreibung entspricht somit nicht den Schreibkriterien dieser Darstellung. Niedermair führt leider keine Quelle für seine Angaben an; auf mündliche Nachfrage hin teilte er mir mit, dass die Informationen dem Rustical Steuerkataster entnommen sind.

Mit einem spezifizierenden Grundwort geprägt ist die Bildung *die Lehenwiese*, Name einer Issinger Flur.

Über die Art der Grundherrschaft informieren andere Flurnamen. So verweisen auf die Zugehörigkeit zum Schloss Schöneck als weltlicher Herrschaft die Namen *das Burgfeld* und *der Hofanger*, beide in Issing gelegen, wobei das Burgfeld seinen Namen auch seiner unmittelbaren Lage am Schloss verdankt. Diese beiden Namen drücken in erster Linie die Zugehörigkeit zum Schloss und damit im Grunde ein Besitzverhältnis aus.

Auf die geistliche Grundherrschaft verweisen im Untersuchungsgebiet ganze acht Namen: *das Kirchholz*, Name von Waldstücken in Issing und Pfalzen; *der Kirchwald*, Name eines großen Waldes in Pfalzen; *das Kircheck*, ein Waldeck zwischen Issing und Pfalzen, von Issing her *das Pfarreck* genannt; *der Pfarrerwald* und *die Pfarrerfelder* in Pfalzen. Der Pfarrwidum hat seine Grundherrschaft in folgenden Flurnamen verewigt: *die Widenlehen* /wīdn̥lę́ɑxn̥/ und *das Widenried* /wīdn̥ʀíət̯̽ʰ/.

In anderen Flurnamen hat das Abgabewesen an sich seine Spuren hinterlassen. *Der Magdalenawald* in Pfalzen erinnert daran, dass St. Magdalena einst ein wichtiger Abgabetermin im bäuerlichen Jahreslauf war. *Die Richtgrube*, knapp oberhalb des Pfalzner Dorfkerns gelegen, ist wohl nicht im juristischen Sinn zu verstehen, sondern das Verb *richten* bedeutet hier soviel wie ‚richten, ordnen, vorbereiten'[161] und damit auch ‚messen'. Es dürfte sich also um jenen Ort handeln, an dem früher die Abgaben geordnet und gemessen wurden. Dafür spricht auch die Tatsache, dass sich diese Örtlichkeit direkt oberhalb des Pfalzner Dorfzentrums befindet. *Im Sackla* ist der Name einer Großflur in Greinwalden. Die Benennung erfolgte hier offensichtlich nach dem Abgabemodus. Der Zehent des Ackerertrages musste in einem Sack gemessen und abgegeben werden und wurde demnach Sackzehent genannt. Diese Deutung führt Kühebacher für den Namen *Sackacker* an, sie dürfte wohl auch hier angebracht sein.[162]

Nicht völlig geklärt ist der Name *die Vorwiese*. Er scheint kaum in Zusammenhang mit der Lage der Flur zu stehen, sondern verweist eher auf einstige Abgabeverhältnisse, wobei die Präposition *vor-* mehr zeitliche als lokale Bedeutung haben dürfte. Schatz schreibt in diesem Zusammenhang:

> Bildungen mit *vor-* in Urk. Weist. Inv. sind nicht häufig, *vor-acker, -garten, -holz, -land, -wald, -wein* dem Gutsherrn zustehender Teil als Zins (wohl für *vorgartenwein*). *vorglogge* die Glocke, die das erste Zeichen gibt. *vorrode* f. die erste Benützung des Rechtes an der Bewässerung.[163]

Möglicherweise war der Ertrag dieser Fluren somit gänzlich als Zins bestimmt. Mit Angabe des Besitzernamens findet sich des Weiteren *die Rainer Vorwiese*. Beide Vorwiesen sind in der Katastralgemeinde St. Georgen gelegen, werden jedoch von Greinwaldner Bauern bearbeitet.

2.3 Gerichtsbarkeit

Eng verbunden mit dem Phänomen der Grundherrschaft ist die Gerichtsbarkeit. Rechtsprechung stand in Zusammenhang mit Rechten und Pflichten, die der Grundherr innehatte. Die Entstehung der Gerichte in Tirol ist jedoch ein vielschichtiger Pro-

[161] Vgl. Schatz, 484.
[162] Vgl. Kühebacher, Kiens, 273.
[163] Schatz, 185.

zess, über dessen Ablauf unter den Historikern keineswegs Einigkeit herrscht.[164] So leitet Stolz die Entstehung der Gerichte im Wesentlichen von den Grafschaften her, auf denen die spätmittelalterliche Territorialmacht im Prinzip fußt. Die Landgerichte, denen die niedere und hohe Gerichtsbarkeit oblag, entstanden nach Stolz direkt aus den alten Grafschaften und entsprachen im Prinzip der einstigen Einteilung in die sogenannten *Altpfarren*. Von diesen Gerichten zu unterscheiden seien die Exemptions- oder Aussonderungsgerichte, die auf die Immunität ihrer – in der Regel geistlichen – Stifter zurückgehen. Diese Gerichtsbarkeit der geistlichen Grund- und Gerichtsherren wurde von Vögten ausgeübt. Um deren Macht einzudämmen, wurden im Laufe des 13. Jahrhunderts die Vögte teilweise durch eigene Richter ersetzt, wodurch die geistlichen Gerichtsherren versuchten, wieder eine eigenständige Gerichtsbarkeit aufzubauen. Auch adelige Burgbesitzer sowie Städte und einzelne Märkte erhielten eine eigenständige Gerichtsbarkeit. Im Gegensatz zu den Landgerichten waren alle diese Exemptionsgerichte territorial deutlich begrenzter und verfügten ausschließlich über die niedere Gerichtsbarkeit.[165]

Beimrohr hinterfrägt diese These, nach der die Gerichte Tirols auf die alten Grafschaften und Immunitätsrechte geistlicher und weltlicher Grundherren zurückzuführen seien. Die Funktion der Grafschaft in Tirol sei zu diffus, um allein aus ihr alle Kompetenzen der Landgerichte abzuleiten. Zudem sieht er die mittelalterliche Grundherrschaft weniger territorial als vielmehr personal begründet, die einzelnen Herren haben Rechte und Macht über ihre „Untertanen". Erst im Laufe des 13. Jahrhunderts beginnen die Grafen und Herren vermehrt, die personale Macht zu bündeln – dies wird die Grundlage für die Entstehung territorialer Gerichte.[166] Die Gerichte Tirols lassen sich nach heutigem Forschungsstand eher in zwei große Typen zusammenfassen:

> Auf der einen Seite steht der aus einheitlicher Wurzel kommende Typus, der häufig nach der Gleichung Gericht = Pfarre = Wirtschaftsgemeinde organisiert ist, auf der anderen jene zusammengefügten Arten, die aus verschiedenen Rechtstiteln Untertanen verschiedener Herren unter die Pflege des Fürsten vereinigen.[167]

Wenngleich somit die Relation zwischen Grafschaft und Gerichtsbarkeit nicht so eindeutig zu ziehen ist, besteht ein enger Zusammenhang zwischen Grundherrschaft und Rechtsausübung. Für das Pustertal ist diese Grundherrschaft durch die Abfolge verschiedener Herren geprägt. 1091 hatte der Bischof von Brixen die Grafschaft Pustertal als Schenkung von Heinrich IV. erhalten. Die Bischöfe verwalteten ihre Gebiete nicht selber, sondern verliehen sie an Adelige weiter. Die Grafschaft Pustertal erhielt 1170 das bayrische Adelsgeschlecht der Grafen von Andechs. Die Andechser starben jedoch 1248 mit Herzog Otto VIII. aus, und das Pustertal fiel an die Grafen von Tirol. Als Graf Albert von Tirol 1253 ohne männliche Erben starb, teilten die Gatten seiner Töchter die Gebiete auf: Der nördliche Teil (Inn- und Wipptal) fiel an den bairischen Grafen Gebhard von Hirschberg, der südliche an Graf Meinhard III. von Görz (in Tirol Meinhard I.). Unter der nächsten Görzer Generation, Meinhard II. (von Tirol) und seinem Bruder Graf Albert, kam es 1271 zu einer weiteren Teilung: Meinhard II. erhielt das Tiroler Kernland, während Albert Friaul, Istrien, den Lurngau (mit Lienz), die Kärntner

---

164 Vgl. Beimrohr, Brief und Siegel, 34.
165 Vgl. zu diesen Ausführungen ebd., 34–35.
166 Vgl. ebd., 35–36.
167 Bruckmüller zit. nach ebd., 36.

St. Valentin

Blick auf Pfalzen und den Weiler Platten am Berghang oberhalb des Dorfes

Blick auf Issing vom Pfaffensteig

Greinwalden

Der Weiler Haselried

Der Hof Müller (Mühlen)

Der Breitwieserhof (Ried/Greinwalden)

Der Breitwieserhof und typische Zäune im Vordergrund

Herrschaften und das Pustertal übernahm. Die Westgrenze der Görzer Grafschaft verlief nunmehr an der Mühlbacher Klause.[168] Bis zum Aussterben der Görzer Grafen im Jahre 1500 blieb das Pustertal damit im Wesentlichen Görzer Gebiet.

Im Raum des mittleren Pustertales war das Hauptgericht auf der Michelsburg bei St. Lorenzen. Die Gemeinde Pfalzen mit ihren drei Katastralgemeinden gehörte zum Gericht Schöneck, das westlich von der Michelsburg gelegen ist. Erste Erwähnungen eines Richters auf Schloss Schöneck datieren aus den Jahren 1285 und 1293. Burgherren auf Schöneck waren seit 1140 Brixner Ministeriale, die demselben Geschlecht angehörten wie die Herren von Rodeneck. 1290 teilten die Schönecker ihren Besitz, zu dem die Gerichte an der Gader, in Buchenstein und Schöneck gehörten. Bei dieser Gerichtsteilung wurde das Gericht Schöneck mit dem Gericht „an der weizzen Kirche" in Obervintl zusammengelegt. Bereits in der folgenden Generation wurden die Gerichte wieder aufgeteilt, und es entstand ein selbständiger Gerichtssprengel Niedervintl. Weiterhin hatte das Gericht Schöneck jedoch seinen Gerichtssitz an der weißen Kirche in Obervintl. An der Grenze zwischen Obervintl und St. Sigmund stand auch der Galgen. Niedermair erwähnt einen Galgenbühel am Steinbruch, der noch heute an diese Richtstätte erinnert.[169] In St. Sigmund ist dieser Flurname jedoch nicht mehr üblich. Allerdings erinnert man sich daran, dass auf dem heutigen *Messnerfeld* einst ein Galgen gestanden haben soll.[170] Um 1350 wurde der Gerichtsbezirk von Schöneck und der weißen Kirche mit dem Gerichtsbezirk der alten Pfarre Kiens vereinigt. Das Geschlecht der Schönecker starb aus, mehrere Pfleger wechselten sich ab, in den Jahren 1500 bis 1570 und 1581 bis 1612 verwalteten die Brixner Bischöfe das Gericht sogar selbst. 1678 erhielten die Grafen Künigl die Herrschaften Michelsburg und Schöneck und damit auch diese Gerichtsbarkeiten als bischöfliches Lehen und hatten sie bis zum Jahr 1806 inne. Nach dem Intermezzo der bayerischen Verwaltung erhielten die Künigl wiederum die Gerichtsbarkeit zurück, verzichteten aber 1826 endgültig darauf. Das Landgericht Schöneck und das Landgericht Michelsburg wurden nun mit dem Bezirksgericht Bruneck vereinigt.[171]

Nach diesem kurzen Abriss über die „Gerichtsgeschichte" von Pfalzen sollen die Spuren des Rechtswesens im Namenmaterial nachgezeichnet werden. Die Beziehung zwischen Flurnamen und den Bereichen Recht und Gerichtsbarkeit ist eine vielschichtige und nicht nur beschränkt auf den engen Bereich der Rechtssprechung und des Gerichtswesens. Hierher würde ein Name wie *der Galgenbichl* in Obervintl gehören, der tatsächlich auf eine Hinrichtungsstätte in Zusammenhang mit der Ausübung von Recht verweist. Im betrachteten Gebiet findet sich in diesem engen Sinn nur ein „echter" Rechtsname, nämlich *der Pfangstall* in Pfalzen. Es handelt sich hierbei um eine assimilierte Form von *Pfandstall*, der auch im Rustical Steuerkataster belegt ist:

---

168 Vgl. zu all dem Forcher, Tirols Geschichte, 16–22; Riedmann, Tirol, 34–41 und 51–77; Niedermair, Streifzüge, 69.

169 Vgl. dazu und zum Vorhergehenden Niedermair, Streifzüge, 69–70.

170 Niedermair teilte mir mündlich die genaue Lage des einstigen Galgenbühels mit, die sich anhand von Mauerresten nachweisen lässt. Demnach lag der Hügel noch innerhalb des Gemeindegebiets von Obervintl, jedoch knapp an der Grenze zu St. Sigmund.

171 Vgl. ebd., 70. Zu weiteren Einzelheiten bezüglich des Tiroler Rechts- und Gerichtswesens vgl. Beimrohr, Brief und Siegel, 27–86.

ein Stûck Erdreich das Pfandstall genannt, in acker ûnd wiesen (Ther. Kat., folio 1325′; 1326′)

Auf der so benannten Flur befindet sich heute kein Stall mehr; der Name erinnert aber daran, dass hier einst ein Stall für gepfändetes Vieh gestanden haben muss. Dass der Flurname *die Richtgrube* eher nicht mit der Gerichtsbarkeit in Zusammenhang steht, sondern vielmehr auf das Abgabewesen hindeutet, wurde bereits im vorhergehenden Kapitel ausgeführt. In der Nachbargemeinde Terenten findet sich *der Haderwald* als Rechtsname im engeren Sinn. Er weist auf eine Rechtsstreitigkeit, wohl eine Besitzfrage hin, die vielleicht auch bis vor Gericht führte: Es ist der Wald, um den man *gehadert,* also *gestritten* hat.

Neben solchen Gerichtsnamen im spezielleren Sinn sind allerdings noch eine Reihe weiterer Namen zu finden, in denen das Rechtswesen seinen Niederschlag gefunden hat. Schmidt-Wiegand fasst den Begriff *Rechtsname* eher weit und gliedert hier auch jene Namen ein, die auf Mord, Raub und Opfer von Verbrechen verweisen – solche Namen kommen im betrachteten Pfalzner Namenschatz jedoch überhaupt nicht vor – sowie Namen, die an Besitzverhältnisse und Grenzen erinnern.[172] Da die Besitzernamen im engeren Sinn bereits in einem eigenen Kapitel ausgeführt wurden, sollen sie an dieser Stelle nicht ein weiteres Mal betrachtet werden. Es ist jedoch festzuhalten, dass Besitzverhältnisse ebenfalls in den Bereich von Recht und Gerichtsbarkeit fallen.

Wichtig sind jedoch jene Namen, die auf Grenzen hindeuten. Von diesen gibt es im untersuchten Gebiet einige markante Beispiele. Grenzen wurden meist durch besondere Zeichen ausgewiesen. Typische Grenzzeichen sind seit alters die Grenzsteine. Steinnamen verweisen also nicht nur auf markante Orientierungspunkte oder geologische Geländestrukturen, sondern ebenso auf Grenzziehungen. In Pfalzen wirft diese Deutung ein Licht auf einen sehr eigenartigen Flurnamen, nämlich *Palkstein,* Name einer Großflur in Pfalzen, die ausgedehnte Äcker im Grenzbereich zur Katastralgemeinde Issing umfasst. Im Rustical Steuerkataster finden sich folgende Belegstellen:

ein acker, der Pallenstain genannt (Ther. Kat., folio 1120′)
ein acker, der Palkenstainer geheissen (Ther. Kat., folio 1204′)
ein acker, der Palkstainer genannt (Ther. Kat., folio 1264′)[173]

Die Benennung der Flur erfolgte nach einem Stein, der jedoch heute nicht mehr lokalisierbar ist. Das Bestimmungswort *Palk* /p͓ǫ́lk͓ʰ/ lässt sich nach zwei Richtungen interpretieren. Entweder kann es *Balken* bedeuten, wie auch die Schreibung im Steuerkataster suggeriert, wobei die Motiviertheit nicht ganz klar ist ‚Stein am Balken‘?; ‚Stein mit einem Balken‘?; oder es kann mit *palg, palk* zusammenhängen, was soviel wie ‚Balg, Fell, Haut kleiner Tiere‘ bzw. ‚Beutel, Ledersack‘ bedeutet[174] und vielleicht auf die Form des Steines verweist. Denkbar ist hier jedoch insbesondere die Bedeutung des Steins als Gerichtsstein, wie Schatz zu einem vergleichbaren Beleg ausführt:

palmstain m. Gerichtsstein nach O. Menghin, Schlern 6, 108, Wopfner, Schlern 6, 193; vgl. 15, 164 und Stolz SlS 40, 563 *pallich-, palchstein,* 40, 585 *pallstain* mit der Jahreszahl 1551.[175]

---

[172] Vgl. Schmidt-Wiegand, Recht und Aberrecht, 609–636.
[173] Neben zahlreichen weiteren Belegstellen.
[174] Vgl. Schatz, 44.
[175] Vgl. ebd., 44.

Zudem spielen das Motiv der Grenze und die Funktion als Grenzstein eine Rolle, da dieses Gebiet wie erwähnt an der Grenze von Pfalzen zu Issing gelegen ist. Dass der Stein eine große lokale Bedeutung gehabt haben muss, lässt sich allein daran erkennen, dass ein sehr ausgedehntes Gelände danach benannt ist.

Ein bedeutender Grenzstein findet sich auch in der Nachbargemeinde Terenten. Dort liegt der *Hexenstein*. Es ist dies ein großer Stein, der in alle Richtungen gespalten ist, ein sogenannter *Schalenstein*. Er gilt als magischer, verzauberter Ort, ein Kultstein, vor dem die Leute Angst und Ehrfurcht haben. Dieser Schalenstein bedeutete nach Angabe der lokalen Gewährspersonen zugleich aber auch eine äußerst strenge Weidemarkierung, vor der die Menschen großen Respekt hatten. Diese Grenze galt es strengstens zu beachten, bis hierher durfte man und nicht weiter.

Eine ähnliche Bedeutung hatten auch die alten Plätze namens *Scheide*. In Terenten findet sich eine Waldlichtung solchen Namens. Hier bildet der Bergrücken eine Scheide, eine Kante; hier entlang zog sich aber auch eine wichtige Weidegrenze, an der die Schafe der verschiedenen Fraktionen voneinander geschieden wurden, wenn sie von den Almen herabgetrieben wurden. Nach Angabe der Gewährspersonen waren die Weidegrenzen so wichtig, dass man sie nicht allein durch Zäune und Steine schützte, sondern regelrechte Gräben aushob, über die das Vieh nicht zu gehen wagte.[176] Der Hofname *Schaider* in Pfalzen deutet ebenfalls auf eine solche Trennlinie hin. Die Bedeutung der Grenze zeigt sich nicht zuletzt auch im Großflurnamen *Marchen*, der in der Gemeinde Kiens, im Dorf St. Sigmund anzutreffen ist. Darin steckt das Wort *Mark*, ma. *March* /mǫʀx/, das soviel wie ‚Grenzzeichen' bedeutet. Benannt ist damit hier das Grenzgebiet zur Gemeinde Vintl. In Terenten erscheint als ähnliche Benennung *der Marchwald*. Interessant ist schließlich die Bildung *die Neune*, Name eines Rastplatzes im Greinwaldner Wald, benannt nach dem Markstein Nummer 9, der sich dort befindet.

Schmidt-Wiegand führt unter den Rechtsnamen weiters die Namen betreffend Lehen- und Abgabeverhältnisse an, die bereits im vorhergehenden Kapitel betrachtet wurden, sowie den Flurnamen *Anwand*, der sich in Greinwalden als *Anewandter* findet. *Anwand* bedeutet soviel wie ‚Grenze', der *Anwandacker* ist das Ackerstück, auf dem der Nachbar das Feld des Anrainers betreten durfte, um dort mit seinem Pflug zu wenden.[177]

Als Beispiel für Besitzverhältnisse und deren Widerspiegelung in Flurnamen seien an dieser Stelle nur die Namen jener Fluren erwähnt, die der allgemeinen Nutzung offen standen. Dazu gehören alle Namen auf *Gemein*, die jene Fluren benennen, welche der Allgemeinheit zur Verfügung standen. Belege hierfür sind in der Gemeinde Kiens auf dem Getzenberg *die Gemeinderise*, eine Holzrinne in Gemeinbesitz, sowie in der Gemeinde Terenten *das Gemeinleitl* und *die Gemeinspole*. Als *Pole* werden in Terenten steile Rinnen bzw. Risen in den Hängen bezeichnet.[178] In Pfalzen gibt es mit vergleich-

---

[176] Für diese und viele andere wertvolle Informationen danke ich dem überaus ortskundigen und in der bäuerlichen Lebenswelt sehr erfahrenen Förster Alois Klapfer der Gemeinde Terenten.

[177] Vgl. Schmidt-Wiegand, Recht und Aberrecht, 620.

[178] Vgl. dazu Schatz, 96: „das Vorkommen von *pôlɛ* mit langem *o* auch als Flurn. in Vals SlS 72, S. 62, Nr. 256, 257 bes. 234, ferner in Afers und Villnöß, Pfunders SlS 82, S. 111, Nr. 308 läßt an romanisch *pala* ‚Steilhang' denken".

barer Bedeutung *die Herschwarte*[179] /hẹ́ʀšwǫᴿšṭ̮ę/, Name für einen Bereich am südlichen Hang unter Pfalzen. Im Steuerkataster finden sich mehrere Fluren dieses Namens:

ein acker, die Herschwardten *G*eheissen (Ther. Kat., folio 1231′)
ein acker die Herschwarten *G*enannt (Ther. Kat., folio 1249′)[180]

Der Name lässt sich laut Kühebacher aus dem ahd. *heriwarte* ableiten, dessen Bedeutung er mit ‚Aussichtspunkt für alle' angibt.[181] Möglicherweise ließe sich für diese Flur eine Funktion als Aussichtspunkt annehmen. Allerdings liegen die im Theresianischen Kataster erwähnten *Herschwarten* alle im flachen Gelände in Dorfnähe, scheiden somit als Aussichtspunkte völlig aus. Die dorfnahe Lage und die Häufigkeit des Namens, wie aus dem Steuerkataster ersichtlich, könnten meines Erachtens auch in eine andere Richtung weisen. Da ahd. *wartên* auch ‚besorgt sein um, behüten' bedeutet und ahd. *warta* unter anderem die Bedeutung ‚Obhut, Aufsicht' trägt, lässt sich *Herschwarte* möglicherweise als ‚Flur, um die man sich gemeinschaftlich kümmert' verstehen. In diesem Sinne wäre es eine Benennung für Gelände, das die Dorfbewohner gemeinschaftlich nutzten.[182]

2.4 Religion

Die Lebenswelt der ländlichen Bevölkerung war entscheidend geprägt von tiefer Religiosität, die auch den Alltag beeinflusste. So war der Jahreslauf gegliedert durch die großen religiösen Feste, der Tageslauf durch Gebetszeiten, die streng eingehalten wurden. Wie stark die Religiosität Teil des alltäglichen Lebens war, zeigt sich auch anhand der Flurnamen. Hier sind es in erster Linie religiöse „Bauwerke", die die Fluren prägen und zugleich Orientierungspunkte darstellen.

Zu nennen sind zunächst die Weg- und Bergkreuze, die den Vorbeigehenden zum Gebet rufen. Im Pfalzner Gebiet finden sich mit Erwähnung des Hofes, der das Kreuz in Stand hielt, *das Gattermairkreuzl* und *das Haselriederkreuzl. Das Totenkreuzl* erinnert daran, wie man die Toten von Platten herunter nach Pfalzen getragen und bei diesem Kreuz, als der steile Abstieg fast zu Ende und Pfalzen in Sicht war, Rast gemacht und gebetet hat. *Das Jochkreuz*, auf dem Berggipfel zwischen dem Hohen Joch und der Eidechsspitze gelegen, ermahnt den Bergsteiger zum Gebet nach bestandenem Aufstieg. In Greinwalden ist schließlich ein ganzer Wald nach einem Kreuz benannt, das sich dort befindet: *beim Kreuzl.*

Noch markanter als die Wegkreuze sind die verschiedenen kleinen Kapellen, die sogenannten *Stöcklein* (ma. *Stöcklan* /šṭ̮ẹ́kxlɑn/), die ebenfalls die Pfalzner Landschaft

---

[179] Eine phonologische Schreibung der Art *Herrschwarte* ist abzulehnen, da dadurch ein Zusammenhang mit dem Standardwort *Herr* suggeriert werden könnte.

[180] Weitere Belege: „die Hörschwarten" (1135′); „die Herschwarten" (1178′); „die Herschwarten" (1200′); „die Herschwardten" (1243′); „die Herschwarten" (1362′).

[181] Vgl. Kühebacher, Kiens, 285.

[182] Vgl. dazu Splett I.2, 1066: *wartên* = ‚sehen, schauen auf, [...] achten (auf), bedacht sein auf, [...] besorgt sein um, behüten'; *warta* = ‚Anschauen, Ausschau(en); Obhut, Aufsicht, Bewachung [...]'; *warta tuon* = ‚Obacht geben auf, hüten'. Für *heri* gibt Splett als Bedeutungen an ‚Menge, (Kriegs)schar, Truppe, Streitmacht, Heer(fahrt)' (vgl. Splett I.1, 383). Er erwähnt keine Form *heriwarte,* sondern lediglich *heriwahta* = ‚(Wacht)posten'. (vgl. Splett I.1, 383). Es ließe sich aus seinen Belegen somit eine Bedeutung der Art ‚Flur, auf die die Menge Obacht gibt' rekonstruieren.

prägen. Nach dem Adelsgeschlecht der Mörl von Pfalzen benannt ist *das Mörlstöckl,* das als Orientierungspunkt auch im Steuerkataster erwähnt ist:

> Nebst dem sogenanten Krepsbâchl von der Badstûben ûnter Pfalzen anfangend bis zûm Mörlischen Stöckl ob Kiens sich erstrekend (Ther. Kat., folio 907′)

Nach seiner Lage am Bach benannt ist *das Bachstöckl.* Auch namenlose Bildstöcklein sind prägnant genug, um eine ganze Fülle von Flurnamenprägungen zu motivieren. In Pfalzen nennt sich eine Flur schlicht *beim Stöckl.* Orientierungspunkt und Hintergrund der Benennung ist das Peststöckl von Pfalzen, nach dem auch die angrenzenden *Stöckläcker* benannt sind. Der Steuerkataster erwähnt:

> ein Stûck Erdreich der Stôckl acker *G*enannt (Ther. Kat., folio 1251′)

In Issing gibt es die Flur *unterm Stöckl,* auch *die Stöcklwiese* genannt. Eine weitere Namenprägung nach den verschiedenen Bild- und Peststöcklein ist in Greinwalden *die Stöcklleite:*

> ein Stûk Erdreich die Peinten ûnd Stôkl leiten genannt (Ther. Kat., folio 1443′)

Ebenfalls in Issing findet sich *das Stöcklmoos* und zwei *Stöcklwiesen,* ein Name, der auch eine Pfalzner Flur bezeichnet. Eine besonders interessante und ungewöhnliche Bildung ist in diesem Namenfeld *der Stöckling.* Es handelt sich hierbei wohl um eine Bildung zum Wort *Stöckl,* wobei das Suffix *-ing* die Lage des Ackers am Stöckl ausdrückt.[183] Die Flur findet sich in unmittelbarer Nähe zur *Stöcklwiese* und *Stöcklleite* und wird ebenfalls im Theresianischen Kataster erwähnt:

> mehr ein Stûk, So gewechselt wird, ûnd in acker ûnd Wiesen Liegt, das Stôklinger geheißen (Ther. Kat., folio 1447′)

Die kleine St.-Valentin-Kirche unterhalb von Pfalzen hat zur Prägung eines Großflurnamens geführt: Alle umliegenden Felder werden nach dieser Kirche benannt. Im Theresianischen Kataster findet sich eine Fülle von Belegen für diesen Namen:

> ein Stûckl Erdreich, das âckerle hinter St. Valentin genannt (Ther. Kat., folio 1117′ / 1118′)
> mehr ein wiesele, das Sanct Valentin wiesele (Ther. Kat., folio 1131′)
> ein acker ûnter Sanct Valentin (Ther. Kat., folio 1138′)
> ein acker ûnter St. Valentins Kirchen *G*elegen (Ther. Kat., folio 1201′ / 1202′)[184]

Aus den Belegstellen sind die verschiedenen Strukturen zu ersehen, die zur Benennung herangezogen werden: Einfache Ortsangaben, z. B. „ein Acker unter St. Valentins Kirchen gelegen"; Flurbezeichnungen, die noch den Charakter allgemeiner Ortsangaben haben: „das Ackerle hinter St. Valentin genannt". Ansonsten werden auch Komposita gebildet, wobei der Name der Kirche dann als Bestimmungswort eingesetzt wird: „das St. Valentin Wiesele". Die allgemeinste Bezeichnung, die auf das gesamte Gebiet verweist, ist die Prägung mit der Präposition *auf*: *auf Sankt Valentin* (/ɑf͓ s̩ǫŋk͓xp͓γǫ́lt͓ɑn /).

Bereits an anderer Stelle wurde *der Magdalenawald* erwähnt, der auch unter diesem Kapitel einzuordnen ist. Der Wald ist bekannterweise nach der Heiligen Magdalena benannt, von der ein Bild an einem Baum im Wald angebracht ist. Wie stark der Name

---

183 Das Suffix *-ling* bzw. *-ing* drückt die Zugehörigkeit oder Herkunft aus, vgl. Tyroller, Morphologie, 1431.

184 Daneben zahlreiche weitere Belegstellen.

des Waldes durch dieses Heiligenbild motiviert ist, zeigt die Tatsache, dass die Gewährspersonen größte Schwierigkeiten hatten, die genaue Lage des Waldes anzugeben. Ein Förster löste das Problem schließlich, in dem er erklärte, das Bild sei von seiner alten Stelle entfernt und an einem anderen Baum befestigt worden, der ziemlich weit weg vom alten Platz steht. Damit sei auch der Name des Waldes an die andere Stelle hin gewandert. Wer aber den genauen Ort des Heiligenbildes nicht kenne, würde nunmehr auch die genaue Lage des jetzigen Magdalenawaldes nicht mehr angeben können. Es gibt heute also einen alten und einen neuen Magdalenawald.

Auch die Kehrseite der Religion, das Reich des Teufels, hat Eingang in die Flurnamen gefunden und lokale Sagen geprägt, die ihren Ausgangspunkt in Naturphänomenen haben. Nicht in diesen Bereich gehören alle *Hölle*namen, auch wenn diese mittlerweile von der Bevölkerung tatsächlich vielfach mit der Hölle als Reich der Verdammten in Verbindung gebracht werden. So erklärt man sich solche Namen vielfach damit, dass es auf diesen Fluren heiß wie in der Hölle sei. In der Tat aber verweisen sie auf enges, schluchtartiges Gelände mit Geröll und Fels und stehen in Verbindung mit der Bedeutung von *Hölle* als engem, dunklem Ort, die sich auch in der Bezeichnung des engen Zwischenraumes zwischen Wand und Bauernofen als sogenannter *Ofenhölle* findet.[185]

Tatsächlich in Zusammenhang mit dem Teufelsglauben hängen zwei unheimliche Flurnamen, einer in der Gemeinde Kiens, Katastralgemeinde St. Sigmund, und einer in Terenten, Katastralgemeinde Pichlern. In St. Sigmund findet sich der sogenannte *Geißklapf*, ein Fels oberhalb des Dorfes, in dem sich ein mehrere Zentimeter tiefer Abdruck eines Geißfußes abzeichnet. Im Volksmund heißt es, dass dies der Abdruck des Teufels sei. Zwei Geschichten erklären dieses Phänomen. Die kurze Version berichtet, dass der Teufel hier einst auf seinem Wagen vorbeigefahren sei und dabei seinen Abdruck hinterlassen habe. Man könne auch noch den Abdruck der Wagenräder im Fels sehen. Die lange Version erzählt, dass der Teufel einst vom Getzenberg, dem Berghang auf der gegenüberliegenden Talseite, einen Stein herübergetragen habe. Wie er in St. Sigmund ankam, hörte er das Betläuten. Da erschrak er fürchterlich, ließ den Stein fallen und rannte davon. Ähnlich dieser langen Geschichte ist die Sage, die sich um den *Teufelsstein* in Pichlern rankt. Es handelt sich hierbei um einen riesigen Stein, in dem man mehrere Striche sieht, zwei senkrechte und in der Mitte einen waagrechten, die zusammen die Form eines H bilden. Man erzählt sich, dies sei der Abdruck eines Tragkorbes (ma. *Kraxe*), den der Teufel hier abgestellt habe. Er habe nämlich einst einen Stein in seiner Kraxe von Lüsen herübergetragen, das Tal überquert und sei dann bei den Ternern vorbeigegangen. Er wollte den Stein bis aufs Joch und weiter hinüber nach Mühlwald tragen. Dabei ermüdete er aber und beschloss, in Pichlern zu rasten. Dort stellte er seine Kraxe ab. Neben dem großen Stein liegt noch ein zweiter kleiner Stein. Den hatte der Teufel mitgenommen, damit er die Kraxe besser abstützen und bequem rasten konnte. Durch die Rast war es aber etwas spät geworden, und so begann in Hofern, dem Nachbarort, das Betläuten. Dort aber steht eine alte Wallfahrtskirche, die sehr bekannt ist. Wie der Teufel nun dieses Betläuten hörte, ließ er Stein und Kraxe stehen und eilte davon. Die Spuren im Stein zeigen noch heute, wie der Teufel seinen Tragkorb hingestellt hatte.

---

[185] Vgl. Schatz, 287: „*hellɛ, hel* f. als Flurn. Felsklamm, Bachklamm mit dem Begriff des Gefährlichen, Unheimlichen; auch trichterartige Vertiefung im Felde"; vgl. mhd. *helle* = ‚die verbergende und verborgene unterwelt, hölle; enger raum zwischen dem ofen und der wand'. Vgl. Lexer 1, Sp. 1232.

2.5 Wege

Als eigenen Bereich innerhalb der Mikrotoponymie lassen sich die Namen für Straßen und Wege verstehen. Sie stellen wichtige Orientierungspunkte in der Landschaft dar, sind Teil des Koordinatennetzes der Dorfflur. Die Wege stellen Verbindungen zwischen den Örtlichkeiten her, signalisieren Besitzgrenzen und Durchgänge und gliedern die Fluren in klare Bereiche. Die Benennung der Wege folgt ähnlichen Motiven wie die Benennung der Fluren an sich. Somit lassen sich hier verschiedene Kategorien erkennen, nach denen in diesem Kapitel die Wegnamen der Gemeinde Pfalzen eingeteilt werden. Dabei werden die amtlichen Straßennamen nicht in die Untersuchung einbezogen, sondern lediglich die alten Weg- und Straßennamen, die seit Generationen in Gebrauch sind.

Das Gros der Wege und Waldsteige ist benannt nach der Richtung, in die sie führen. Es sind also vielfach andere Flurnamen, die diese Wegnamen bestimmen. So ist *der Bärfallsteig* der Waldweg, der zur *Bärfalle* führt. Als Motiv steckt im Weiteren die Jagd dahinter, wie generell sehr viele Bergwege durch die Jäger geschaffen und benannt wurden. Ab der Alm *Geige* heißt dieser Weg bezeichnenderweise *der Geigensteig*. Hier zeigt sich das typische Phänomen der abschnittweisen Benennung eines Weges, sofern dieser über eine längere Distanz führt. Solche Benennungsarten finden sich ebenso bei Fluss- und Bachnamen sowie bei den Namen der Gräben. Darin zeigt sich die mentale Erfassung der Landschaft, die Stück für Stück den Abschnitten folgt, nach denen man sie erwanderte. Das Phänomen scheint besonders typisch für die Wahrnehmung des Geländes in einer Zeit, wo die Menschen die Landschaft vor allem als zu Fuß zu bewältigende Distanzen wahrnahmen, und das Denken kleinräumiger war. Strukturierend wirkten verschiedene Orientierungspunkte, die man passierte. So werden die Waldwege vielfach nach den Bergwiesen oder markanten Örtlichkeiten benannt und gegliedert, zu denen sie führen, oder die sie verbinden: *der Kamplsteig* führt von der Schaiderwiese zum Kampile, *der Lärchaweg* reicht von der Bergwiese Lärcha bis zum Kasereck; *der Peintlsteig* führt an den beiden Peintlan entlang. Unterhalb des Dorfes Pfalzen verläuft *der Klostersteig* durch den Wald. Er verbindet das Dorf Pfalzen mit dem Kloster Sonnenburg oberhalb von St. Lorenzen. Eine Ausnahme stellt *der Bärensweg* dar, der an das einstige Vorkommen dieser Tiere in den Pfalzner Wäldern erinnert, die vielleicht in früheren Zeiten diesen Weg ausgetreten haben oder in dessen Nähe anzutreffen waren.

Im Bereich der Dorffluren sind die Wege meist nach den Höfen benannt, zu denen sie führen, und deren Besitzer sie in Stand halten. So finden sich *der Bindersteig, die Lehenzäune, die Lanerzäune* und *die Ritschzäune. Die Zäune* ist dabei als femininer Singular anzusehen, der synonym mit *Weg* verwendet wird und daran erinnert, dass die Wege einst von langen Zäunen eingefasst waren.[186] Es handelt sich hierbei in erster Linie um die Wege, die von den Bewohnern der Höfe zum Kirchgang benutzt wurden.

Manche Namen erinnern auch an ihre einstige Hauptfunktion im Dorf. *Die Antlasszäune*, auch *der Antlassweg* und *der Prozessionsweg* genannt, ist jener Weg durch das Dorf, auf dem die Fronleichnamsprozession entlangführte. Ma. *Antlass* /ǫnt̥laʃ/ heißt im Pustertal *Fronleichnam. Der Plattner Kirchweg* ist jener Weg, auf dem die Bewohner des Bergweilers Platten hinunter nach Pfalzen zum Gottesdienst gingen. *Der Kreuzsteig*

[186] Vgl. dazu Schatz, 722.

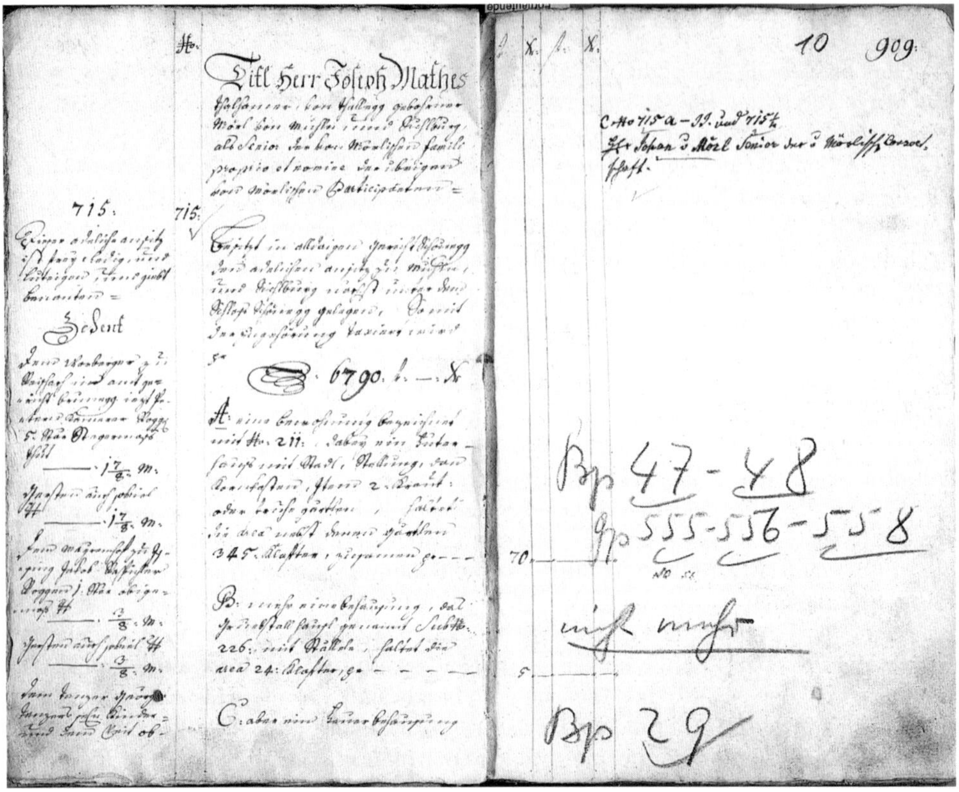

Abb. 6: Rustikal Steuerkataster *Malgreÿ Mûhln*:
Besitz von *Titl Herr Joseph Mathes* („ansitz zû Mùhln ûnd Sichlbûrg")

war ein Wallfahrtsweg, auf dem die Bauern Kreuze entlanggetragen haben. *Der Pfaffensteig* erinnert schließlich daran, dass der Pfarrer von Pfalzen hier immer durch die Felder nach Issing ging, um dort die Messe zu halten.

Relativ neu ist demgegenüber die Benennung von Wegen mittels Nummern. So findet sich unterhalb des Dorfes Pfalzen *der Achtersteig*, der so heißt, weil er die Nummer 8 als Markierung trägt.

Der bedeutendste Weg für die Gemeinde Pfalzen, die heutige Hauptstraße, trägt den alten Namen *der Burgaweg*. Der Name lässt sich nicht eindeutig klären, ziemlich wahrscheinlich steckt kein Besitzername dahinter, sondern als Benennungsmotiv lässt sich vielmehr das Ziel des Weges annehmen. In der Tat führt er einerseits weiter zum Schloss Schöneck, könnte also einfach für *Burgweg* stehen, wie es auch im Theresianischen Kataster angeführt ist:

ein Stûckl wald beÿ dem bûrgweg gelegen (Ther. Kat., folio 1193′)

Zugleich führt die Straße weiter zum Ternerbichl, Ort zahlreicher Wallburgen. Gerade solche frühzeitliche Siedlungen haben sehr häufig ihre Spuren in Flurnamen hinterlassen.[187] In diesem Sinne könnte es sich auch um eine Kollektivbildung auf *-ach*

[187] Vgl. Innerebner, Wallburgen, 8.

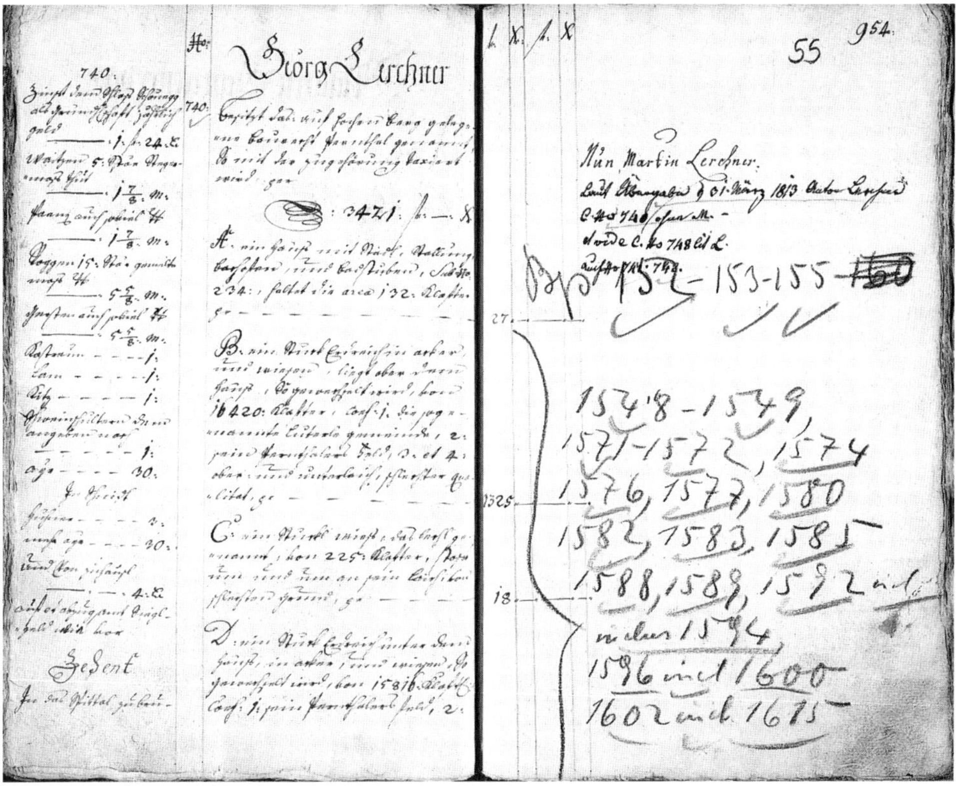

Abb. 7: Rustikal Steuerkataster *Malgreý Geôrgenerberg*:
Besitz des *Geôrg Lerchner* („baûrecht Pernthal")

handeln, also *Burgachweg*, ma. *Burgaweg*. Für die Bevölkerung heute ist die Benennung nicht mehr motiviert. Der Name des Weges ist so bedeutend, dass er auch auf die angrenzenden Äcker übertragen wurde. So finden sich entsprechende Belegstellen im Theresianischen Kataster:

ein acker, der bûrgeweg heissend (Ther. Kat., folio 1233′)[188]

Die Benennung von Fluren nach ihrer Lage an Wegen findet sich auch in anderen Fällen, etwa bei der *Straßleite* in Greinwalden, die nach ihrer Lage an der Straße benannt ist. Sekundär dazu wird der angrenzende Wald *ober der Straßleite* genannt. Sekundär ist auch der Name *oberm Weg* für einen großen Flurbereich in Issing.

Neben ganzen Wegen können schließlich auch markante Teilabschnitte, vor allem Kurven (ma. *Raiden*[189]) und jähe Anstiege (ma. *Stiche*[190]) Namen tragen. Bei Mühlen an

188 Daneben zahlreiche weitere Belegstellen. Interessant ist, wie unterschiedlich der Name verwendet wird: als reine Flurbezeichnung „ein acker zû bûrgeweg [...] eine wiese zû bûrgeweg, oder brûckel wiese genannt" (Ther. Kat., folio 1130′); als präpositionale Ortsangabe „ein Stûckl wald beý dem bûrgeweg gelegen" (Ther. Kat., folio 1193′) oder direkt mit Artikel als Name des Ackers „ein acker, der bûrgeweg heissend" (Ther. Kat., folio 1233′).

189 Vgl. Schatz, 478.

190 Vgl. ebd., 603.

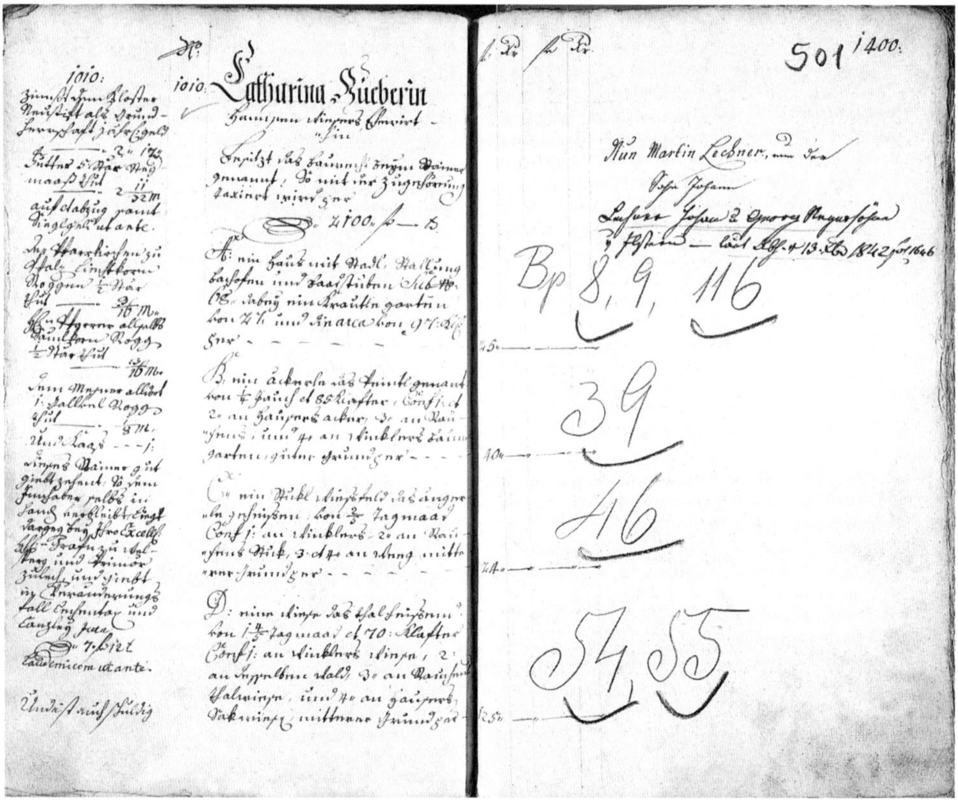

Abb. 8: Rustikal Steuerkataster *Malgreÿ Greinwalding*: Besitz der *Catharina Húeberin* („baûrecht beÿm Rainer“)

der Gemeindegrenze von Pfalzen findet sich *die Finsterraide*. Es ist dies eine Kurve der Hauptstraße, die besonders dunkel und düster ist. Nach ihrer Lage im Wald *die Saume* ist die *Saumraide* benannt. Vor allem die Holzarbeiter schufen zahlreiche Kurven- und Stichenamen, da gerade diese ihnen die Arbeit im Winter besonders erschwerten: die Rösser scheuten, die Bremsen versagten, manch tückische Kurve verursachte viele Unfälle und wurde damit zum bekannten und gefürchteten Orientierungspunkt.[191]

2.6 Geschichten hinter den Namen

Besonders interessant und wertvoll sind zweifelsohne jene Namen, in denen sich ein Stück mündlich überlieferter Geschichte erhalten hat, weil sie ihre Prägung bestimmten Ereignissen und Anekdoten verdanken, die in ihnen verewigt sind. Damit bewahren sie ein Stück Dorfgeschichte, das sich ansonsten wohl bereits verloren hätte. Da diese Geschichten nicht überaus zahlreich im Namenmaterial vertreten sind, sollen auch hier wieder interessante Beispiele aus den Nachbargemeinden herangezogen werden.

---

191 Vgl. dazu Kapitel III 3.6 *Die Nutzung des Waldes: Forstwirtschaft und Jagd* dieser Arbeit.

Zunächst zu den „geschichtsträchtigen“ Namen in Pfalzen. Hier haben vier Flurnamen Geschichten in sich: *Die Hirschtrate* in Issing, oberhalb des Huberhofes, verdankt ihren Namen einem äußerst merkwürdigen Ereignis. Einst soll ein Knecht eine große Heugabel mit zwei Zacken in die Erde gerammt haben und zwar mit dem Stil nach unten. Die Heugabel steckte die ganze Nacht im Acker. Am nächsten Morgen sei auf den Zacken ein Hirsch aufgespießt gewesen, der wohl in die Gabel gesprungen sei. Soweit lautete die Erklärung der einen Gewährsperson, während die andere meinte, das sei wohl nur so eine Geschichte. Wahrscheinlich habe man dort oft Hirsche gesehen.

Ebenfalls auf dem Georgenberg gelegen ist *das Krönl*, um das sich eine Familiengeschichte rankt. Laut Informant sei das kein „richtiger“ Name, sondern ein Spitzname, der in den fünfziger Jahren geprägt wurde, als der Pernthaler seine Tochter mit dem Oberwalder verheiraten wollte. Diese hätte als Mitgift ein Stück Wald bekommen, das die Form eines nach oben spitz zulaufenden Zipfels hat und durch den Kreuzsteig vom darüber liegenden streifenförmigen Wald des Oberwalders getrennt war. Mit dieser Mitgift hätte der Oberwalder somit „das Krönchen“ auf diesen Waldstreifen setzen können. Die eigenwillige Tochter aber spielte nicht mit und heiratete einen Bauern von Ellen.

An die Mühen der Holzarbeit erinnert in Pfalzen der Name der Bergwiese *die Schieberin*. Hier versteckt sich nicht etwa ein Besitzername, sondern vielmehr eine Erfahrung der Bauern: Die ebene Bergwiese behinderte den Holztransport; wenn man Holzstämme den Berg hinunter beförderte, blieben diese auf der Wiese liegen, und die Bauern mussten sie weiterschieben.

Der Todsündenwinkel im Dorf Issing schließlich ist ein etwas versteckter, finsterer Ort, wo verschiedene Steinmauern sich kreuzen. Dort seien viele Dinge passiert, die dem Ort diesen Namen beschieden haben. Über diese spricht man allerdings nicht ...

In Hofern, Teil der Gemeinde Kiens, hat eine lustige Begebenheit ihren Niederschlag im Namen *die Trolltrate* gefunden. Man erzählt sich hier, dass einst ein Bauer mit mehreren Frauen zugleich ein Rendezvous vereinbarte. Sie sollten sich alle zur selben Zeit auf der besagten Flur, einer Trate, einfinden. Der Bauer ging um die vereinbarte Zeit dorthin, versteckte sich in einem Baum und beobachtete, was sich wohl tun würde. Tatsächlich erschienen alle Frauen zugleich am Ort des Stelldicheins. Da lachte der Bauer sie gehörig aus und nannte sie alle *Trolle*, was im Pustertal soviel wie „törichte Menschen“ heißt.

Auf dem Getzenberg, dem Pfalzen gegenüberliegenden südlichen Hang des Pustertales, finden sich zwei Namen, in denen die Beschwernisse der Holzarbeit verewigt sind: *Die Christile Ebene* erinnert an ähnliche Mühen wie *die Schieberin*. Auch dies ist eine ebene Stelle, die die Holzarbeiter plagte, und zwar so sehr, dass manch einer bei Christus fluchte, während er die Stämme anschob, woran der Name der Flur noch heute denken lässt. *Die Moidlan Raide* ist demgegenüber eine besonders gefährliche und heimtückische Kurve, vor der die Pferde beim Holztransport scheuten und nicht weiter wollten. Man musste die Stämme abladen und hinunterrutschen lassen – kurz, es war eine wirklich unberechenbare Stelle auf dem Weg. Manch einen erinnerte sie an eine tückische, eigenwillige Frau, die im Volksmund *Moidile* genannt wird. Dieser Vergleich habe der Kurve ihren Namen beschert. Eine zweite Erklärung vermutet eine reale Begebenheit hinter dieser Benennung. Auf dem hochgelegenen Hof Kühelehen hätten nämlich mehrere Töchter gelebt, und eine davon hieß *Moidile*. Das Mädchen habe eines Tages wohl diese Kurve nicht mehr geschafft, aus welchen Gründen auch immer.

In St. Sigmund in der Gemeinde Kiens sind mehrere Namen mit Geschichten verbunden. *Die Teilwiesilan* etwa sind mehrere kleine Wiesen, die eine Gruppe von Bauern einst als Entschädigung erhielt, weil der Eggerbach, der durch diese Wiesen fließt, überlief, und die Bauern das Bächlein ausschöpfen mussten, noch dazu am Allerseelentag. Sie erhielten deshalb die Wiesen zur gemeinsamen Nutzung und mähten sie abwechselnd: einer das Heu, einer das Grummet, einer den Pofl. Die einstige *Stegermühle* trägt nunmehr den sprechenden Namen *das Russenhäusl.* Die Mühle war abgerissen und ein kleines Haus an derselben Stelle erbaut worden, in dem eine Russin wohnte, die bei der Revolution 1917 geflüchtet war. Es war eine sehr noble Dame, an die man sich im Dorf noch heute erinnert.

Manch andere Flur erinnert an Geschichten und Ereignisse, auch wenn diese nicht ihre Spuren im Namen selbst hinterlassen haben: *das grüne Bachl* etwa, ein Abschnitt der Rienz, in dem sich früher eine Insel und kleine Bächlein befanden, war ein Teil mit stillem Wasser, wo die Dorfbuben schwimmen lernten. *Das Huber Kimpfl* in St. Sigmund ist ein kleiner Anger, auf dem früher immer so viel Wasser war, dass man nach der Schneeschmelze darauf mit kleinen Booten fahren konnte und im Winter dort Eis lief. Einst sind hier auch zwei Kinder beim Eislaufen eingebrochen. In Terenten gibt es *die Knappenlöcher*, alte Bergwerksstollen, die 20 Meter in den Berg hineinführen. Dort hat man früher Material abgebaut, rostiges Wasser fließt heraus, und es ist ein sehr unheimlicher Ort. Direkt unterhalb der Knappenlöcher befindet sich der Lärchnerhof. Einer, der einst in diesen Stollen ging, erzählte, er habe drinnen im Berg gehört, wie die Lärchnerin in der Küche Späne gehackt hat. Das scheint den Dorfbewohnern zwar sehr unglaublich, aber man erzählt die Geschichte und denkt daran, wenn der Name fällt.[192]

Einzelne Fluren sind eng verbunden mit schrecklichen Ereignissen, die sich dort abspielten, und an die man sich bis heute erinnert. So im Dorf Ehrenburg in der Gemeinde Kiens die *Werfel*, ein Feld an der Rienz. Hier haben einst Knechte und Mägde ein Kartoffelfeuer angefacht, und eine Magd sei aus Übermut darüber gesprungen. Da haben ihre Kleider Feuer gefangen, und sie verbrannte, ohne dass ihr jemand helfen konnte, denn der Fluss war dazwischen. So musste man vom anderen Ufer hilflos zusehen, und die Menschen denken noch heute mit Schaudern an diese Begebenheit, wenn sie den Namen der Flur nennen.

In Terenten verdankt die Großflur *das Gerun* ihren Namen einer Katastrophe. Der Name ist eine Kollektivbildung zu *rinnen:* Es handelt sich hierbei um besonders rutschiges Gelände. Einst ist der ganze Hang herabgerutscht und hat Höfe und Menschen mit sich fortgerissen. An das Abstürzen von Tieren erinnern im Gemeindegebiet die Flurnamen *die Kitzerlöcher* und die *Fleischbänke*. Beides sind Namen von steilen Felsen, auf denen sich nur mehr die kleinen Geißkitz bewegen konnten, die anderen Tiere stürzten hier öfters in den Tod.

2.7 Kreative Metaphern in den Namenprägungen: Humor im Alltag

Zum Abschluss der Betrachtungen rund um die Flurnamen und ihre Verbindung zu den Menschen, die sie prägten, soll noch eine besondere Qualität und Eigenheit der Flurnamen hervorgehoben werden: Flurnamen sind vielfach Zeugen außerordentlicher Phantasie; Humor und Kreativität der Landbevölkerung haben hier über die Generationen hinweg ihre Spuren hinterlassen.

---

[192] Dieselbe Geschichte wurde mir auch in Weitental zum dortigen *Knappenloch* erzählt, in dem man die Leute in der Küche des Oachnerhofes arbeiten hört.

Schon öfters wurde die erstaunlich detaillierte und minutiöse Beobachtungsgabe erwähnt, die immer wieder aus den Benennungen ersichtlich ist. Besonders beeindruckt diese Beobachtung jedoch in den kreativen Metaphern und humorvollen Vergleichen, von denen manche Namenprägungen zeugen. In der Folge sollen aus der Fülle des Materials explizit jene Namen herausgehoben werden, die von diesem eigenen Sinn für Humor und Bildhaftigkeit Zeugnis ablegen.

In Pfalzen finden sich zunächst Wiesennamen, in denen die Form der Flur in eigenwilliger Weise präsent ist: *die Pfoat* (ma. ‚Hemd')[193] ist der Name einer Wiese, die aussieht wie ein ausgebreitetes Hemd mit kurzen Ärmeln. *Das derrissene Wiesile* (hd. *das zerrissene Wiesile*), das mittlerweile verwachsen ist, lässt auf eine bizarre Form schließen, die die Namenprägung motivierte. *Die Grite* hat einen noch weit eigenwilligeren Benennungsursprung. Das Mundartwort *grite* bezeichnet nämlich den Winkel, den die beiden Oberschenkel bilden[194], also den Schritt. Tatsächlich hat die Flur die Form eines menschlichen Unterleibs mit Beinansatz. Grund dafür war die Tatsache, dass im mittleren Teil der Boden so nass war, dass er nicht als Acker verwendet werden konnte. Dieser Bereich wurde somit nicht gemäht, und es entstand diese besondere Form. Heute ist sie leider nicht mehr erkennbar, da die ganze Flur nunmehr Wiese ist. Die auffällige Gestalt der Bergwiese *Kaltenbrunn* führte gar zur Prägung eines Zweitnamens: Da die Wiese vom Tal aus betrachtet die Form der Ziffer 7 hat, nennt man sie auch die *Siebenerwiese* (ma. *Simmawiese* /ṣímɑwīṣẹ/).

Das Kirchdach ist ein steiler Hang in Issing, den die Dorfbewohner mit der Steile des Kirchdaches verglichen; die *Kegelgasse* ist demgegenüber ein dermaßen ebener Platz im Wald, dass er an eine Kegelbahn erinnerte und danach benannt wurde. In Terenten findet sich ein vergleichbarer Name; dort behauptete die Gewährsperson jedoch, hier hätten die Hirten tatsächlich ein Kegelspiel gehabt.[195] *Der Turm* wiederum ist ein besonders markanter Fels in Pfalzen, den man wohl mit einem Kirchturm verglichen hat. Ähnlich wirkt die Benennung *die Kirchtürme* für drei große, auffallende Steine auf dem Kienberg in Ehrenburg. Dies soll zugleich auch eine alte Kultstätte gewesen sein.

Eine Personifizierung findet sich beim *Oblinder Schieler* (ma. *Oblinda Schilcha* /ọḅlindɑ ṣ̌ịlxɑ/), Name eines Hügels auf Platten. Der Hügel liegt in der Nähe des Oblinderhofes und erinnert an ein menschliches Gesicht, das schielt. Personifizierend scheint auch *das alte Weib* in Terenten zu sein. Die Gewährspersonen können sich den Namen zwar nicht erklären, benannt wird damit aber ein markantes Almgelände, das geprägt ist von lauter seltsamen Hügeln und „Pinggln". Diese dürften die einstigen Namengeber wohl an das verwitterte Gesicht einer alten Frau erinnert haben. Überaus seltsame Personifizierungen finden sich in Pfunders bei einigen Quellennamen, die hier noch erwähnt seien: *der Zipfelwastl*, *der Hudderwirt*, *der kalte Mann*, *der Tönige*. Die Motivierung der Namen ist völlig unklar; beim *Zipfelwastl* und beim *Hudderwirt* handelt es sich jedoch um Quellen, die aus dem Felsen hervortreten und bald wieder versickern.

Auf ein akustisches Phänomen deutet der – nicht ganz salonfähige – Quellenname *der Farzbrunn* in Terenten hin. Ma. *farzen* heißt ‚furzen' und umschreibt nach Angabe

---

193 Von mhd. *pheit* = ‚hemd', vgl. Lexer 2, Sp. 234.

194 Vgl. Schatz, 256.

195 *Kegelgass*namen sind mir auch bei den weiteren Erhebungen in anderen Gemeinden immer wieder begegnet. Die Gewährspersonen können sich diese Benennungen in der Regel nicht erklären.

der Gewährspersonen das Geräusch, das das Wasser von sich gibt, wenn es aus dem Gestein hervorsprudelt.

Als letztes Beispiel des bäuerlichen Humors sei schließlich *der Vögelrain* von Hofern, Gemeinde Kiens, erwähnt. Dieser Rain habe seinen Namen daher, dass er so steil sei, dass die Vögel rückwärts davon wegfliegen müssen, damit sie überhaupt vom Hang loskommen. Ja er sei so steil, dass man hingehen und mit dem Mund das Gras essen könne, ohne sich zu bücken.

Resümee

Die Mikrotoponymie einer Gemeinde hat an sich bereits einen sozialen Charakter, insofern als sie Gemeinschaft stiftet, indem sie den einzelnen Bewohnern ermöglicht, über die Landschaft, in der sie leben, zu sprechen, sich ohne Landkarte zu orientieren. Damit wird ein Code etabliert, der gleichsam ein Insiderwissen der Bewohner der Landschaft darstellt, sie somit in ihrem Gemeinschaftsgefühl bestärkt, Kommunikation und Identifikation ermöglicht. Namen sind Zeichen und als solche Zeugen menschlicher Kultur.

Darüber hinaus dokumentieren jedoch einige Namen explizit die sozialen Gegebenheiten der namengebenden Gemeinschaft, verewigen die Menschen, die sie geschaffen und mit ihnen in Beziehung gestanden haben. Dies war das tragende Motiv, nach dem alle Namen dieses Großkapitels zusammengefasst und als besondere Namengruppe angesehen wurden. Die Menschen und ihre Gemeinschaft haben dabei ihre Spuren auf unterschiedliche Weise hinterlassen. Die weitaus größte Zahl der Namen erinnert an einzelne Personen, sei es an historische Gründerpersönlichkeiten, sei es an einstige und heutige Besitzer der Fluren. Schon mehrfach wurde ausgeführt, dass die Kennzeichnung der Flur über die Angabe ihres Besitzers zu den grundlegenden Strategien der Flurnamengebung zählt. Des Weiteren dokumentieren Flurnamen das historische System der Grundherrschaft mit seinen Abgabeverhältnissen und Herrschaftsinstanzen. Hier wurden Fluren nach ihrem Besitzstatus benannt, nach den jeweiligen Grundherren oder besonderen Abgabeleistungen. Eng damit verbunden sind Namen, die an die Gerichtsbarkeit und das Rechtssystem im betrachteten Gebiet erinnern. Sie lassen an alte Gerichtsstätten denken und an Fluren, die Gegenstand von Rechtsstreitigkeiten waren. Insbesondere gehören in diesen Bereich jedoch all jene Namen, die alte Grenzen verewigen, deren genaueste Beachtung größte Bedeutung hatte und insbesondere anhand markanter Steine festgemacht und im Namenmaterial zementiert wurde. Viele Namen sprechen von der tiefen Religiosität, die die Menschen, ihre Gemeinschaft und Lebenswelt prägte. Sie bezeichnen religiöse „Mahnmale“ in der Landschaft, wie Bildstöcklein und Kreuze, hängen aber auch an teuflischen Sagen, die durch bizarre Steine in der Landschaft inspiriert wurden.

Die Namen der Wege als besondere Kategorie zeigen die Funktion dieser Verbindungsadern auf, sprechen von den wichtigen Zielen, die über diese Steige erreicht wurden, von besonderen Anlässen, zu denen man sie beging, und von Menschen, die diese Wege nutzten und in Stand hielten. Die abschnittweise Benennung mancher Wege dokumentiert die abschnittweise Wahrnehmung der Welt in einer Zeit, als die Menschen sich diese Landschaft noch Stück für Stück erwanderten. Für den Namenforscher besonders interessant sind schließlich jene Namen, die an spezifische Ereignisse und Geschichten erinnern, die sich einst zutrugen, von denen man sich scherzend erzählt, und die oft an der Grenze zum Sagenhaften und Anekdotischen stehen. Eine letzte Gruppe der Namen in diesem Kapitel fällt schließlich durch ihren humoresken Charakter auf, der an die Phantasie und Kreativität der Namengeber denken lässt, an die seltsamen Bilder, die sich ihnen beim Betrachten der Fluren aufdrängten.

Somit ermöglicht diese besondere Gruppe von Namen Einblicke in die historische Dorfgemeinschaft mit ihren Bewohnern, deren Vorstellungs- und Lebenswelt und den Regeln, die die Gemeinschaft prägten. Es ist dies wohl die individuellste Ebene der Namengebung, die viel über den speziellen Charakter des jeweiligen Dorfes verrät.

3. Die wirtschaftliche Ebene

Nach der Analyse der Flurnamen in ihrer Beziehung zu den Menschen und in ihrer Aussagekraft über die Namengeber und deren Eingebundensein in die dörfliche Gemeinschaft soll nun anhand der Namen das Wirtschaftsleben der Gemeinde Pfalzen in seinen verschiedenen Facetten betrachtet werden. Die Flurnamen einer Landschaft sind engstens mit deren Bewirtschaftung verknüpft. Kapital und Grundlage der bäuerlichen Wirtschaft ist das Land, das es zu bewirtschaften gilt. Der Ertrag des Bodens sichert die Existenz des Hofes – damit geht eine enge Beziehung zwischen Mensch und Landschaft einher.

Im Laufe der Jahrhunderte erfuhr die Bearbeitung des Landes eine immer intensivere und vielfältigere Form. Hatte man sich anfangs mit der Nutzung bereits verfügbarer Wiesenflächen als Weiden begnügt, so entstand mit zunehmender Bevölkerungszahl die Notwendigkeit, neues Land urbar zu machen, durch Rodungen neue Weideflächen zu erschließen. Erst in einem zweiten Schritt folgte die intensive Nutzung des Bodens über den Ackerbau; durch Zäune wurden Flurbereiche voneinander abgegrenzt und spezielleren Bewirtschaftungszwecken vorbehalten; die Wasserkraft wurde für den Antrieb verschiedenster Maschinen genutzt. Die Wälder dienten von alters her als Jagdrevier, daneben aber nutzten die Bauern sie als Weiden für das Vieh und vor allem als schier unerschöpfliche Holzquelle.

Die verschiedenen Wirtschaftsformen, die eng mit der bäuerlichen Lebensweise verknüpft sind, haben im Flurnamenmaterial ihren Niederschlag gefunden. Hier zeigt sich wohl am deutlichsten der Charakter der Namen als „Kulturgut“, als sprechende Zeugen der Kultivierung des Landes. Mit ihrer Verwendung für bestimmte Wirtschaftsformen erhielten die Fluren ihren eigenen Sinn und Zweck, der verdichtet in der Namengebung dokumentiert ist. Anhand des Flurnamenmaterials eines Gebietes ist es somit möglich, dessen Bewirtschaftung nachzuvollziehen, wobei viele Relikte im Namengut an längst verschwundene Gewerbezweige erinnern. Es hat sich aber auch eine Fülle weiterer, ureigenster Erfahrungen der Menschen in diesem Sprachgut niedergeschlagen, Ausblicke auf die Wahrnehmung der Umwelt durch ihre Bewohner eröffnen sich, oft lassen sich regelrecht Szenarien des Alltagslebens erahnen.

In jedem Fall zeigen auch hier die Fülle des Materials und seine örtliche Dichte, wie eng die Bindung des Menschen an die Flur war, wie intensiv auch der kleinste Fleck genutzt, bearbeitet und – bezeichnenderweise – mit einem eigenen Namen versehen wurde. Gegenstand der nun folgenden Betrachtungen ist die Vielfalt der wirtschaftlichen Nutzung, die die Pfalzner Mittelgebirgsterrasse durch ihre Bewohner erfahren hat. Anhand der Flurnamen wird ein Streifzug durch die einzelnen Wirtschaftszweige ermöglicht, und zugleich werden die Erfahrungen und Wahrnehmungen der Namengeber dokumentiert.

3.1 Rodung

Der primäre Akt von Kultivierung in einem neuen Siedlungsgebiet ist die Rodungstätigkeit. Damit wird die Nutzung der Landschaft vom Stadium der Zufälligkeit in jenes der menschlichen Steuerung überführt. Am Beginn der Wechselbeziehung zwischen Landschaft und Bearbeiter steht der Mensch als Nutzer dessen, was die Natur ihm bietet. So ist er Jäger und Sammler und in nächster Stufe Hirte. Zum bewussten Bewirtschafter des Bodens, zum „Landwirt" wird er jedoch erst in dem Moment, wo er die Nutzung des Landes selber bestimmt und leitet, wo er Eingriffe in die Natur vornimmt, um sie seinem Bedürfnis entsprechend zu gestalten.

Die Rodungstätigkeit dokumentiert die Inbesitznahme der Landschaft durch ihre Bewohner, die daran gingen, den ursprünglichen Naturzustand in einen Kulturzustand überzuführen. Das Flurnamengut der Pfalzner Mittelgebirgsterrasse, wie jenes des Pustertales insgesamt, führt uns mit seinen überwiegend deutschen Rodungsnamen in die Zeit des 6. bis 7. Jahrhunderts, die Phase der bajuwarischen Besiedlung, die mit einer massiven Rodungstätigkeit einherging. Die romanische Bevölkerung mag hier entweder bereits im Zuge der Wirrnisse der Völkerwanderung in die geschützten Seitentäler ausgewichen sein, spätestens wird dies wohl jedoch mit den Auseinandersetzungen zwischen Bajuwaren und Slawen der Fall gewesen sein. Eine der Hauptaufgaben der Baiern war es, die fränkischen Interessen auch nach Osten hin zu verteidigen und gleichsam als Bollwerk gegen die Slawen aufzutreten. Zentraler Ort dieser Auseinandersetzungen war das Pustertal, wo mit dem Sieg der Baiern über die Slawen um das Jahr 612 eine intensive Kolonisierung dieses Tales begann. Dabei blieb wohl zunächst noch ab Welsberg eine Ödlandzone als eine Art Schutzzone bestehen, während sich im westlichen Pustertal die bajuwarische Rodungstätigkeit voll entfaltete.[196]

Zentrum intensiver Siedlungstätigkeit war der Brunecker Talkessel, wo zahlreiche Ortsnamen das Vorhandensein bajuwarischer Siedler dokumentieren: Hier haben sich bezeichnenderweise Personennamen aus dem Agilolfingerhaus erhalten, zum einen in alten Bildungsformen auf *-heim*: *Dietenheim* (zum Personennamen *Theodo*) und *Uttenheim* (zum Frauennamen *Uota*). Zum anderen finden sich auch klassisch bairische Bildungen auf *-ing*: *Issing* (zu *Isso*) und das urkundlich bezeugte *Greimolting,* heute *Greinwalden* (zum Herzogsnamen *Grimoald*). Die beiden letztgenannten Bildungen auf *-ing* sind die Namen von zwei der drei Pfalzner Katastralgemeinden; sie dokumentieren also den frühen Beginn der bairischen Rodungstätigkeit auf der Mittelgebirgsterrasse.[197] In Zusammenhang damit dürfte weiters auch der Name des Hofes *Irnberg* stehen, zugleich Name einer beachtlichen Rodungsfläche unterhalb Pfalzens, in dem der alte Personenname *Iro* stecken könnte.

Wenn von der Gewinnung der Landschaft durch Rodung die Rede ist, muss der Tatsache Rechnung getragen werden, dass diese Tätigkeit das Bild der Landschaft etwa

---

[196] Vgl. dazu Finsterwalder, Sprachepochen, 21–23; Kühebacher, Kiens, 261–263.

[197] Vgl. Finsterwalder, Deutscher Sprachraum, 7–8. Dort sind noch eine Reihe weiterer Namen aus dem Brunecker Raum erwähnt: *Tesselberg* (zu *Tassilo*) sowie die Ortsnamen auf *-ing*: *Reiperting* und *Sleuling*. Die lange Kontinuität der bairischen Besiedelung wird besonders auch durch die sehr altertümlichen Wortbildungen mit der Präposition *auf* bestätigt: *Aufkirchen, Aufhofen* (mit Erstsilbenbetonung).

vom 8. Jahrhundert an prägte und vereinzelt bis ins 19. Jahrhundert andauerte.[198] Darin präsentiert sich das Bedürfnis des Bergbauern, seinem kleinräumigen Besitz neue Flächen hinzuzugewinnen.

Die Rodung konnte auf verschiedene Art und Weise erfolgen, wobei sich die Art der Urbarmachung aus dem Flurnamengut rekonstruieren lässt. Zu nennen sind zunächst Namen, die sehr allgemein auf die Rodungstätigkeit verweisen, etwa die Bildungen zu den Rodungsverben *reuten* und *roden.* Zu Letzterem findet sich andernorts das Verbalabstraktum *Rode,*[199] das allerdings im Pfalzner Material nicht anzutreffen ist. Zu *reuten* besteht im Gebiet von Greinwalden der Flurname *das Gereutel.* Es handelt sich hierbei um eine Kollektivbildung mit dem Präfix *ge-*, die mundartliche Form lautet *das Graitl.* Das Verb leitet sich aus dem mhd. *riuten* ab, das ganz allgemein ‚roden', ‚urbar machen' bedeutet.[200]

In Issing erscheint als verwandte Form der Flurname *das Geriede* sowie als sekundär dazu gebildete Form der Name *hinterm Geriede.* Hier ist die Basis der Kollektivbildung der Stamm *Ried* als allgemeine Bezeichnung für einen gerodeten Grund zu mhd. *riet* = ‚ausgereuteter grund, ansiedelung darauf'.[201] Die einfache Form *Ried* findet sich im betrachteten Gebiet als Name eines Weilers oberhalb Greinwaldens.

Wopfner führt die Verben *reuten* und *rieden* nicht als allgemeine Rodungsverben an, sondern vielmehr in der speziellen Bedeutung von ‚ausreißen', ‚aufwühlen' zur Bezeichnung einer Rodungstätigkeit, die im Ausgraben der Wurzelstöcke und Wurzeln besteht. Dabei sei *Ried* vor allem als Name für Orte verwendet worden, die auf einem von Buschwerk gerodeten Platz entstanden waren.[202] Dies scheint im Pfalzner Gebiet eindeutig beim Weilernamen *Haselried* der Fall zu sein. Dort wird die Art der Rodung noch näher bestimmt durch die Angabe der Haselnusssträucher. Der Name verweist auf die Lage des Weilers inmitten solcher Sträucher und damit zugleich wohl auch auf die Rodung eben solcher Sträucher oder ganz allgemein von Buschwerk zur Gewinnung des Baugrundes. Die mundartliche Form des Namens lautet heute eindeutig *Haselried*, während sich in der Schreibung mitunter die Form *Hasenried* findet, so auch im Theresianischen Kataster:

Hanns Schiferegger Besitzt das baûrecht beým Hasenrieder *G*enannt (Ther. Kat., folio 918')

In der Mundart unterscheiden sich die beiden Formen sehr deutlich: *Hasenried* /hǫ́u̯s̥n̥ʀiət͓ʰ/ versus *Haselried* /hǫ́ʃl̥ʀiət͓ʰ/. Die Ähnlichkeit zwischen den beiden Varianten besteht somit mehr im Schriftbild. Es dürfte sich wohl um eine falsche Verschriftlichung, denkbar wäre sicher auch ein Abschreibfehler, handeln, wobei meines Erachtens die Form *Haselried* gerade aufgrund des etymologischen Zusammenhanges viel plausibler scheint. Sie ist zudem auch die einzige im mundartlichen Gebrauch übliche Form, *Hasenried* existiert nur in manchen Schreibungen. Im Dizionario Toponomastico Atesino wird der Name in der Form *Hasenried* als Nummer vier der Großfluren von Issing angeführt[203], neuere Wanderkarten verzeichnen hingegen *Haselried.*

---

198 Vgl. Wopfner, Bergbauernbuch 3, 559–560: „Solche Brandwirtschaft wurde mit Zustimmung von Gemeinde und staatlicher Forstverwaltung noch im 19. Jahrhundert – z. B. im Tal Ulten – vorgenommen." Zum urkundlichen Niederschlag von Rodungsvorgängen im Mittelalter vgl. Riedmann, Rodungsvorgänge, 249–266.

199 Vgl. Tyroller, Typologie, 1438.

200 Vgl. Lexer 2, Sp. 472.

201 Vgl. ebd., Sp. 426.

202 Vgl. Wopfner, Bergbauernbuch 1, 74.

203 Es wird aber kurz vorher eine Fraktion *Haselried* erwähnt. Vgl. Battisti / Montecchini, DTA II.2, 215.

Als spezielle Form der Rodung erscheint das Holzfällen, das zu Namenbildungen verschiedener Art führte. Besonders durchsichtig sind Bildungen auf *Schlag*, im Falle Pfalzens etwa *der Schlagbichl*. Die beim Holzfällen übrig gebliebenen Wurzelstöcke prägen Benennungen auf *Stock*, in Pfalzen die Formen *Stockwald, Stockwaldile, Stocklana*, die unter dem Kapitel III 3.6 *Forstwirtschaft* dieser Darstellung näher betrachtet werden.

Zur Bezeichnung einer Rodungsfläche, die durch Holzschlag entstanden ist, diente seit alters auch das ursprüngliche Appellativ *Moas* zu mhd. *meiz*, das einen Einschnitt, Holzschlag oder Holzabtrieb benennt.[204] Zum Teil wird es im Dialekt noch unter dieser Bedeutung verwendet, erscheint jedoch ungleich häufiger als Name. Eng in Zusammenhang damit steht auch der Name *der Ameisbichl* für eine Flur in Pfalzen. Die Etymologie des Namens scheint auf den ersten Blick mit Rodungstätigkeit in keinerlei Verbindung zu stehen. Tatsächlich aber ist die Flur wohl kaum nach dem Vorhandensein von Ameisen benannt. Dies ist zwar die gängige Meinung der Bauern, doch müsste der Name dann eher *Umasnbichl* /ű̯mɑṣn̥p̥ī̥xl̥/ lauten in Analogie zu *Umasnhaufen* /ű̯mɑṣn̥hɑ̀o̯γn̥/ (hd. *Ameisenhaufen*), also wirklich die gängige Pluralform als ersten Bestandteil der Zusammensetzung aufweisen. Die nicht flektierte Form des Stammes *Ameis-* verweist jedoch eher auf ein Verbalabstraktum zu mhd. *anmeisen,* die um das Präfix *an-* erweiterte Form des Rodungsverbs *meizen* (= ‚hauen, schneiden, ab-, einschneiden'[205]). Es dürfte also eine ähnliche Bildung sein wie der Rodungsname *Ansang* zu *ansengen.*[206] Das anlautende /a/ wird entsprechend den normalen dialektalen Lautgesetzen im Pustertal vor Nasallaut bis zum /u/ gehoben. Die entstandene Form wurde dann wohl aufgrund der lautlichen Ähnlichkeit und des Schwundes von *anmeisen* als Appellativum auf das Tier *Ameise* bezogen und demgemäß zu *Umas*, obwohl die dialektale Form für das Appellativ *Meis* ansonsten *Moas* lautet. Es ist dies ein klassisches Beispiel dafür, wie der Volksmund neue Bedeutungen dort schafft, wo die alten nicht mehr klar und motiviert scheinen. Ähnliches zeigt sich auch bei den *Läuse*namen, auf die im Kapitel *Forstwirtschaft und Jagd* dieser Darstellung eingegangen wird.

Die reichsten Spuren hat im Pfalzner Gebiet jedoch die Brandrodung hinterlassen. So findet sich als Name die einfache Form *der Brand* jeweils einmal in Pfalzen und Issing; in Verbindung mit dem Besitzernamen steht *der Forchnerbrand*. Daneben gibt es in Issing *das Brandl* und *die Brandstatt*, in Pfalzen den *Brandacker* und *die Äcker beim Brand*. Als Variante mit derselben Bedeutung erscheint der Name *das Verbrannte,* zweimal in Pfalzen und einmal in Issing. Die Gewährspersonen erklären sich die Namen allgemein damit, dass es hier einst gebrannt habe. Dies entspricht auch der Realität, nur kamen solche Waldbrände nicht zufällig zustande, sondern waren gezielt eingesetzte Verfahren zur Gewinnung von Nutzland. Die Brandrodung ging meist so vor sich, dass zunächst die Bäume abgeholzt und die Stämme zur weiteren Verwendung fortgeschafft wurden. Auf dem Kahlschlag breitete man die minderwertigen Äste, Zweige und Reisig aus und zündete sie an. Die Asche diente als Dünger für den Boden. Der Bauer lockerte dann den Boden zwischen den Baumstrünken auf und säte dazwischen das Saatgut aus.[207]

Historisch lässt sich die Rodungstätigkeit vielleicht so rekonstruieren, dass man zunächst Holz fällte, um den Bedarf an Bau- und Brennmaterial zu stillen. Dadurch wur-

---

[204] Vgl. Lexer 1, Sp. 2090.
[205] Vgl. ebd., Sp. 2091.
[206] Vgl. Tyroller, Typologie, 1438.
[207] Vgl. Wopfner, Bergbauernbuch 3, 560.

den die Wälder bereits gelichtet. Auf die entstandenen Kahlschläge trieb man dann das Vieh zur Weide, sodass der Wald nicht weiter nachwuchs, und die gewonnene Weidefläche weiter in Verwendung blieb. Später wurden solche Weideflächen dann auch für die Heumahd und als Ackerland genutzt.[208] War in den frühen Zeiten der Besiedlung die Brandrodung allgemein üblich und geradezu notwendig, um das Nutzland weiter auszudehnen, so versuchte man in späteren Zeiten, den Raubbau am Wald einzudämmen und durch gezielte Forstordnungen zu regeln. Die bäuerliche Bevölkerung hielt sich jedoch nicht zwingend daran, sodass die Gewinnung von Land durch Brandrodungen noch lange Zeit andauerte.[209]

Auf die besondere Form der Rodungsfläche verweist in Pfalzen der Weilername *Platten*. Zu diesem Weiler, hoch über Pfalzen gelegen, vermerkt der Theresianische Kataster:

> Diese *G*anze Malgreÿ liegt aûf einen hochen, steilen berg, ûnd seÿnd die gûter nicht nûr beschwârlich zûarbeiten, sondern noch ûberhin der Schaûrsgefahr zimlich ûnterworffen, aûch deswegen beÿ Taxierûng derselben besondern Rûcksicht hieraûf *G*enomen worden. (Ther. Kat., folio 993)

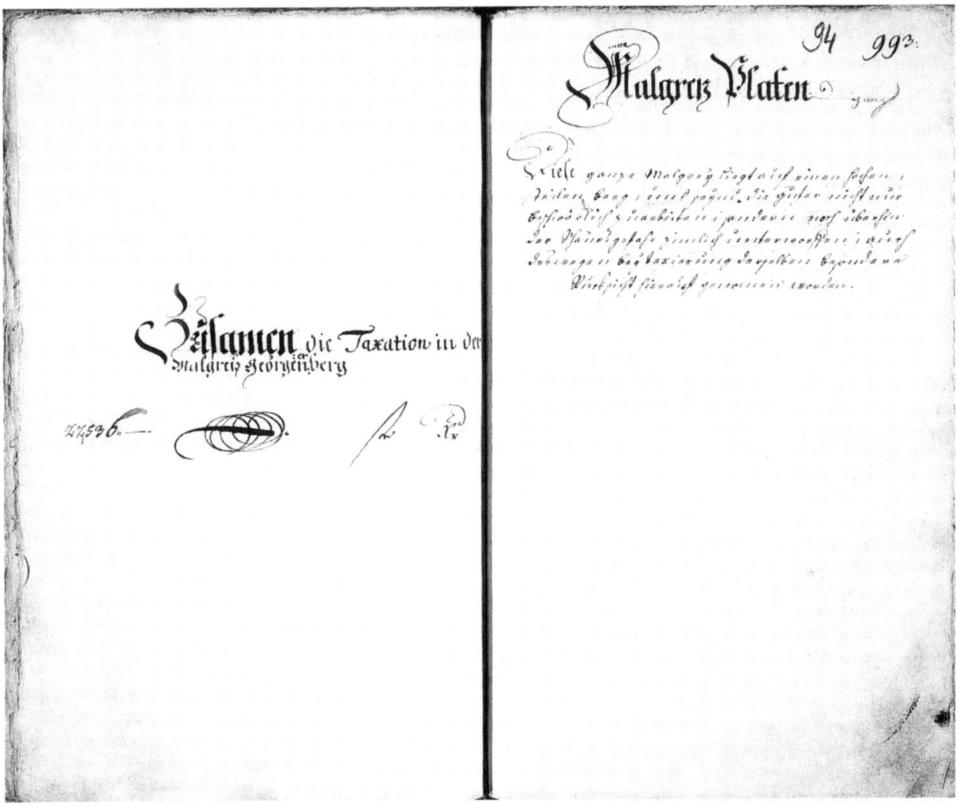

Abb. 9: Rustikal-Steuerkataster *Malgrey Platen:* Beginn der Einträge

[208] Vgl. Wopfner, Bergbauernbuch 1, 62.
[209] Vgl. Wopfner, Bergbauernbuch 3, 531; 559–560 sowie ausführlicher zu diesem Problem das Kapitel III 3.6 *Die Nutzung des Waldes: Forstwirtschaft und Jagd* dieser Darstellung.

An diesem Beispiel wird deutlich, wie weit sich die Siedlungs- und Rodungstätigkeit bis in große Höhen ausdehnte. Die Benennung des Weilers erfolgte nach dem Adjektiv *platt* im Sinn von *flach* und kennzeichnet die Rodungsfläche als relativ flach im Vergleich zu den steilen Hängen, in die sie eingebettet ist. Kühebacher führt als weiteres Motiv der Benennung einen Zusammenhang mit dem mhd. *plate* an, womit die kreisrunde Tonsur der Geistlichen und Mönche bezeichnet wurde.[210] Tatsächlich stechen die Fluren des Weilers als runde Rodungsfläche aus dem Berghang heraus.

Als Rodungsname findet sich auf der Mittelgebirgsterrasse des Weiteren *die Lichtwiese* in Issing. Sie verdankt ihren Namen den Lärchen, in der Mundart *die lichten Bäume* genannt[211], da sie im Winter ihre Nadeln verlieren. Bei der Rodung der Wälder ließ man die Lärchen stehen, wodurch die charakteristischen Lärchwiesen und -mähder entstanden.[212] Der Boden wurde durch die herabfallenden Nadeln gedüngt, zudem boten die Wurzeln der Bäume auch der Erde Halt und verhinderten Hangrutschungen, wie sie auf gerodeten Flächen vielfach zu beobachten sind. Zwischen den weit auseinander stehenden Bäumen fanden die Tiere zugleich genügend Weideland bzw. ließen sich reiche Bergmähder anlegen.

Ein letzter Name, der in Zusammenhang mit der Rodungstätigkeit stehen könnte, ist die Großflurbenennung *Luss*. Dies ist der Name des Geländes unterhalb der Dörfer Pfalzen und Issing, das sich aus Feldern, Moos und Gebüsch zusammensetzt. Laut Schatz bedeutet *lûs, lissl* ‚ausgeloster Anteil an Wald, Feld, Moos'[213], was der tatsächlichen Beschaffenheit der Flur auch entspricht. Nach Wopfner ließe sich jedoch noch eine weitere Bedeutung dahinter erkennen:

> Das gerodete Gewann (in Tirol *Ried* oder *Gestöß* genannt) wurde in so viele Stücke von gleicher Größe aufgeteilt, als berechtigte Bauern gezählt wurden. So entstand im Laufe der Zeit eine Reihe von Gewannen, in welchen jeder Bauer der Gemeinde seinen Anteil besaß. Solche Teilstücke an gerodetem Lande bezeichnete man als *Lüss* oder *Loiss* (althochdeutsch *Loz* oder *Luz* = ‚Los').[214]

Da sich die Deutungen nicht ausschließen, lassen sich wohl beide als Ursprung und Motiv der Namengebung annehmen. Die Bedeutung, die Schatz anführt, geht demnach von der physischen Beschaffenheit einer solchen durch Rodung und Trockenlegung gewonnenen Gewannflur aus, während Wopfner auch auf die historischen Besitzverhältnisse verweist.

3.2 Viehzucht

Die Viehzucht ist noch vor dem Ackerbau als ursprüngliche Wirtschaftsform der bäuerlichen Lebensweise zu nennen. Wopfner weist darauf hin, dass bereits urzeitliche Funde auf die Haltung von Rindern, Schafen, Ziegen und Schweinen in den Alpentälern deuten; der römische Geograph Strabon berichtet bereits von blühender Viehzucht bei den Rätern.[215] Auch wenn in späterer Zeit der Ackerbau aufgrund des starken Bevölkerungsanstiegs an Bedeutung gewann und zahlreiche einst der Viehweide vorbe-

---

210 Vgl. Kühebacher, Ortsnamen, 325.
211 Ich verdanke diese Information dem mündlichen Hinweis von Dr. Egon Kühebacher.
212 Vgl. Wopfner, Bergbauernbuch 3, 295–296.
213 Vgl. Schatz, 400.
214 Wopfner, Bergbauernbuch 1, 115.
215 Vgl. Wopfner, Bergbauernbuch 3, 183.

haltene Fluren in der Folge umgebrochen und bestellt wurden, so stellte die Tierzucht stets die primäre Form bäuerlicher Wirtschaft in Tirol dar, dies allein aufgrund der landschaftlichen Gegebenheiten: Die steilen Hänge und hoch gelegenen Almflächen eignen sich nicht oder nur schwer als Ackerflächen, bieten aber gute Voraussetzungen für Weide- und Wiesenflächen.[216]

Im 19. Jahrhundert hat die Viehzucht den Ackerbau schließlich noch stärker zurückgedrängt und stellt heute auf der Pfalzner Mittelgebirgsterrasse die zentrale Wirtschaftsform der Bauern dar. Der Ackerbau ist sogar in den Dienst der Viehzucht getreten, so etwa in Form des Anbaus von Gerste und Hafer oder Mais als Futtermittel für die Tiere. Dabei sind die Tiere in erster Linie Milchvieh, der Gewinn wird hauptsächlich aus der Milchproduktion geschlagen.[217]

Die Viehzucht läuft im Tiroler Raum prinzipiell auf zwei Ebenen ab: Die Haltung der Tiere im Tal ist zu trennen von der Viehhaltung auf den Almen.[218] Die verstärkte Hinwendung der Bauern zur Milchwirtschaft hat jedoch auch hier einen erheblichen Wandel bewirkt. Früher wurde im Sommer nur gerade soviel Vieh in den Ställen auf dem Hof behalten, wie für die Milchversorgung des Haushalts nötig war. Der Rest des Viehs wurde auf die Alm getrieben. Heutzutage werden die wertvollen Milchkühe mit hohen Milchleistungen das ganze Jahr über im Stall gehalten, nur das Jungvieh (sogenannte *Galtvieh*) und die alten Milchkühe kommen im Sommer auf die Alm.[219]

In diesem Kapitel sollen zunächst die Spuren der Viehzucht im Tal anhand der Flurnamen nachgezeichnet werden. Die Nutzung der Flur im Rahmen der Viehzucht besteht in der Erwirtschaftung von Futtermitteln. Prinzipiell lassen sich zwei große Typen unterscheiden: Die Beweidung bestimmter Flurteile durch das Vieh einerseits und andererseits die Nutzung von Fluren als Mähder, die das Heu und damit das Futter für die Tiere im Winter gewährleisten. Zum Mähen bestimmtes Land wird in der Regel als *Wiese* bezeichnet, ein Appellativ, das häufiger Flurname und auch Bestandteil komplexerer Namenprägungen ist. Zahlreiche *Wiesen*namen auf der Pfalzner Terrasse vergegenwärtigen die ausgedehnte Nutzung der Fluren als Mähder. So gibt es neben der einfachen Form *die Wiese* (im Prinzip bei fast jedem Hof anzutreffen) die Diminutivform *das Wiesile* und auch Kollektivbildungen der Art *das Wieslat* in Pfalzen und Issing: Das alte Kollektivsuffix *-ach* findet sich hier noch durch *-t* erweitert und mundartlich zu *-at* umgeformt, bezeichnet wird damit eine Summe von Wiesen. *Das Wiesental* und *die Wiesköfel*, beide in Issing gelegen, benennen ausgedehntere Grasflächen, während *die Erlwiesen* in Pfalzen nach ihrer Lage an der Flur *Erla* und somit an einem Bestand von Erlen benannt sind.

Auf eigens umzäuntes Wiesfeld in Hausnähe oder im Wald verweist das Appellativ *der Anger*, das allerdings mitunter auch einen Acker benennen kann.[220] Wopfner erklärt die Einzäunung dieser speziellen Wiesen damit, dass sie von der Pflicht, als Gemeinweide im Frühjahr und Herbst für das Vieh des ganzen Dorfes zur Verfügung zu stehen, befreit waren. Deshalb wurden sie durch spezielle Zäune abgesondert.[221] Im

---

216 Vgl. ebd., 215–216.

217 Vgl. Niedermair, Streifzüge, 173–174.

218 Entsprechend werden in dieser Darstellung beide Bereiche separat betrachtet, die Almwirtschaft in einem eigenen Kapitel ausgeführt.

219 Vgl. Gatterer / Niedermair, Almen, 178.

220 Vgl. Schatz, 25.

221 Vgl. Wopfner, Bergbauernbuch 3, 272.

Pfalzner Namenmaterial taucht das Wort häufig auf, so etwa in seiner Grundform als *der Anger* (in Pfalzen und Greinwalden), in der Diminutivform *das Angerle* (in Greinwalden) und dazu noch im Plural *die Angerlan* (in Pfalzen). Näher definiert finden sich *das kleine Angerle* (in Greinwalden), mit Besitzername *das Tierstaller Angerle* (in Pfalzen) und *die Pitzingeränger* (zur *Pitzingeralm*), im Kompositum schließlich *der Holzanger* (in Issing) und *der Hausanger* (in Pfalzen). Die letztgenannten Prägungen erinnern an die Lage der Fluren am Wald bzw. am Haus.

Das Heu, das man auf solchen Wiesen mähte, wurde häufig in Heuhütten, den sogenannten *Schupfen,* gelagert und für die Fütterung des Viehs im Winter verwendet. Dies gilt besonders für das Heu jener Wiesen, die weit vom Hof entfernt liegen, ganz besonders natürlich für die Bergwiesen. Im Winter wurde dieses Heu dann in mühevoller und gefährlicher Arbeit von den Scheunen zum Hof transportiert. Dies geschah auf den Heuschlitten, mit denen die Heuzieher oft in halsbrecherischer Geschwindigkeit zu Tal fuhren.[222] Diese Schupfen sind ihrerseits wieder markante Orientierungspunkte und können damit Namenprägungen motivieren. Die Schupfen selbst tragen häufig die Namen ihrer Besitzer, im Namenmaterial von Pfalzen finden sich beispielsweise *das Schaider Schüpfl* oder *die Baumannschupfe*. Ganze Geländeabschnitte können auch schlicht nach ihrer Lage an solchen Bauwerken benannt werden, in Platten gibt es entsprechend die Flurbezeichnungen *ober der Schupfe* und *unter der Schupfe*. Diese Art einer rudimentären Benennung gewährt zugleich Einblick in die Bildungsweise der Flurnamen: Solche analytischen Ortsangaben stellen den „Urtypus" der Namenformen dar.

Um das Heu besser trocknen zu können, wird es – gerade auf den steilen Wiesen – an speziellen Trockengeräten aufgehängt. Diese werden im Pfalzner Gebiet *Stiffler* genannt und sind ca. zwei Meter lange, sieben bis acht Zentimeter dicke Holzstangen, die mit Sprossen versehen sind.[223] Gleich zweimal haben im untersuchten Material diese markanten Heuschöberchen Namenprägungen motiviert, so in Pfalzen den *Stifflacker*, der sich an den steilen Plattner Hängen befindet; in Issing ist sogar ein ganzer Hof danach benannt: *der Stiefler.*[224]

Getrennt vom Acker- und Wiesenland findet sich jenes Land, das für den Viehtrieb offen ist und in der Regel als *Weide* bezeichnet wird. Im Pfalzner Namenmaterial ist das Appellativ jedoch nur einmal Grundwort in einer Namenprägung, nämlich in Verbindung mit einem Besitzernamen: *die Aichnerweide.* Als ein Synonym zu *Weide* erscheint weiters das Mundartwort *Traien*. Dabei handelt es sich ursprünglich um einen schmalen Weg, auf dem das Vieh zur Weide getrieben wird, das Wort bezeichnet darüber hinaus jedoch auch die Viehweide selbst.[225] Als Namen existieren in Issing *der kleine Traien* sowie *der Stampfltraien*, der wohl nach seiner einstigen Lage an einem kleinen Getreidestampf benannt ist. In der benachbarten Gemeinde St. Georgen finden sich weiters die *Traiäcker*, die allerdings eher nach ihrer Lage an einem solchen Viehweg

---

222 Vgl. Gatterer, Bäuerliche Welt, 242.

223 Vgl. ebd., 251.

224 Die Schreibung des Hofnamens entspricht jener im Pfalzner Dorfbuch; unseren Schreibprinzipien entspräche die Schreibung *Stiffler.*

225 Vgl. Grimm 22, Sp. 343: „TREUE, *troie, treie,* m., f., ‚viehweg, schmaler weg'. das nur den Alpenländern eigne wort ist augenscheinlich dasselbe wie das verbreitete «specifisch rätoromanische, wohl vorrömische»**troju* ‚fuszweg, steig, holzschleife' [...] *troie* ist in Tirol der meist eingezäunte, schmale weg, auf dem das vieh durch die felder aufwärts zur weide getrieben wird [...] *troie* heiszt dann geradezu ‚viehweide'".

bzw. einer Viehweide benannt wurden. Schließlich bezeichnet auch das Appellativ die *Trate* Fluren, die für den Viehtrieb offen sind. Wopfner erklärt es als Bezeichnung für die Wiese der Egartenwirtschaft.[226] Kühebacher hingegen spricht von einem Appellativ für jene Fluren, die in der Dreifelderwirtschaft gerade als Viehweide genützt werden.[227] Schatz führt es allgemein als Bezeichnung für Gelände an, das zum Viehtrieb verwendet wird.[228] Im Pfalzner Gebiet ist das Wort Bestandteil in folgenden Namen: *die Trate* (als Simplexform jeweils in Pfalzen und Issing), *die Melchertrate, die Oberauertrate, die Unterauertrate* (Bildungen mit Besitzernamen in Issing), *die Kohltrate* und *die Hirschtrate* (beide in Issing), *die Kuhtrate, die Steintrate* und *die Rainer Steintrate* (alle drei in Greinwalden).

In der Zeit, in der das Vieh noch nicht auf der Alm ist, und der Schnee die Fluren wieder freigegeben hat, werden die Tiere auf die sogenannte *Heimweide* gebracht. Diese befindet sich im Gesamtbesitz der Gemeinde und erstreckt sich auf die nicht bewaldeten bzw. nur mit Niederwald bedeckten Fluren in der Nähe des Dorfes, von denen die Tiere jeden Tag wieder in den Stall getrieben werden können.[229] Die Heimweide wurde häufig auf Kosten des Waldes erweitert.[230] Im Pfalzner Gebiet erinnert beispielsweise der Name *das Kühehartawaldile* an die Weidung der Tiere im Wald. Ma. *die Harte* /di hǻʀšt̥ę/ bedeutet ‚Herde'[231], die Benennung zeugt somit von der Weidung ganzer Kuhherden in diesem kleinen Waldstreifen unterhalb des Dorfes Pfalzen.

Die Nutzung der Gemeinweide ist exakt geregelt. Dabei gilt es, genauestens bestimmte Stichtage einzuhalten. Auf dem Pfalzner Berg dürfen die Bauern ihre Schafe beispielsweise nur bis zum 24. April auf der Weidefläche *Bachla* hüten, danach ist die Weide für Kühe und Pferde reserviert.[232] Die „Wald-, Förster- und Äscherordnung" aus dem Jahre 1415[233] nennt detaillierte Bestimmungen, die für die Weidung einzuhalten sind, und zwar getrennt nach den Kategorien Kühe, Ziegen („Gaiß"), Schafe und Schweine. Für die Nichtbeachtung sind Geldstrafen ausgesetzt. So heißt es beispielsweise zu den Schweinen:

> Wegen Auskher und Einhaltung der Schwein hat mann sich volgennden gestalten verglichen und vor guet angesehen: nämblichen dasselbige firtershin jedes Jar von frieling an mit ain bestenndiger Hert zu denselben angenomen und bestelt (werde); auch die auf die weydt außgetrieben werden khienen gannz nicht auß den Ställen außgelassen werden, sie sollen deßgleichen am Herbst bis acht Tage nach Marthini in den Ställen einzuhalten und khaines wegs auf die Felder außzukheren sein; da aber hirüber aines oder mer Schwein in gemelter Zeit außkheren oder lauffen lassen und die auf den Gietern befunden wurden, der solle alslang, wenn die geherig vor jedes der Nachtperschafft zween Gulden verfallen

---

226 Er erwähnt dies vor allem für die Gemeinden des deutschsprachigen Südtirol, vgl. Wopfner, Bergbauernbuch 3, 118.

227 Vgl. Kühebacher, Kiens, 273.

228 Vgl. Schatz, 646.

229 Vgl. Wopfner, Bergbauernbuch 3, 260–261.

230 Vgl. ebd., 563.

231 Vgl. Schatz, 291.

232 Vgl. Gatterer/Niedermair, Almen, 180. Typisch ist die Bezeichnung *Berg* für die Heimweide. Für diesen Hinweis danke ich Prof. Hugo Penz (Innsbruck).

233 Diese Ordnung ist in einer Abschrift aus dem Jahre 1415 erhalten, in der sie um einige Punkte erweitert und überarbeitet wurde. Ein Transkript davon findet sich im Pfalzner Dorfbuch abgedruckt: Niedermair, Streifzüge, 206–212. Diese Abschrift habe ich für die Auswertung der Quelle herangezogen.

> sein und auch den gethanen Schaden nach erkhanndtnis zweener erlichen Männer alßpalden abzustaten schuldig und verpunten sein.[234]

Mancherorts gab es auch eigene Ställe für das Vieh, besonders bei höher gelegenen Berghöfen, wo die Heimwiesen an steilen Hängen weit vom Haus entfernt lagen. Dabei blieb das Vieh laut Wopfner so lange in den einzelnen Ställen, bis das Heu der Wiese, im über dem Stall angelegten Stadel untergebracht, völlig aufgezehrt war. Dann wanderte das Vieh weiter zu einem anderen Stall. Dadurch wurde das Einbringen des Heus sehr erleichtert.[235] Im Pfalzner Gemeindegebiet weisen zwei Namen auf das Vorhandensein solcher Ställe hin: *der Oberstall* und *der alte Stall* – beide stehen abseits von den Häusern mitten in den hoch gelegenen Wiesen.

Neben den offenen Weiden gab es auch spezielle Fluren, auf denen das Vieh angekoppelt wurde und sich somit einst nicht frei bewegen konnte. Darauf verweist der häufige Name *der Erschpam*, der sich in verschiedenen Formen (z. B. in Sexten *der Easchponn* /dǫ ẹ́ɑšp̥̽ǫn/, oder auch als *Erschbaum* verschriftlicht) in nahezu jeder Gemeinde findet. Die Etymologie führt auf das mhd. *ezzischban* zurück, das zu *esban*, *espan* kontrahiert wurde und einen Ort bezeichnete, an dem die Tiere angespannt, also angekoppelt wurden.[236] Mundartlich dürfte das Wort bald als *Easchponn* /ẹ́ɑšp̥̽ǫn/ ausgesprochen worden sein. Dieser Diphthong /ẹɑ/ wurde falsch als ⟨er⟩ verschriftlicht und beeinflusste die mundartliche Lautung. In Analogie zur Bezeichnung ma. *Kearschbaum* /kxẹ́ɑʀšp̥̽ɑ̄m/ (hd. *Kirschbaum*) wurde dann auch noch die zweite Silbe verfremdet von *ponn* zu *pam*, was mundartlich ‚Baum' bedeutet.[237] Der Bevölkerung ist diese alte Bedeutung völlig unbekannt. In Pfalzen tragen zwei Fluren diesen Namen. Nach seiner Lage an einer dieser Fluren ist zudem noch ein kleiner Wald benannt, *das Erschpam Waldile*.

Mitunter musste das Vieh wohl auch aus anderen Gründen gesondert gehalten werden. Darauf lässt zumindest der Flurname *die Rittlinger* schließen. Dahinter dürfte das Adjektiv *rittig* stehen, womit brünstiges oder krankes Vieh bezeichnet wurde.[238] Vermutlich handelte es sich hierbei um einen Sonderbereich der Flur, auf dem man krankes oder brünstiges Vieh von den anderen Tieren gesondert hielt.[239] Dass eine solche Absonderung durchaus üblich war, zeigt sich etwa an einer Belegstelle im Theresianischen Kataster, wo zur Flur *Brückile* ausgeführt wird:

> ein: mit Maûrn ûmfangene waid, genannt Priggele, So zûweilen gemâhnet, ûnd da [sic] Heý verkaûft „ das erleste geld aber zû denen Nachbarschâftlichen aûslagen appliciert „ zûweilen aber zû absônderung des kranken= von dem gesûnden Vieh gebraûcht wird (Ther. Kat., folio 1327′)

Einen gesonderten Bereich der Viehhaltung stellt weiters *der Stiergarten* dar, der sich in Issing findet. Auch hier handelt es sich um eine abgetrennte, umzäunte Weide – was im Grundwort *Garten* deutlich wird – auf der sich der Dorfstier befand. Es könnte sich zugleich auch um jenen eingezäunten Sonderbereich handeln, wo die brünstigen Kühe zum Stier geführt wurden.

---

[234] Zit. nach ebd., 209.
[235] Vgl. Wopfner, Bergbauernbuch 3, 247–248.
[236] Vgl. Kühebacher, Kiens, 274; Lexer 1, Sp. 720.
[237] Vgl. Kühebacher, Kiens, 274.
[238] Vgl. Schatz, 488.
[239] Das Suffix *-ling* drückt dabei wieder die Zugehörigkeit aus; vgl. Tyroller, Morphologie, 1431.

Neben Rindern umfasst die Viehzucht noch andere Tierarten, die ebenfalls zum Teil namenprägend wurden. So verweist *das Hennennest* als Flurname in Issing auf die Hühnerhaltung, die auf jedem Bauernhof ihren Platz einnimmt. Der Name *der Marstall* deutet demgegenüber auf die Pferdezucht hin. Grimm erklärt unter dem Eintrag *Marstall*, dass dies im allgemeinen Sinn ein „rossstall" sei, die Bedeutung könne auch eingeschränkt sein auf den Stall einer „herrschaftlichen hofhaltung", der vor allem Luxuspferde beherbergt. Es könnte sich auch um den Stall eines Magistrates für dessen Dienstpferde handeln.[240] Plausibler scheint im Falle Pfalzens ein herrschaftlicher Stall, vermutlich zum Schloss Schöneck gehörig, zumal sich die so bezeichnete Flur in Issing befindet, also in unmittelbarer Nähe des Schlosses. Nach dem Verschwinden des Stalles blieb der Name weiter an der Flur haften.

Auf die Schweinezucht scheint schließlich eine der Großflurbezeichungen von Pfalzen hinzudeuten, die mittlerweile bereits vom Vergessen bedroht und nicht mehr gebräuchlich ist: *Pernhauser*. Die Etymologie des Namens ist zwar nicht völlig geklärt, so ließe sich etwa auch das Wort *Bär* dahinter vermuten, wie es zahlreiche andere *Bären*namen im Gebiet der Mittelgebirgsterrasse gibt. Dies scheint jedoch kaum wahrscheinlich, da sich die so bezeichnete Flur direkt im Dorfgelände auf der Talsohle der Mittelgebirgsterrasse befindet, die übrigen *Bären*namen hingegen alle im Wald oder am Waldrand, weit oberhalb des Dorfes angesiedelt sind. Plausibler scheint es somit, die Etymologie mit dem mundartlichen *Per* /pę́ʀ/ in der Bedeutung ‚Zuchteber' (mhd. *bêr* = ‚eber, zuchteber')[241] in Verbindung zu bringen. Der Flurname *Pernhauser* könnte einerseits die Person bezeichnet haben, die den Zuchteber gefüttert und gleichsam „behaust" hat, andererseits aber auch die Fluren, die dieser Person gehörten bzw. dem jeweiligen Bauern, der die Aufgabe übernahm, zur Verfügung gestellt wurden.

3.3 Almwirtschaft

Im Bereich der Viehzucht zeigt sich eine strenge Zweiteilung des Jahres in die Zeit, die die Tiere in den Ställen des Hofes, also gewissermaßen „im Tal" verbringen, und in die Zeit der Almung, wo das Vieh auf die hoch gelegenen Weideflächen getrieben wird. Das Gros der Tiere wurde bereits im Mai bzw. bis spätestens zum Veitstag, dem 14. Juni, aufgetrieben.[242] Das Vieh wird jedoch nicht unmittelbar von den Ställen hinaus auf die Alm getrieben, sondern weidet ab April, sobald der Schnee geschmolzen ist, zunächst auf den dafür ausgewiesenen Heimweiden unmittelbar beim Dorf. Dies ist zum einen nötig, um die Tiere abzuhärten; gerade in früheren Zeiten jedoch, als das Futter noch knapper war und die Tiere am Ende des Winters ausgezehrt und abgemagert in den Ställen standen, bedeutete die Heimweide das lang ersehnte Ende einer wahren Hungerperiode für das Stallvieh.[243]

Die Almweide bietet die besten Möglichkeiten, das Vieh wieder zu kräftigen. Wopfner sieht die Bedeutung der Almwirtschaft gerade im Bereich der Viehzucht, da die Bergweiden mit ihren aromatischen Heilkräutern sowie die Höhenluft und Höhensonne die Tiere stärken und gegen Krankheitserreger abhärten. Die Almweide sei für

---

240 Vgl. Grimm 12, Sp. 1676.
241 Vgl. Lexer 1, Sp. 183 und Schatz, 61.
242 Vgl. Gatterer / Niedermair, Almen, 181.
243 Vgl. Wopfner, Bergbauernbuch 3, 259–260.

die Aufzucht leistungsfähigen Zuchtviehs geradezu unerlässlich.[244] Nicht zu unterschätzen ist die Bedeutung der Beweidung auch für die Pflege der Almflächen selbst. Der Rückgang der Bewirtschaftung mancher hoch gelegenen Almflächen in den letzten Jahren hat nicht zuletzt auch zu einem starken Rückgang der Bergflora in diesen Gegenden geführt. Schließlich ist auch die typische Milchverarbeitung der Alm zu erwähnen mit den klassischen Sennprodukten wie Almbutter und den verschiedensten Arten des Almkäses. Das gesunde, würzige Futter der Almweide schlägt sich in der besonderen Qualität dieser Almprodukte nieder, die früher vor allem der bäuerlichen Versorgung dienten[245], heute in erster Linie die Touristen anziehen. Ein Wandel in der Bewirtschaftung der Almen lässt sich jedoch dahingehend feststellen, dass heutzutage die leistungsfähigen Milchkühe im Heimatstall bleiben, und nur das Jungvieh (Galtvieh) und die alten („aufhörenden") Milchkühe auf die Alm gebracht werden. So sind es vor allem Kälber und Mastrinder, die sich auf den Almen befinden, während die Zahl der Schafe, Ziegen und Schweine abgenommen hat.[246]

Der Name *das Alpl* in Issing weist auf die Aufteilung der Alm in verschiedene Bereiche hin. Laut Finsterwalder hängt der Name mit dem romanischen *alpicula* zusammen und bezeichnet das höher gelegene Almgelände, nicht die Sennalm selbst.[247] Zentrum der Sennalm ist die Sennhütte, auch *Kaser* genannt. Davon zeugt im Pfalzner Gebiet der Flurname *die Kaserstatt*, wo allerdings mittlerweile keine Almhütte mehr steht. Etymologisch lassen sich zwei Wurzeln ansetzen: zum einen das romanische *casa*, das soviel wie ‚Haus' bzw. ‚Hütte' bedeutet, zum anderen das deutsche *Käse*, mundartlich *Kas* genannt. Wenngleich das Wort auch meist in Zusammenhang mit *Käse* gebracht wird, zumal es gerade die Sennhütte benennt, die für die Käseproduktion bekannt ist, führt Schatz aus, dass das kurze *a*, welches in der Pustertaler Mundart in *Kaser* ausgesprochen wird /kxáʃ̥ϙ/, gegen diese Etymologie spricht.[248] Als Namenbestandteil findet sich das Wort noch im Flurnamen *das Kasereck*.[249]

Ähnlich wie im Tal ist auch auf den Almen zu unterscheiden zwischen Fluren, die der Heugewinnung dienen, und solchen, die für den Viehtrieb und die Beweidung offen sind. Demzufolge lässt sich auch das Namenmaterial in zwei Gruppen gliedern. Eine erste Gruppe steht in Zusammenhang mit der Heuwirtschaft. Zu nennen sind hier in erster Linie die Bergwiesen, die früher eine große Rolle spielten. Der Großteil dieser Wiesen ist mittlerweile wieder verwachsen, und nur die Namen erinnern noch an sie. Diese Namen stellen eine der interessantesten Gruppen innerhalb der Benennungen dar, da sie eine außergewöhnliche Buntheit und Vielfalt aufweisen.

Direkt auf die Heuwirtschaft verweist der Bergwiesenname *das Mahdl*. Der Name hat keineswegs etwas mit *Mädchen* zu tun, wie vielfach vermutet wird, sondern bezeichnet eine kleine Mahd, die es mittlerweile nicht mehr gibt. Der Rustical Steuerkataster charakterisierte sie noch wie folgt:

> ein bergwiese das Mâdl geheissen von 4: Tagmad (Ther. Kat., folio 1010')

---

[244] Vgl. ebd., 373–375.
[245] Vgl. ebd., 374.
[246] Vgl. Gatterer / Niedermair, Almen, 178.
[247] Vgl. Finsterwalder, Alpicula, 199.
[248] Vgl. Schatz, 327.
[249] Die Gewährsperson konnte keine genaue Lokalisierung mehr angeben; vermutlich bei der Pitzinger Alm gelegen. Es ist dies wiederum ein Beispiel dafür, wie ein Name sich halten kann, selbst wenn sich die Menschen nicht mehr an die genaue Lokalisierung erinnern können.

Typisch ist die Diminutivform zur Benennung einer Bergwiese. Sie findet sich etwa auch im Namen *das Mängile*, welches eine Bergwiese bezeichnet, die nicht allzuviel bzw. mangelhaften Ertrag bringt. Auf minderwertiges Gras verweist auch *der Porzen*, ebenfalls Name einer Bergwiese. Ma. *Porzen* bezeichnet einen grasbewachsenen kleinen Hügel[250], zugleich aber auch eine spezielle Grasart, das sogenannte *Borstgras*. Dieses Gras bereitete den Mähern oft arge Schwierigkeiten, da es äußerst widerstandsfähig und starr ist.[251] Wopfner nennt als ein generelles Problem vieler Almwiesen, dass sie oft minderwertiges Futter liefern, das nur an Galtrinder oder Schafe verfüttert werden kann.[252] Dies mag sicher mit ein Grund dafür sein, dass viele dieser Mähder in Zeiten, wo Futtermittel leicht zu beschaffen sind, nicht mehr bewirtschaftet werden. Wopfner führt jedoch als Hauptgrund die Entvölkerung der Hochtäler und Berggemeinden sowie die Verminderung und Verteuerung der Arbeitskräfte an. Dies macht die mühevolle Mahd der Bergwiesen nicht länger rentabel.[253]

Auf den Bewuchs mit aromatischen Kräutern verweisen andere Bergwiesennamen, so *das Ochale*, da ma. *Ochalkraut* bzw. *Ochal* die Bezeichnung für die Schafgarbe ist.[254] *Das Koflerrösl* kennzeichnet die dem Koflerbauern gehörende Bergwiese durch ihren Alpenrosenbewuchs, *der Kressboden* in Issing deutet auf Bewuchs mit der würzigen Bergkresse hin. Unwirtlichen Bewuchs verrät dagegen der Name eines hoch gelegenen Almbodens *am Distla*, eine Kollektivbildung auf *-ach,* mundartlich wiederum zu *-a* abgeschwächt, die auf das Vorhandensein zahlreicher Disteln verweist.

Verwirrend mag die Benennung von Bergwiesen nach Bäumen erscheinen. Sie erinnert jedoch an die einstige Lage solcher Bergwiesen inmitten des Waldes. Da sie nunmehr meist zugewachsen sind, deutet nur mehr die charakteristische Diminutivform darauf hin, dass es sich hier nicht um Wald, sondern um einstige Bergwiesen handelt – so etwa *das Förchenle* in Issing, Diminutivbildung zu *Föhre*, das der Rustical Steuerkataster noch als Name einer Wiese anführt:

ein Stûck wiesfeld, das forchenle geheissen (Ther. Kat., folio 1052′)

Mittlerweile wurde aus der Benennung ein Waldname. Ähnlich ist der Fall auch bei den Namen *das Hölzl* in Pfalzen und *das Tanndl,* Diminutivbildung zu *Tanne*, in Issing. Beide sind mittlerweile Benennungen von Wald. Im Steuerkataster scheinen sie noch in ihrer ursprünglichen Funktion auf:

ein lechl[255] „ oder vielmehr eine waid, das Hôlzl genant (Ther. Kat., folio 1371′)
mehr ein bergwiese, das dândl genannt, von 1: Tagmad (Ther. Kat., folio 967′)

Daneben gibt es auch die bereits mehrfach erwähnte Kollektivbildung auf *-ach* (ma. *-a*) zur Benennung von Wiesen nach den umstehenden Bäumen: *das Lärcha* bzw. *die Lärchawiesen*, Name einer Gruppe von Bergwiesen in Greinwalden, die noch heute be-

---

250 Vgl. Schatz, 98: ‚kleine Erhöhung, Wulst im Felde, große Scholle'.
251 Vgl. Wopfner, Bergbauernbuch 3, 312.
252 Vgl. Wopfner, Bergbauernbuch 3, 311.
253 Vgl. ebd., 320.
254 Vgl. Schatz, 7.
255 Es handelt sich hier um die Diminutivform zu *Loach*, vielfach als *Laich* verhochsprachlicht. Tatsächlich ist die Wurzel das mhd. *lôch* als Bezeichnung für Gebüsch, Wald oder Gehölz (vgl. Lexer 1, Sp. 1949). Das ursprüngliche Appellativ bezeichnet einen Wald, in dem die Bäume weit auseinander stehen, somit also eine Waldweide (vgl. Schatz, 393; Kühebacher, Kiens, 273; Tyroller, Typologie, 1437).

stehen, *die Kehrerweidla* in Pfalzen, Kollektivbildung zum Grundwort *weide*, womit Niedergehölz bezeichnet wird.[256] Ergänzt wird das Grundwort noch durch die Angabe des Besitzers. Es findet sich weiters als Bestimmungswort im Namen einer anderen Gruppe von Bergwiesen, in Greinwalden gelegen, *die Weidlawiesen*. Im Beleg des Theresianischen Katasters ist das volle Kollektivsuffix noch erkennbar:

Ein bergwiese Weidach genannt (Ther. Kat., folio 1397′)

Die Bergwiesen konnten auch durch Zäune eingegrenzt und abgetrennt werden, wie dies etwa im Namen zweier Bergmähder in Pfalzen zum Ausdruck kommt: *das Innerpeintl* und *das Außerpeintl*, zusammen *die Peintlan* genannt. Das Wort *Peinte*, das sowohl als Appellativ wie auch als Name verwendet wird, ist aus ahd. *bi-wenta*, mhd. *biunte* entstanden und bezeichnet ursprünglich das eingehegte, rings mit einem Flechtzaun umwundene Grundstück, das besonderem Anbau vorbehalten war.[257] Hier dürfte es sich wohl auf die einstige Einzäunung der Wiese beziehen.

Die auffällige Form einer Bergwiese scheint noch im Namen *das derrissene Wiesile* (hd. *das zerrissene Wiesile*) durch. Da sie mittlerweile wieder verwachsen ist, muss die einstige Form unklar bleiben, der Name lässt jedoch die Spekulation zu, dass die kleine Wiese sehr bizarr ausgesehen haben mag.

Gängig ist weiters die Benennung von Bergwiesen nach dem Besitzer, wobei typischerweise für alle Wiesen die weibliche Form des Besitzernamens verwendet wird, was ihnen beinahe eine Art „personifizierenden“ Charakter gibt. So finden sich in Pfalzen *die Binderin* und *die Stegerin*. Ähnlich scheint auf den ersten Blick auch der Name *Schieberin* zu sein. Dahinter versteckt sich jedoch kein Besitzername, sondern vielmehr eine Anekdote bzw. eng mit dieser Wiese verknüpfte Erfahrung. Sie war nämlich Teil einer einstigen Holzrise, und dabei so flach gelegen, dass das Holz an dieser Stelle nicht von alleine weiter rutschte, und die Männer die Stämme anschieben mussten.

Die große Vielfalt der Benennungen von Bergwiesen lässt sich vermutlich damit erklären, dass die Fluren weitab von den Höfen meist mitten im Wald lagen und deshalb eine möglichst genaue Identifizierung und Differenzierung von allen anderen Bergwiesen benötigten, um eindeutig aufgefunden werden zu können. Als isolierte Rodungsflächen im Wald sind sie zudem weit markanter als Wiesenflächen im Tal, die häufig zu Großfluren zusammengefasst und kollektiv benannt werden. Damit scheint eine größere Anzahl von Motiven für die Benennung von Bergwiesen zur Verfügung gestanden zu haben.

Auf die Heuernte verweisen im betrachteten Gebiet zwei Namen: zunächst der Almname *die Bäcken Geige*. Das Grundwort *Geige* bezeichnet eine Stange mit abstehenden Astsprossen, die zum Trocknen des Heus verwendet wird[258], ähnlich den Stifflern und Rogglern, die die heute gängigen Bezeichnungen für derlei Gerüste sind. Das Bestim-

[256] Vgl. Schatz, 695. Dass der Name etwas mit *Weide* im Sinne der *Viehweide* zu tun haben könnte, scheint äußerst unwahrscheinlich, da diese ma. *Woade* /wǫ́ɑdẹ/ ausgesprochen wird, während die hier betrachtete Kollektivbildung tatsächlich /wɑ́ẹdlɑ/ und nicht etwa /wǫ́ɑdlɑ/ lautet.

[257] Vgl. Lexer 1, Sp. 289; Finsterwalder, Piperg, 1003. Die Schreibung variiert zwischen *Painte*, *Peunte*, *Puinte* etc. Ich habe in Analogie zum im Pustertal verbreiteten Familiennamen *Peintner* die Schreibung *Peinte* gewählt, da hier eine gewisse Konvention gegeben ist.

[258] Vgl. Finsterwalder, Bergnamenkunde, 315.

mungswort *Bäcken* verweist auf den Besitzer, einen Bäcker.[259] *Geige* findet sich weiters im Bergnamen *der Geigenkopf* in Issing. Finsterwalder erklärt, dass viele Bergnamen in den östlichen Alpen nach der Form von Heuschobern benannt wurden. So deutet er die *Dristen-* und *Geigen*namen.[260] Dabei darf jedoch nicht vergessen werden, dass viele Bergnamen von unten nach oben wanderten, ursprünglich also oft tiefer, am Fuß des Berges gelegenes Gelände benannten und irgendwann auf den Berg selbst übertragen wurden. So war auch die Bezeichnung *Berg* selbst ursprünglich nicht für den *Berg* im heutigen Sinn reserviert, sondern für den höher gelegenen Teil einer Siedlung, insbesondere für die Heimweide.[261] Viele Bergnamen waren also ursprünglich Benennungen des Almgeländes. *Geigen*namen lassen sich entsprechend eher als Benennungen von Almflächen verstehen, die durch eben solche Heuschöberchen charakterisiert sind.[262] Das Heu der Bergwiesen wurde meist in den Schupfen untergebracht und im Winter zu Tal gezogen.

Eine zweite Gruppe von Namen verweist direkt auf die Viehhaltung auf der Alm. Hier sind in erster Linie die Rinder zu erwähnen, die bis heute das Bild der Almen prägen. Fast szenisch lassen sich aus dem Namenmaterial Teile des Almlebens rekonstruieren: Im Namen *der Spakbichl* steckt das Bild plötzlich herumlaufender Kühe. Ma. *spaken* bezeichnet nämlich das Herumlaufen der Rinder bei großer Hitze oder wenn sie von Insekten und Parasiten geplagt werden.[263] Gegenüber diesem vereinzelten Bild einer hektischen Bewegung überwiegt jedoch die Fülle an Namen für Ruheplätze: *Der Küheboden* in Pfalzen bezeichnet beispielsweise eine ebenere Stelle im Almgelände, auf der die Kühe liegen und ruhen. Das Bild ruhender und wiederkäuender Rinder auf den Almen prägt auch die appellativische Benennung *die Raste* für die Lagerplätze der Tiere in der Hitze des Tages. Schatz führt das Wort allgemeiner in der Bedeutung ‚Rastplatz an Wegen' für Mensch und Tier an.[264] Das Appellativ ist jedoch häufiger Name für Lagerstätten der Tiere auf dem Almgelände: In Greinwalden findet sich die Simplexform *die Raste*, in Issing das Paar *die Oberraste* und *die Unterraste*, in Pfalzen bezeichnenderweise *die Küheraste.*

Der Rinderpfarra (/ʀíndǫp̬ɣàʀɑ/; hd. *Rinderpferch*)[265] verweist auf das Melken der Kühe: Die Rinder werden meist sich selbst überlassen, nur zum Melken treiben die Almleute sie auf den häufig in der Nähe der Hütte gelegenen Melkplatz, entweder *Hag* oder *Pferch* genannt. Nach dem Melken werden die Kühe wieder auf die Weide getrieben.[266] In Pfalzen findet sich weiters der Name *Stockpfarra* (/š̬t̬ọk̬xp̬ɣáʀɑ/; hd. *Stock-*

---

259 Unwahrscheinlich ist ein Zusammenhang mit der Form im Sinne von *Becken*, da diese mundartlich mit offenem *e* ausgesprochen wird /p̬ę́kxn̥/, während /p̬ẹ́kx/ die mundartliche Form von *Bäcker* ist. Die Aussprache des betrachteten Flurnamens ist entsprechend /p̬ẹkxn̥gɑ́ẹgę/.

260 Vgl. ebd., 315. *Driste* ist in Tirol der Name der Heupyramide auf den Bergmähdern.

261 Vgl. Schatz, 61.

262 Vgl. dazu Finsterwalder, Bergnamenkunde, 309: „Bergnamen sind nicht die älteste sprachliche Schicht einer Landschaft. Schon oft wurde festgestellt, daß der Großteil der heutigen Namen von Bergen nicht in erster Linie dem Berg oder Gipfel, sondern tiefer gelegenen Örtlichkeiten gegeben und erst nachher auf den Berg übertragen wurde."

263 Vgl. Schatz, 579.

264 Vgl. ebd., 473.

265 Ma. *Pfarra* = hd. *Pferch*, vgl. ebd., 66.

266 Vgl. Wopfner, Bergbauernbuch 3, 427. Wopfner führt dies als Kennzeichen des älteren Weidebetriebes an, der jedoch auch heute noch auf verschiedenen Almen gelte, während andere Almen wiederum andere Arten des Weideganges kennen und kannten.

pferch), so benannt nach der Lage am *Stockwald*, auf den in der Folge noch eingegangen wird. Der Theresianische Kataster führt diese Flur zwar als Bergwiese an:

ein bergwiese, Stockpfârer *G*enannt (Ther. Kat., folio 1005′)

Der Name deutet jedoch auf einen solchen Melkplatz hin, der sich einst entweder auf oder neben der Flur befunden haben muss. Bemerkenswert ist, dass die Benennung ohne Artikel verwendet wird, was für eine alte Prägung spricht, da hier der appellativische Charakter schon völlig überwunden ist. Das ließe auch daran denken, dass tatsächlich ein Wandel der Flur vom Melkplatz hin zu einer Bergwiese stattgefunden hatte, der Name jedoch beibehalten wurde und von der einstigen Funktion zeugt. Auf eine ähnliche Funktion wie die *Pferch*namen dürfte auch der Name *der Zwinger* schließen lassen, ebenfalls Bezeichnung für einen Ort, an dem das Almvieh eingesperrt wurde.

Ein zentrales Problem auf den Almen war die Versorgung der Tiere mit Wasser. Dazu musste das Wasser oft weit hergeleitet werden, früher in offenen Gräben, die jedoch starker Verschmutzung ausgesetzt waren und deshalb zunehmend durch Röhren aus Holz und dann aus Metall, Ton oder Zement ersetzt wurden. Auf vielen Almen wurde eine zentrale Wasserstelle für die Tiere angelegt. Damit möglichst viele Tiere gleichzeitig trinken können, werden vielerorts aus Baumstämmen angefertigte Holztröge verwendet, die oft stufenartig hintereinander gereiht sind, sodass das Wasser von einem Trog in den nächsten fließen und eine große Zahl von Tieren gleichzeitig versorgt werden kann.[267] Im Pfalzner Gebiet stellen *die Plattner Tröger* eine solche Viehtränke oberhalb des Bergweilers Platten dar.

Neben Rindern wurden auf den Almen immer auch andere Tiere gehalten. So war etwa die Haltung von Schweinen auf den Sennalmen seit jeher üblich, da die Molke und Buttermilch, die bei der starken Milchwirtschaft anfiel, hervorragendes Futter für die Schweine bot.[268] Gatterer / Niedermair schildern, dass man beim Almauftrieb auf das Fuhrwerk neben dem „Almzeug“, i. e. Futtermehl, Salz, Brot und Bekleidungsstücke, auch stets einige Ferkel legte, die über den Sommer auf den Almen großgezogen wurden.[269] Im Pfalzner Almgebiet verweist der Name *der Schweinsstecken*, unmittelbar bei der Sennhütte gelegen, auf die Schweinezucht. Der Name dürfte eine Ellipse aus einem einstigen Kompositum *der Schweinssteckenzaun* sein. Damit wurde wohl ein Ort bezeichnet, an dem die Schweine eingepfercht wurden. Solche Schweinepferche sind in der Tat meist von einem Steckenzaun eingefasst.[270]

Der Name *der Ochsenleger* in Issing deutet auf die gesonderte Haltung der Ochsen auf den Almen hin. Es gibt sogar regelrechte Ochsenalmen, auf denen nur Ochsen gehalten werden.[271] Das Wort *Leger* erinnert an die Einteilung der Almen in verschiedene Weideplätze für das Vieh. Laut Wopfner gibt es in Tirol auf den Almen meist zwei Leger, einen Ober- und einen Unterleger. Am Beginn der Almzeit, wenn auf den Höhen noch nicht genügend Futter wächst, werden die Tiere zunächst auf dem Unterleger gehalten, und sobald dieser abgeweidet ist, auf den höher gelegenen Leger weiter getrieben. In Südtirol

267 Vgl. ebd., 448–449.
268 Vgl. ebd., 239.
269 Vgl. Gatterer / Niedermair, Almen, 182.
270 Zu *Steckenzaun* vgl. Schatz, 600. Ein solcher Zaun besteht aus Holzstäben, den sogenannten *Stecken* /št̮ẹ̄kxn̥/.
271 Zum Thema *Ochsenhaltung* und *Ochsenmast* vgl. Wopfner, Bergbauernbuch 3, 217–221.

haben dem gegenüber die meisten Almen nur einen einzigen Leger.[272] Unter *Leger* versteht man weiters jedoch auch generell einen Lagerplatz des Viehs auf der Alm.[273] *Der Schafleger* in Pfalzen benennt einen bevorzugten Lagerplatz der Schafe, die ebenfalls das Bild der Almen prägen. Schafe waren von jeher beliebte Nutztiere, da sie sowohl Wolle als auch Milchprodukte bieten und zudem weit genügsamer als Rinder sind.[274]

Gesondert gehalten werden meist die Pferde, für die ebenfalls Almzwang herrscht. Eine traditionelle Pferdealm ist etwa die Hochalm Nemes, im Sextnergebiet am Kreuzberg gelegen. Auch in Pfalzen gibt es auf dem Almgebiet einen separaten Bereich für die Pferde, *das Rosslehen* genannt. Dies war die einstige Rossalm. Den Rössern blieb meist der besonders feuchte und saure Teil der Weiden überlassen, der sich nicht für die Rinderhaltung eignete.[275] Bezeichnenderweise ist die traditionelle Heimweide der Pferde im Pfalzner Dorfbereich die Weide *Brückile*[276], wo bereits der Name auf den Wassergehalt der Weide schließen lässt.

Nach dieser Betrachtung einzelner Flurnamen im Almgelände soll abschließend auch der Blick auf die Almnamen an sich geworfen werden. Zunächst gilt es hier, die mundartliche Form für *Alm* kurz zu betrachten, da sie einigermaßen missverständlich wirkt. Zur Bezeichnung der Alm stehen prinzipiell zwei Appellativa in der Hochsprache zur Verfügung: *die Alm* und *die Alpe*. Beide Formen finden sich in den Verschriftlichungen der mundartlichen Almnamen. Im Pfalzner Gebiet lautet die mundartliche Form durchgängig *die Albe* /di ǫlbę/. Grimm vermerkt unter dem Lemma *Albe*:

> ALBE f. ‚pascuum montanum', ‚mons', die *alb*, *alp*; ahd. *alpâ*, pl. *alpûn*, mhd. *albe* [...] aus dem in der volkssprache zum nom. erhobnen acc. *alpen*, *alben*, *albn* entsprang *albm* und *alm*.[277]

Somit hat sich – wie so oft – die mittelhochdeutsche Form in der Mundart erhalten. In der Schreibung verwende ich die Form *Alm*, zum einen, weil sie im betrachteten Raum in der Verschriftlichung der Almnamen konventionalisiert ist und aufgrund der lautlichen Nähe angemessener scheint; zum anderen gibt es in der Mundart die Form *Alpen* /ǫlp̥m̥/ zur Bezeichnung des Gebirges. Eine Schreibung *Alpe* scheint somit irreführend. Die Schreibung *Albe* ist zwar sicher die angemessenste, doch ist hier wie gesagt eine Schrifttradition vorhanden, ein Muster etabliert, somit scheint es wenig sinnvoll, neue Normen zu schaffen.

Die Namen der Almen im Pfalzner Gebiet lassen deutlich auf die Eigentumsverhältnisse schließen. Hinsichtlich der Eigentümerart unterscheidet man drei Almtypen: die Gemeinde-, die Interessentschafts- und die Privatalmen. Almen, die im Besitz einer Gemeinde sind, finden sich im Pustertal selten; häufiger sind Almen, die von mehreren Bauern gemeinsam genutzt werden, die zu diesem Zweck eine Interessengemeinschaft, eine sogenannte Interessentschaft bilden. Der historischer Hintergrund ist, dass diese Almen vielfach im Besitz eines Grundherren waren, der den von ihm abhängigen Bauern Nutzungsrechte in dieser Alm zuwies. Im Bereich des Pfalzner Gebietes findet sich eine solche Interessentschaftsalm, die sogenannte *Plattner Alm*. Die Rechte auf diesem

---

272 Vgl. ebd., 385.
273 Vgl. Schatz, 381.
274 Vgl. dazu und zum Thema *Schafhaltung* insgesamt Wopfner, Bergbauernbuch 3, 227–236.
275 Vgl. dazu und zum Thema *Pferdezucht* insgesamt ebd., 225–227.
276 Vgl. Gatterer / Niedermair, Almen, 180.
277 Grimm 1, Sp. 201.

Almgebiet haben die acht Bauern des Bergweilers Platten oberhalb von Pfalzen, von denen sich die Alm nur ca. eine Stunde entfernt befindet.[278] Der überwiegende Rest sind Almen im Privatbesitz eines einzelnen Großbauern: *Die Pernthaleralm, die Elzenbaumeralm, die Elzenbaumer Oberalm, die Forchneralm* und *die Perchneralm* tragen alle den Namen ihres Besitzers.

Bemerkenswert ist auch das Schicksal der Alm *Hirschbrunn* oberhalb Greinwaldens gelegen, das stellvertretend für viele andere Almen steht. Es handelt sich hierbei um einen einstigen Bauernhof, der später in eine Alm umgewandelt wurde. Dies war eine häufige Maßnahme der Bauern, um für den gewachsenen Viehbestand neue Almflächen hinzuzugewinnen. Reichere Bauern kauften deshalb diese kargen, höchstgelegenen Bauernhöfe auf und funktionierten sie zu Almen um. Diese werden als sogenannte Zugüter des Bauernhofs bezeichnet. Auf ihnen blieb das Vieh zum Teil auch während des Winters und wurde mit dem Heu der umliegenden Bergwiesen gefüttert.[279]

Zum Erscheinungsbild der Almen wie auch der Weiden im Talgrund gehören wesentlich die Viehzäune, die in älterer Zeit noch viel stärker das landschaftliche Bild prägten als heute und zahlreiche Namenprägungen motivierten. Die Vielgestaltigkeit der Zäune und ihrer Benennungen soll im folgenden Kapitel betrachtet werden.

3.4 Zäune

Zäune erfüllten in der bäuerlichen Landschaft verschiedene wichtige Funktionen: So grenzten die geschlossenen Höfe ihr Land gegenüber den öffentlichen Wegen durch Zäune ab. Ebenso mussten durch Rodung neu gewonnene Wiesenflächen durch Zäune eingegrenzt und vom Gemeindebesitz abgetrennt werden. Auch die Bergmähder wurden in der Regel eingezäunt.[280] Die Funktion der Zäune war es aber nicht nur, Besitz einzugrenzen und von dem anderer Bauern bzw. der dörflichen Gemeinde abzusondern. Besonders wichtig war es auch, mittels Zäunen das Vieh von den Wiesen fernzuhalten und auf die jeweils abzuweidenden Flächen einzuschränken. Auch auf den Almen wird das Vieh durch Zäune in seinen Wanderungen begrenzt und geleitet; dort spielt vor allem die Schutzfunktion eine wichtige Rolle: Durch die Zäune wird das Vieh daran gehindert, in besonders steiles und unwegsames Gelände vorzudringen.[281] Gerade die Almen sind geprägt durch die enorme Länge der sogenannten Almzäune, die die einzelnen Almgründe voneinander abtrennen.[282] Auf die Ausmaße, die solche Zaunanlagen annehmen können, verweist im Pfalzner Gebiet etwa der Name *das ausgezäunte Tal*, wo ein ganzes Tal nach seinen Zäunen benannt wird. Wopfner unterscheidet für den Bereich der Alm nach ihrer Funktion Weidezäune, die das weidende Vieh zusammenhalten sollen, Schutz- oder Gefahrzäune, die das Vieh von gefährlichen Stellen fernhalten, Schiedzäune, die Almweide und Wald bzw. Weiden und Wiesen voneinander scheiden, und schließlich Grenzzäune, die Almgründe gegen benachbarte Weidegründe und Bergwiesen abtrennen.[283]

---

[278] Vgl. zu all dem Gatterer / Niedermair, Almen, 184–187.

[279] Vgl. zu all dem Wopfner, Bergbauernbuch 3, 402–404.

[280] Vgl. ebd., 101.

[281] Vgl. ebd., 267.

[282] Vgl. ebd., 101: „Für ganz Österreich schätzt ein Fachmann die Länge der Almzäune auf 30.000–40.000 Kilometer."

[283] Vgl. ebd., 447.

Schloss Schöneck

Platten: Blick zu den Höfen Sösser und Schoader; im Vordergrund Blick auf das Lechner Moos, das Leitl und den Leitlrain

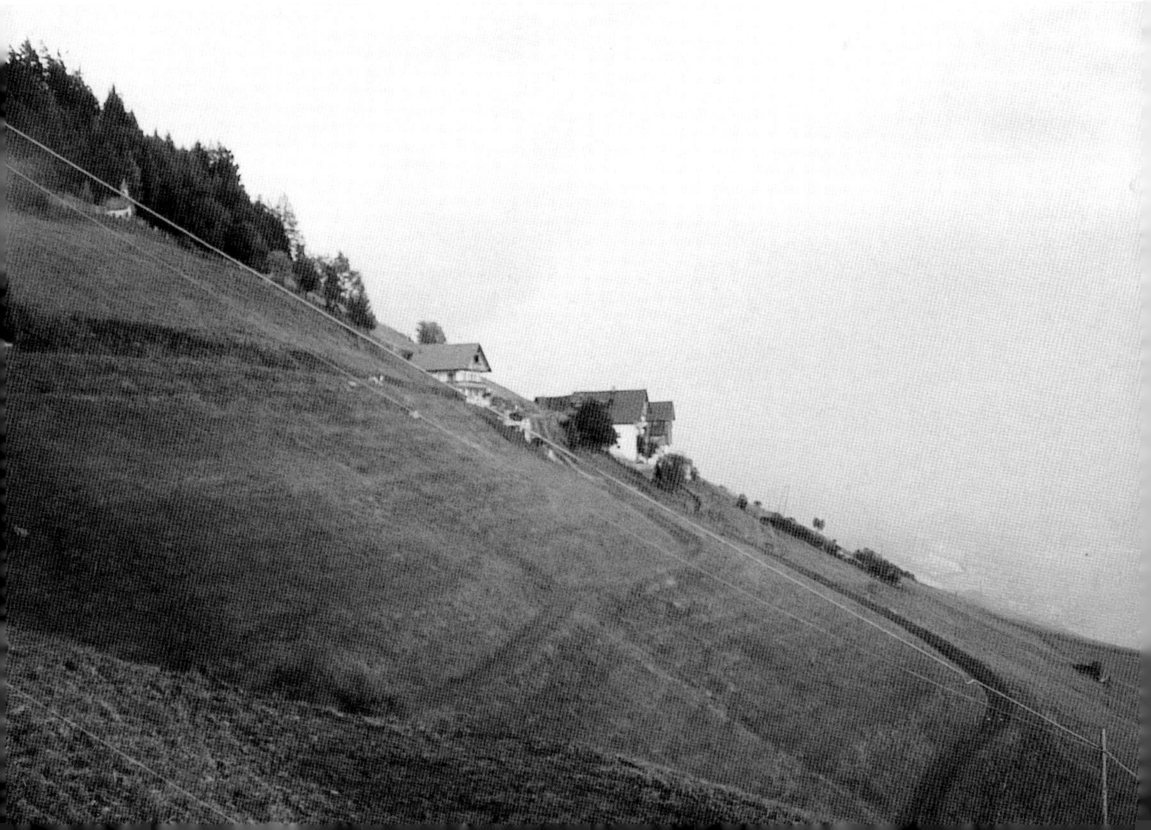

Das Bachl (bei den Höfen Lechen)

Der Rumplbach (Mühlbach)

Ein Gatter (im Hintergrund die Höfe Lechen)

Zäune (oberhalb von Kofl); Greinwalden

Der Pfaffensteig durch die Felder zwischen Pfalzen und Issing

Das Brechlloch (Greinwalden): Beispiel für einen alten Weg zwischen Trockenmauern

Das *Zaunen*, i. e. das Errichten und Erhalten der Zäune, macht einen wichtigen Teil der bäuerlichen Arbeit aus. Das Herstellen der Zäune war eine typische Winterarbeit. Wenn auf der *Holzgasse*, dem Platz zur Holzverarbeitung, das Brennholz fertig gestellt war, musste das Zaunholz hergestellt werden. Da im Pustertal besonders die sogenannten *Steckenzäune* verbreitet sind, müssen Holzstangen und Holzlatten angefertigt werden. Aus Fichtengerten, die man über dem Feuer biegsam macht, werden die Zaunringe zur Verbindung der Stangen und Latten hergestellt; das Zaunmaterial wird dann im Frühjahr für das Ausbessern der Zäune verwendet.[284] Diese aufwendige Methode des Zaunherstellens aus Holz wurde mittlerweile vielfach durch andere Materialien verdrängt, so werden Elektro- und Drahtzäune immer häufiger. Oberhalb des Weilers Platten hält sich noch der Name *der Drahtzaun* als Orientierungsangabe. Hier befand sich einst ein engmaschiger Drahtzaun, der die Tiere am Durchgang hindern sollte. Während des Krieges wurde der Draht dann systematisch demontiert, da er sich als wertvoller Rohstoff entpuppte, der sehr gut für andere Zwecke zu gebrauchen war.

Mitunter reicht es auch aus, ein Gebiet nach seiner Lage an einem Zaun zu benennen, so findet sich in Issing die Flurbezeichnung *außerm Zaun*. Dass solche rudimentären Benennungen sich jedoch auch über die Zeit halten können, verraten Belegstellen aus dem Steuerkataster, in denen es etwa heißt:

ein Stûck Erdreich, liegt ûnter der zaûn (Ther. Kat., folio 924′)
ein Stûck Erdreich ober der zâûn (Ther. Kat., folio 966′)

Natürlich sind solche „einfachen" Flurnamenformen, die an sich eher den Charakter einer Ortsangabe haben, hauptsächlich für den engeren familiären Bereich geeignet, wo auch stark appellativische Strukturen keine Verständnisprobleme verursachen.

Fluren können auch direkt den Namen eines Zaunes zur eigenen Benennung erhalten, etwa im Fall der *Hurte*, Name einer Wiese am Waldrand oberhalb des Huberhofes auf Georgenberg. Ma. *Hurte* bezeichnet eine Schafhürde bzw. einen verlegbaren Zaun.[285] Ein solcher Schafzaun dürfte sich einst auf oder bei dieser Flur befunden haben, die danach benannt wurde und diesen Namen weiter behält, obwohl der Zaun nicht mehr vorhanden ist.

Häufiger als Zaunnamen sind allerdings Benennungen der kleinen Gatter, die die Zaundurchgänge darstellen. Sie erscheinen prinzipiell in der Diminutivform *das Gatterle*, da es sich in der Regel um kleine Durchgänge für Menschen handelt. In Pfalzen findet sich *das Berggatterle*, so benannt nach seiner Lage am „Berg" im altmundartlichen Sinn: Das Gatterle befindet sich am Übergang vom Dorfgelände zum höher gelegenen Teil der Siedlung. Auch hier ist das kleine Gatter inzwischen längst aus der Landschaft verschwunden, sein Name aber benennt den Ort nach wie vor. *Das Tierstaller Mühlgatterle* steht auf dem Plattner *Mühlweg*, der zu den dortigen Mühlen führt; zusätzlich wird hier noch der Besitzer des Gatters genannt, der Tierstallerhof. Nach seiner Lage inmitten von Wacholderbeersträuchern ist schließlich *das Kranewittgatterle* benannt.[286] Das Gelände um dieses Gatter wird über eine Lokalangabe *beim Kranewittgatterle* identifiziert. Die Benennung einer Flur nach einem Gatter kann aber auch über ein Kompositum und damit eine regelrechte neue Namenbildung erfolgen. Dies ist der

[284] Vgl. Gatterer, Bäuerliche Welt, 244–245.
[285] Vgl. Schatz, 307.
[286] Ma. *Kranewittstauden* bedeutet ‚Wacholdersträucher', vgl. Schatz, 353.

Fall beim *Koflergatterlewald*, wo ein ganzes Waldstück nach einem kleinen Gatter benannt ist.

Neben den *Gatterlan*, die für den Durchgang der Menschen bestimmt sind, gibt es auch die großen *Lucken*, Öffnungen im Zaun, die mit Stangen verschlossen werden können und zum Durchlassen des Viehs bestimmt sind.[287] Nach einem solchen Durchlass benannt ist *die Großeluckenrise*. Die Holzschneise befindet sich oberhalb der *Großen Lucke*. Im Gebiet des Dorfes Pfalzen findet sich die Örtlichkeit *Dreistanglucken*. Hier befand sich einst eine Lucke mit drei großen Stangen. Solche Gatternamen kommen auch in anderen Gemeinden zur Kennzeichnung markanter Örtlichkeiten vor, etwa im nahe liegenden Hofern *die Gatterstatt*, ein zentraler Orientierungspunkt und Treffpunkt für die Bauern. Es war dies eine Wegkreuzung, wo bis 1963 fünf solcher Gatter beieinander standen und ein eindrucksvolles Bild in der Landschaft boten.

Humoristisch ist etwa die Benennung *das Pleschgatter*, die sich im Gemeindegebiet von Reischach findet. Hier stand ein Gatter zwischen den beiden Dörfern Reischach und Stefansdorf, an dem sich regelmäßig die männliche Jugend der beiden Dörfer traf, um sich im Prügeln zu messen. Ma. *pleschen* bedeutet nämlich soviel wie ‚schlagen, klatschend hauen'.[288]

Neben Zäunen dienen in Pfalzen vor allem Trockenmauern als Einsäumung der Felder. Entsprechend finden sich auch Benennungen nach solchen Mauern. Kommt dies beispielsweise bereits in den Hofnamen *Maurer* und *Baumaurer*[289] zum Ausdruck, so etwa auch im Flurnamen *Zwischenmauern* in Greinwalden, wo der Name wörtlich auf die Lage der Flur zwischen Trockenmauern verweist.

Wie charakteristisch die Zäune einst im Landschaftsbild waren, lässt sich daraus ersehen, dass im Pustertaler Raum als Synonym zu *der Weg* die Bezeichnung *die Zäune* in der Mundart existiert. Das Appellativ wird als feminine Singularform verwendet, was etwa in der Formulierung „ich gehe an der Zäune entlang" deutlich wird. Zahlreiche Wegnamen haben diese Form als Grundwort. Ausschlaggebend für die Bildung ist die Tatsache, dass früher die Wege zwischen langen Zäunen entlang führten, und die Bezeichnung somit gewissermaßen als „pars pro toto" auf die Wege selbst übertragen wurde. Aus dem heutigen Sprachgebrauch ist das Wort jedoch verschwunden, genauso wie die Zäune, die einst die Wege säumten.

3.5 Ackerbau

Die Kultivierung von Feldfrüchten, verbunden mit der gezielten Bearbeitung des Bodens, stellt in der Landwirtschaft bereits eine höhere Stufe der Entwicklung dar und sichert wesentlich die Subsistenz des Bauernhofes. Die ersten Siedler kannten die intensive Nutzung des Bodens durch gezielte Kultivierung noch nicht, ihre landwirtschaftliche Tätigkeit beruhte im Wesentlichen auf Viehzucht und Milchwirtschaft. Erst die zunehmende Bevölkerungsverdichtung verlangte eine gezieltere Nutzung des Landes und damit die Herausbildung des Ackerbaus.[290] Es wurde zunächst vor allem Getreideanbau betrieben. Die klassischen Getreidesorten auf der Pfalzner Mittelgebirgsterrasse waren

[287] Vgl. ebd., 398.
[288] Vgl. ebd., 89.
[289] Denkbar ist hier die Benennung nach einem *Maurer*, der solche und andere Mauern errichtet hat.
[290] Vgl. Blickle, Bauer, 142; Wopfner, Bergbauernbuch 3, 140.

Roggen, Weizen, Gerste, Hafer, Buchweizen, im frühen Mittelalter wurde auch Hirse angebaut, doch war der Roggen unangefochten die wichtigste Getreidesorte. Daneben wurden bis ins 19. Jahrhundert als weitere Feldfrüchte Mohn, Erbsen, Bohnen sowie Weißkohl und verschiedene Rüben angebaut.[291] Sie bereicherten wesentlich den bäuerlichen Speisezettel: Das Gros der Speisen – Knödel, Krapfen, Mus – beruhte auf der Verarbeitung von Mehl und Milch, sodass die einzige Variante neben den seltenen Fleischspeisen in Form der Hülsenfrüchte und der unabdingbaren Beilage Kraut auf den Tisch kam.[292] Einen besonderen Stellenwert besaß auch der Flachsanbau, der allerdings in Kapitel III 3.8 *Gewerbe* näher betrachtet werden soll.

Die Bedeutung des Getreideanbaus lässt sich nicht zuletzt an der enormen Zahl von Backöfen ermessen, die es in Pfalzen einst gab. Im Rustical Steuerkataster wird unter den Besitzungen eines jeden Hofes auch ein Backofen erwähnt, Niedermair gibt die Gesamtzahl mit 98 an.[293] Nicht zuletzt unterstreichen auch die zahlreichen Mühlen, die dem Weiler *Mühlen* und dem *Mühlbach* ihre Namen gaben, die Bedeutung, die diese Wirtschaftsform für das bäuerliche Leben hatte. Auf sie wird ebenfalls in Kapitel III 3.8 *Gewerbe* näher eingegangen.

Gerade die Tatsache, dass diese Mühlen heute großteils außer Betrieb und vielfach völlig verfallen bzw. zur Gänze verschwunden sind, deutet bereits darauf hin, dass der Getreideanbau nicht mehr die einstige Bedeutung hat. Diese Entwicklung setzte im 19. Jahrhundert ein, als die Kartoffel als Konkurrentin die Ackerflächen eroberte. Besonders seit dem Zweiten Weltkrieg hat der Anbau von Kartoffeln und später Futtermais den Getreideanbau weitgehend verdrängt.[294] Daneben lässt sich ein prinzipieller Schwund der Ackerflächen konstatieren, zum einen durch teilweise Verbauung – so sind die früheren *Langäcker* in Pfalzen inzwischen zur Gänze verbaut, und nur mehr der Name erinnert an die einstigen Ackerflächen an dieser Stelle. Zum anderen sind viele Äcker in Wiesen und Weiden umgewandelt worden, da die Grünlandwirtschaft mit Viehzucht und Milchproduktion für die Bauern heute weit rentabler ist.[295] Zusätzlich unterstützt wurde die Tendenz noch durch die Aufgabe der bäuerlichen Subsistenzwirtschaft, da es auf die Dauer billiger war, preiswert importiertes Getreide zu kaufen, als es selber anzubauen und mühsam zu verarbeiten.[296]

Die intensive Beschäftigung des Bauern mit dem Boden, wie sie im Ackerbau erfolgt, hat zahlreiche Spuren auf der Mittelgebirgsterrasse hinterlassen. Zum einen ergab sich daraus die Aufgliederung des Grundes in verschiedenste Parzellen, die sich etwa noch in den Katastermappen nachvollziehen lässt, zum anderen sind viele Flurnamen geprägt worden, die noch heute bestehen und verwendet werden, selbst wenn die Ackerfläche nun Wiese, Weide oder gar verbaut ist. Im Pfalzner Namenmaterial ist *Acker* sogar das häufigste Grundwort in den Kompositaformen. Einige dieser Ackernamen sollen in der Folge betrachtet und ihr Aussagewert über die einstigen Verhältnisse rekonstruiert werden.

Wie intensiv einst jedes kleine Stückchen Erde für den Ackerbau genutzt wurde, spiegelt der Flurname *die Grite* wider. Das Dialektwort *Grite* bezeichnet den Winkel,

---

291 Vgl. Niedermair, Streifzüge, 172.
292 Vgl. Gatterer, Bäuerliche Welt, 260–263.
293 Vgl. Niedermair, Streifzüge, 173.
294 Vgl. ebd., 172; Mathis, Europäer, 236–240.
295 Vgl. Niedermair, Streifzüge, 173.
296 Vgl. Wopfner, Bergbauernbuch 3, 147.

den die beiden Oberschenkel bilden[297], den Schritt. Damit wurde auf die Form der Flur verwiesen. Im unteren mittleren Teil dieses Grundstückes war der Boden nämlich so nass, dass er nicht als Acker verwendet werden konnte. Folglich pflügte der Bauer den Boden ringsherum, und es blieb in der unteren Mitte ein Streifen Wiese übrig, der diese eigenwillige Form hervorrief. Dieses Bild ist heute verloren gegangen, da die gesamte Flur nunmehr Wiese ist.

Die Bearbeitung des Bodens, das Pflügen, lässt sich aus anderen Namen ersehen. So referiert der häufige Flurname *der Anewandter* auf den Grasrand, der die einzelnen Äcker voneinander trennt und gleichzeitig verwendet wird, um mit dem Pflug zu wenden.[298] Der Name *Umbruch* stellt den Acker als Ergebnis der Pflügearbeit dar, es ist „die wiese, die zu ackerland umgepflügt wird oder ist“[299]. Als pars pro toto ist *die Zeile* als Ackername anzusehen: Hier wird die charakteristische Zeichnung der Äcker durch die Furchen, die beim Pflügen entstehen, als Name auf die gesamte Flur übertragen.

Auch die Art der Anbaumethoden lässt sich aus dem Namenmaterial sehr gut rekonstruieren. Als die zwei charakteristischen Hauptbearbeitungsweisen sind in Tirol die Egarten- und die Dreifelderwirtschaft anzusehen. Die Dreifelderwirtschaft ist die ältere Methode, die im 18. Jahrhundert zusehends von der Egartenwirtschaft abgelöst wurde. Während die Dreifelderwirtschaft durch regelmäßigen Fruchtwechsel und das Einschieben der Brache gekennzeichnet ist, wechseln bei der Egartenwirtschaft Acker und Wiese, wobei die Wiese ganze Jahre lang bestehen kann, ehe sie wieder zu Acker umgepflügt wird. Wopfner sieht eine Teilung in Westtirol mit Dreifelderwirtschaft und den Osten Tirols mit der Egartenwirtschaft und erklärt dies aus den unterschiedlichen Erbverhältnissen: Die Fruchtwechselwirtschaft, die äußerst arbeitsintensiv ist, wird im Westen, wo aufgrund der Realteilung kleine Hofstätten bestehen, angewendet, da dies einerseits durch die kleinere Größe des Hofes überhaupt erst ermöglicht wird und andererseits nachgerade notwendig ist, um bei der kleinen Fläche genügend Ernte für die ganze Familie zu erzielen. Umgekehrt kennt der Osten mit seinen größeren Höfen die extensivere Egartenwirtschaft.[300]

Auf der Pfalzner Mittelgebirgsterrasse sind beide Formen der Bewirtschaftung anzutreffen, wobei Gatterer angibt, dass insgesamt die Fruchtwechselwirtschaft häufiger ist, die Egartenwirtschaft besonders von den Bergbauern angewendet wird.[301] Auch aus dem Namenmaterial lässt sich die Präsenz beider Bewirtschaftungsformen nachweisen. So findet sich in Greinwalden der Name *die Agarte*, der an sich die Wiese der Egartenwirtschaft benennt[302]; der Name wird jedoch auch verwendet, wenn die Flur sich im Zustand des Ackers befindet. Dies zeigt sich etwa in Quellenbelegen aus dem Steuerkataster:

---

297 Vgl. Schatz, 256.
298 Vgl. ebd., 21.
299 Grimm 23, Sp. 834.
300 Vgl. zu diesem Abschnitt Wopfner, Bergbauernbuch 3, 118–125.
301 Vgl. Gatterer, Bäuerliche Welt, 248.
302 Vgl. Wopfner, Bergbauernbuch 3, 118. Einige Verwirrung scheint allerdings im Gebrauch dieses Appellativs zu herrschen; so führt Sonderegger das Wort in der Form *ägert, egert* als im Schweizerdeutschen appellativische Bezeichnung für ein „schlechtes Stück Boden, allzu trokkenes oder steiniges, auch steiles oder minderwertiges Land“ an (vgl. Sonderegger, Unbebautes Land, 528). Tyroller erwähnt unter der Rubrik *Ackerland* die Bezeichnung *Egert* als Onym von Flurstücken, die in der Dreifelderwirtschaft genutzt wurden (vgl. Tyroller, Typologie, 1439); Grimm führt in seinem Wörterbuch unter dem Lemma *egert, egerde* folgende Überlegungen aus: „‚terra cessans‘, ‚vervactum‘, ‚brachland‘, ein wol uraltes wort von klarer bedeutung,

ein acker die âgert genannt (Ther. Kat., folio 1394)
ein Stûck Erdreich in acker und Wiesen, die âgert geheissen (Ther. Kat., folio 1281′; 1282′)

Als weitere Bezeichnung gibt es für die Wiese der Egartenwirtschaft nach Wopfner das Appellativ *die Trate.*[303] Auch hier ist jedoch die begriffliche Klarheit nicht völlig gegeben. Kühebacher erklärt *Trate* als Bezeichnung des in der Dreifelderwirtschaft gerade als Viehweide genützten Teils[304], Schatz erwähnt es als Appellativ für ein zum Viehtrieb verwendetes Gelände.[305] Zweifelsohne wird ein so bezeichnetes Gelände als Viehweide genutzt. Im Pfalzner Gebiet ist das Appellativ häufiger Name und Namenbestandteil. So findet sich eine *Trate* jeweils in Pfalzen und Issing, mit Angabe des Besitzernamens gibt es in Issing die *Melchertrate, die Oberauertrate* und *die Unterauertrate,* auf die Verwendung als Kuhweide verweist in Greinwalden der Name *die Kuhtrate*, während das felsige Gelände in diesem Weiler zur Prägung der Namen *die Steintrate* und – mit Angabe des Besitzers – *die Rainer Steintrate* führte.

Andere Pfalzner Ackernamen verweisen auf die Dreifelderwirtschaft, so etwa *die Zelge*, die eine Flur in Pfalzen und zwei in Issing benennt. In Pfalzen erscheint noch die Diminutivform *das Zelgile* als Flurname. Dieser altmundartliche Ausdruck bezeichnete in der Dreifelderwirtschaft jenen Teil des Ackerlandes, der gerade angebaut wurde – laut Kühebacher ist dies somit der Komplementärbegriff zur oben angeführten *Trate*, Bezeichnung der nicht bebauten Flur.[306] Interessant sind besonders die häufigen Präpositionalbildungen des Typus *Ober-, Unter-, Mitter-* bzw. *Inner-* und *Außer-* + Grundwort. In ihnen drücken sich nicht nur lokale Verhältnisse, also die Lage der Fluren zueinander aus – gerade die Dreierpaare spiegeln darüber hinaus die alte Einteilung der Dorfflur in die Zelgen der Dreifelderwirtschaft wider.[307] Für solche Minimalpaare und -gruppen lassen sich zahlreiche Beispiele anführen, etwa *Ober-* und *Unterloach* in Issing, *Ober-* und *Unterlärcha* in Pfalzen. Eine Dreiergliederung findet sich in Pfalzen am Beispiel der *Mitterleite, Oberleite* und *Unterleite*. Alle drei Fluren liegen unmittelbar nebeneinander und verweisen auf die Dreifelderwirtschaft.

Manche Namen treten isoliert auf, ohne Pendant, und scheinen Relikte solcher alter Paare zu sein, so etwa in Greinwalden *das Hinterfeld* und *das Innerfeld*. Hier lassen sich allerdings als Hintergrund der Benennung auch lediglich die relative Lage der Fluren bzw. die Orientierung des Bauern an der Lage der Felder zu seinem Hof annehmen.

---

aber schwer zu erratender gestalt. die ahd. erscheint nirgend, denkbar wäre *âgartia, âgertia, âgerta*, ‚ungezäuntes, ungehegtes, der weide preis gegebnes ackerland'; [...] oder will man lieber *âgierida*, ‚ungepflügtes land'? warum nur immer mit *gi* dazwischen, und nicht *âerida, arerida*? das richtigste scheint, wenn ich *eefade* [...] hinzunehme, die ableitung von *gerta* ‚virga' zu behalten und auch hier durch *ê* gesetzlich zu erklären. die *êgerta* ist kein ungezäuntes, sondern gerade ein gezäuntes land, die brache wird mit zäunen umgeben und gesondert, folglich ist *êgerta* völlig was *êfada*." (vgl. Grimm 3, Sp. 34.) Die Begriffsvielfalt lässt sich wohl mit der landschaftlich unterschiedlichen Ausprägung der Bewirtschaftungsformen erklären; in jedem Fall erscheint die *Agarte* als Flur der Egartenwirtschaft und verweist auf das Vorhandensein dieser Bewirtschaftungsmethode.

303 Wopfner führt dies vor allem für die Gemeinden des deutschsprachigen Südtirols an, vgl. Wopfner, Bergbauernbuch 3, 118.

304 Vgl. Kühebacher, Kiens, 273.

305 Vgl. Schatz, 646.

306 Vgl. Kühebacher, Kiens, 273.

307 Vgl. Kleiber, Flurnamenforschung, 410.

Deutliches Relikt scheint jedoch *das Oberfeld* in Pfalzen zu sein, zu dem es erstaunlicherweise kein *Unterfeld* gibt.

Aufmerksamkeit verdient weiters das scheinbar einfache Grundwort *Feld.* Tatsächlich ist es weder ausschließliche Bezeichnung für eine Wiese noch für einen Acker, sondern stellt vielmehr einen Überbegriff für Äcker und Wiesen dar, die entweder angebaut oder gemäht werden, jedoch keinesfalls dem Viehtrieb offen stehen. Das Appellativ ist häufiger Bestandteil von Kompositaformen, so etwa im Namen *das Köfilefeld* in Greinwalden, das auf den felsigen Boden dieses Weilers verweist. Häufig wird *Feld* mit Angabe des Besitzernamens zur Bezeichnung sämtlicher Fluren um einen Hof herum verwendet, beispielsweise auf dem Getzenberg oder in Vintl. Dabei entfällt meist der Artikel, sodass die Prägung einen unbestimmten, kollektivischen Charakter erhält: „das ist Huberfeld".

Ihren deutlichsten Niederschlag hat die Bedeutung des Ackerbaus zweifelsohne in der Fülle der Komposita auf *-acker* gefunden. Es ist beeindruckend, welche Fülle an Namen die Bevölkerung entwickelte, um all die Äcker eindeutig voneinander zu unterscheiden. Die Bildungen mit Besitzernamen wurden alle in Kapitel III 2.1 betrachtet, weshalb diese hier nun ausgeklammert werden. Der Vollständigkeit halber seien an dieser Stelle die restlichen Ackerkomposita angeführt und nach Benennungsmotiven geordnet. Damit soll die bemerkenswerte Vielfalt dieser Gruppe vor Augen geführt werden.

Die einfachste Differenzierung ist jene nach der allgemeinen Gestalt der Äcker: So finden sich in Greinwalden *die Breitäcker, die Kurzäcker* und *die Langäcker*; in Pfalzen *der Großacker* und ebenfalls *die Langäcker*; letztere sind – wie bereits erwähnt wurde – mittlerweile vollständig verbaut. Auf seine Begrenzung verweist in Issing *der Randacker.*[308] Durch ihrer Lage geprägt sind *die Äcker beim Brand* und *der Brandacker* in Pfalzen, sowie *Zwischenäckern,* Name einer Flur in Pfalzen. Dieses letzte Beispiel ist auch aufgrund seiner Bildung bemerkenswert, da es offensichtlich eine Ellipse aus einer einstigen Benennungsform der Art „die Flur zwischen Äckern gelegen" ist. Die Prägung wird nunmehr so sehr als Name empfunden, dass mittlerweile noch eine zusätzliche Präposition angehängt wird: *in Zwischenäckern.*

Auf den Grad der Bodenerhebung verweisen in Pfalzen *der Steigacker* und *der Pramstaller Steigacker,* auf die Bodenbeschaffenheit *die Gissäcker*[309] in Issing, *der Lanacker* in Pfalzen sowie *der Steinacker* und *das Steinackerle,* ebenfalls in Pfalzen gelegen. Der Wassergehalt des Bodens prägte die Bildungen *die Brunnäcker* in Greinwalden und *der Moosacker* in Issing. Der Bewuchs um den Acker kann ebenso Namenprägungen motivieren. So gibt es in Greinwalden *den Birkacker* bzw. *das Birkfeld*, das nach charakteristischen Bäumen benannt ist, die sich an der Flur befinden; in Issing verweisen *die Wotscha Äcker* auf schlechtes Gras (ma. *Wotsch* genannt).[310]

---

308 Möglich wäre hier aber auch die Zugehörigkeit zum Hof *Rantner*; dann erklärt sich der Name über das Besitzverhältnis.

309 Ma. *Gisse* bezeichnet eine Mure, die bei starkem Regen oder Schneeschmelze abgeht, eine „Lawine" aus Wasser, Geröll und Erde, und das solcherart vermurte Gelände. (Vgl. Schatz, 266) Der Name *Gissäcker* verweist somit entweder auf die Lage der Äcker in der Nähe einer solchen Gisse oder auf Grund, der durch die Gisse entstanden oder geprägt wurde. In jedem Fall aber deutet das Bestimmungswort *Gisse* auf die Beschaffenheit des Bodens.

310 Vgl. Schatz, 691. Die Endung *-a* bei *Wotscha* ist das Relikt des einstigen Kollektivsuffixes *-ach.* Das Dialektwort *wotsch* /wọ̄tš/ wird mittlerweile nicht mehr in der Mundart verwendet.

Weiters können Äcker nach ihrer Lage an Bauwerken benannt werden, so *der Hausacker* in Pfalzen, *die Kreuzäcker* in Pfalzen und *der Kreuzlacker* in Issing; *der Maueracker* in Greinwalden ist benannt nach seiner Lage an einer der charakteristischen Trockenmauern, die das Pfalzner Hochplateau prägen. *Das Stampfackerle* verrät seine Lage an einem einstigen Getreidestampf, während die *Stöckläcker* nach ihrer Lage am Peststöckl benannt sind. *Der Luckenacker* verweist auf die Lage des Ackers an einer großen Zaunlucke.

Die originellste Prägung innerhalb der Ackerkomposita stellt der „sprechende Name" *der Giggoggacker* dar, der bereits im Rustical Steuerkataster erwähnt wird:

ein acker, der Giggagg geheissen [...] mittelmâssiger Qualitat (Ther. Kat., folio 1261')

Die zweigliedrige Verbindung *Giggogg* hat im Grunde keinen Wortcharakter, sondern existiert nur in gewissen Wendungen: *nicht gigg und nicht gogg* (= ‚nichts Rechtes, nichts Ordentliches'). Diese mundartliche Wendung bezeichnet stets etwas, das minderwertig ist.[311] Das Kompositum charakterisiert somit diesen Acker als minderwertig; es ist ein Acker, der nichts Rechtes hervorbringt.

3.6 Die Nutzung des Waldes: Forstwirtschaft und Jagd

Im Laufe der Zeit hat der Wald vielfältige Formen der Nutzung durch den Menschen erfahren. Ursprünglich stellte er ein Hindernis für die bäuerlichen Siedler dar: Durch Rodungen mussten die dichten Wälder für die Landwirtschaft gewonnen werden. Selbst nach dem eigentlichen Siedlungsausbau im Laufe des Mittelalters wurde das Nutzland auf Kosten des Waldes ständig weiter ausgedehnt. Solche Brandrodungen führten die Bauern zum Teil noch mit Genehmigung der Gemeinde und des Forstamtes im 19. Jahrhundert durch.[312] Daneben wurde der Wald selbst als Weide genutzt. Bereits im Kapitel *Viehzucht* wurde auf die Bedeutung dieser sogenannten Waldweide hingewiesen. In der Mundart gibt es sogar eine eigene Bezeichnung für derartige Mischformen aus Wald und Weide: *der Loach* und das entsprechende Diminutiv *das Leachl*. Das Wort lässt sich auf mhd. *lôch* zurückführen und bezeichnet einen Wald mit Weideboden.[313] Im Pfalzner Gebiet gibt es eine ganze Fülle solcher *Loach*namen. So finden sich in der klassischen Differenzierung nach der relativen Lage zu anderen Fluren bzw. zum jeweiligen Bauernhof *der Außerloach*, *der Oberloach* und *der Unterloach*. In Verbindung mit dem Besitzernamen erscheinen *der Haselriederloach* und *der Mairhofloach* sowie unter Verwendung des Diminutivs *das Oblinderleachl*.

Eine ähnliche Mischform aus Wald und Weide kennzeichnet auch *der Luss*, Name des großen Geländes unterhalb der Dörfer Pfalzen und Issing. Die ursprüngliche Bedeutung des Wortes *Luss* bzw. *Lûs* ist ‚ausgeloster Anteil an Wald, Feld, Moos'.[314] Im Dialekt existiert das Wort nicht mehr, hält sich jedoch in diesem Geländenamen, wobei das Gebiet tatsächlich in einer Mischung von Bäumen, Wiesen und sumpfartigen Flächen besteht. Als individuelle Prägung für eine Waldweide findet sich schließlich der

311 Vgl. ebd., 236.
312 Vgl. Wopfner, Bergbauernbuch 3, 559–560.
313 Vgl. Schatz, 393; Kühebacher, Kiens, 273; Tyroller, Typologie, 1437. Zum Problem der Verschriftlichung des ma. /lǫax/ als *Laich* siehe im Kapitel III 3.3 *Almwirtschaft* die Ausführungen zum Bergwiesennamen *Tanndl* und zum entsprechenden Beleg aus dem Steuerkataster.
314 Vgl. Schatz, 400.

Name *das Kühehartawaldile*. Ma. *die Harte* /di hárštę/ bedeutet ‚Herde'[315], die Benennung zeugt somit von der Weidung ganzer Kuhherden in diesem kleinen Waldstreifen unterhalb des Dorfes Pfalzen.

Bevor in der Folge die verschiedenen Nutzungsarten des Waldes genauer ausgeführt werden, sollen zunächst die Waldnamen des Pfalzner Gebietes betrachtet werden. Die Palette der Waldbenennungen scheint nicht dieselbe Vielfalt aufzuweisen wie manch andere Kategorie von Flurnamen, z. B. die Bergwiesen. So begegnen insbesondere eine Fülle von Namen, die auf den Besitzer verweisen. Dies kann eine einstige Grundherrschaft sein, wie die Kirche, die in Pfalzen die Namen *der Pfarrerwald* und *der Kirchwald* bzw. *das Kirchholz* prägte. Im letzten Beispiel erscheint als Grundwort ein gebräuchliches Synonym für Wald, nämlich *Holz*, das den Wald nach seinem wichtigsten Produkt benennt. Diese mundartliche Bezeichnung hat sich jedoch nicht allgemein durchgesetzt, sondern erscheint vielmehr lediglich als Namenbestandteil, der im Dialekt nicht mehr allgemein üblich ist.[316]

Auf einen gemeinschaftlich genutzten Wald deutet der Name *die Plattner Waldilan* hin, während ansonsten die Namen einzelner Besitzer die Wälder kennzeichnen: *das Pernthalerholz, der Baumannwald, der Geigerwald, der Haselriederwald, der Helleitwald, der Hirschbrunnwald, der Koflerwald, das Kronbichlwaldile, der Maurerwald, das Teiffenthaler Waldile, der Unterschöpferwald.*

Zu den interessanteren Fällen dieser Namenbildungen zählt *das Feuchtner Waldile*, in dem sich augenscheinlich der Hofname *Feuchtner* bzw. *in der Feuchte* verbirgt. Eine gewisse Ambiguität ergibt sich in diesem Fall jedoch daher, dass die mundartliche Form *Faichtna Waldile* sowohl auf *feucht*, ma. *faicht*, als auch auf *Fichte*, ma. *Faichte* verweisen könnte. Im Theresianischen Kataster ist auch wiederholt vom „Feichtwald" die Rede, der unter Pfalzen gelegen ist.[317] Damit kann als Motiv der Namengebung sowohl der angrenzende Hof als auch der Fichtenbestand angenommen werden.

Ein komplexeres Beispiel ist weiters der Waldname *der Grubsteinwald*. Hier dürfte wohl eine Verwechslung zwischen *Grubstein* und *Grubstall* vorliegen, zumal eine solche Verwechslung sich auch an anderer Stelle im Pfalzner Namenmaterial findet, und zwar bei der Form *Marstall*, die in den Belegstellen des Steuerkatasters auch als *Marstain* auftaucht.[318] Sogenannte *Grubställe* waren der alte Stalltypus, wo das Vieh in Verschlägen frei herumlaufen konnte, und der Mist möglichst lange, bis zu einem halben Jahr, liegenblieb.[319] Nun könnte dieser Name die Benennung des Waldes nach einem solchen Grubstall implizieren, der sich etwa dort in der Nähe befunden haben mag. Im Steuerkataster wird allerdings auch ein Haus namens *das Grubstallhäusl* erwähnt[320], sodass der Wald letztlich auch zu diesem Haus gehört haben könnte, und sich wahrscheinlich schlicht der Besitzername dahinter verbirgt.

---

315 Vgl. Schatz, 291.

316 Schatz gibt das Wort jedoch noch in der Bedeutung ‚Waldbestand, Nutzwald' an, vgl. ebd., 300. Auch in Antholz begegnete mir das Wort noch durchaus als Appellativ für *Wald*.

317 Vgl. z. B. folio 1422′: „ein Stûk Feichtwald untern Haûsern".

318 Vgl. folio 1090′: „ein Stûck Erdreich in acker, vermôg der briefen Marstain „ iezt aber der Groß-acker genannt".

319 Vgl. Wopfner, Bergbauernbuch 3, 246–247. Er nennt diese Ställe auch Krippenställe bzw. Tief- oder Grubenställe.

320 Vgl. folio 908′: „mehr eine behaûsûng, das Grûebstallhaûsl *G*enannt". Zum Waldnamen vgl. weiters die Belegstelle folio 914′: „aber ein Laich der *G*rûebstall genannt".

Wälder werden weiters nach dem Baumbestand benannt. Der Waldname *das Forcha* weist beispielsweise auf reichen Föhrenbestand hin. Es ist dies der Name des Waldes, der sich oberhalb Pfalzens am Hang des Sambockes hinaufzieht. Unterhalb Pfalzens erstreckt sich demgegenüber *der Lärchwald*. Bemerkenswert ist, dass Baumnamen besonders zur Benennung von Wiesen herangezogen wurden. Im Kapitel III 3.3 *Almwirtschaft* wurde dieses Phänomen bereits bei den Namen der Bergwiesen aufgezeigt. Auch im Bereich des Dorfes sind manche Wiesen nach Bäumen benannt, beispielsweise *im Erla*, eine Großflurbenennung in Pfalzen für ein Gelände aus Acker und Wiesen. Viele solcher „Laubbaumnamen" weisen darauf hin, dass einst die Laubhölzer einen weit größeren Teil der Wälder ausmachten, als dies heute noch der Fall ist. Einerseits hatte bereits vor der Römerzeit bedingt durch einen klimatischen Wechsel ein Rückgang der Laubbäume zugunsten der Nadelhölzer begonnen. Andererseits hatten insbesondere im Zuge der Rodungstätigkeit die Bauern in erster Linie Laubbäume abgeholzt, da diese meist die besonders guten Gründe bedeckten, die sich als Ackerland am besten eigneten.[321] Mittlerweile sind manche dieser einstigen Rodungen wieder mit Bäumen bewachsen, so etwa das *Bircha*, nunmehr Name eines Birkenwaldes in Issing. Im Theresianischen Kataster findet sich bezeichnenderweise noch der Vermerk:

ein Stûck Erdreich, das Pirchâ genannt (Ther. Kat., folio 925′)

Häufig wird auch die Lage zum Ausgangspunkt von Waldnamen. Dies kann eine relative Lagebezeichnung sein, wie im Falle des Namens *der Oberwald* in Greinwalden. Meist erfolgt die Benennung jedoch nach der Lage des Waldes an einer anderen Flur, so etwa *das Erschpam Waldile* (zur Flur *Erschpam*), *der Kapprawald* (zur Flurbenennung *Kappern*), *der Köfilewald* (benannt nach seiner Lage am *Köfile*) und *der Koflergatterlewald* (benannt nach einem kleinen Gatter, das sich dort befindet). Nach der Form benannt ist *das Scheibenhölzl*, ein kleines, rundliches Waldstück in Issing, sowie *das Leitwaldile*, das sich über einen steilen Hang, eine Leite, erstreckt.

Ausgiebigere Betrachtung verdient im untersuchten Material die Benennung *der Magdalenawald,* ma. *Moadelienewold* in Issing, auf die schon mehrfach verwiesen wurde. In diesem Wald befindet sich ein Bildstöckl der Heiligen Magdalena. Der St. Magdalenatag war früher ein wichtiger Abgabetermin für die Bauern. Bemerkenswerterweise hat sich die Lage des Waldes mittlerweile verschoben, da das Bildstöckl an einer anderen Stelle im Wald angebracht wurde und damit zwischen einem alten und einem neuen Magdalenawald unterschieden werden muss. Die Verwirrung, die dadurch bewirkt wurde, zeigt sich nicht zuletzt darin, dass es einer Reihe von Gewährspersonen nicht mehr möglich war, den Wald eindeutig zu lokalisieren, obwohl sie den Namen noch in Erinnerung hatten. Auch war die Motivierung des Namens nicht mehr völlig klar, manche Gewährspersonen vermuteten eine Benennung nach dem St. Magdalenatag.

Schwieriger ist der Name *Moschbach,* ma. *Moschboch* /mọ́šp̬ọx/ für einen Waldstreifen unterhalb Pfalzens. Durch diesen Wald fließt *das Moschbachl*, das häufig als *Moosbachl* verschriftlicht wird und so auch im Theresianischen Kataster belegt ist.[322] Eine Benennung nach dem Waldmoos lässt sich ausschließen, da die mundartliche

---

[321] Vgl. Wopfner, Bergbauernbuch 3, 530.

[322] Vgl. folio 912′: „Moosbâchl". Daneben auch „das Moostbâchl" (folio 1263′); „Mostbâchl" (folio 1334′). Belegstellen für den Namen des Waldes: „ein Stûckl wald, das Mosbâchl genannt" (folio 1193′); „ein Stûckl wald, das Most bâchl genannt" (folio 1371′).

Form dazu *Mies* /míə̯ş/ lautet.[323] Demnach ließe sich nur eine Beziehung zu *Moos* im Sinne von ‚Sumpfland' denken, mundartlich *Moss* oder *Möss* genannt, was jedoch eine Bildung der Art *Mossbach, Mössbach* (/mọ́ʃ̥p̥ǫx/; /mő̤ʃ̥p̥ǫx/) bewirken müsste. So scheint es sich hier eher um eine Benennung nach Bäumen zu handeln, und zwar nach den Vogelbeerbäumen, die mundartlich *Moschpa* /mọ́šp̥ɑ/ genannt werden.[324] Es könnte sich also um eine Reduktionsbildung aus *Moschpabachl* handeln, demnach um eine Benennung des Bächleins nach den Bäumen. Der Name wird dann in einem zweiten Schritt auf den ganzen Wald ausgedehnt.

Ein auffallender Waldname ist im betrachteten Gebiet *die Saume* (ma. *Same* /ş ɑ̃́mẹ/). Die Benennung ist vermutlich die Pluralform zu *der Saum*, wird aber ähnlich wie *die Zäune* (siehe Kapitel III 3.4 *Zäune*) als feminine Singularform verwendet. Damit wird der Wald bezeichnet, der den Berghang unterhalb der hervorstehenden Rodungsfläche von Platten *säumt*. Die Fläche wird zusätzlich unterteilt in *Obersaume* und *Untersaume*. *Saum*namen tauchen recht häufig auf, der markante Hausberg von Pfalzen selbst heißt *Sambock*. Der Name ließe sich genauer als *Saumbock* verschriftlichen, da *Saum* mundartlich als *Sam* /şɑ̃́m/ ausgesprochen wird. Allerdings hat sich die Schreibung des Namens mittlerweile so sehr eingebürgert, dass eine Änderung wenig sinnvoll scheint.

*Saum*namen sind mancherorts mit dem Saumverkehr in Verbindung gebracht worden, wo auf Maultieren Lasten über die Jöcher transportiert wurden.[325] Wenn dies auch vereinzelt stimmen mag, ist es unzulänglich, alle *Saum*namen damit in Verbindung zu bringen. Im Normalfall wird mit *Saum* eine morphologische Gegebenheit benannt, i. e. eine hervorstehende Örtlichkeit, die den Eindruck eines Randes erweckt. Dies ist sicher auch das Benennungsmotiv im Fall dieses Wald- und des Bergnamens, da ein Saumverkehr völlig abwegig erscheint, zumal der Sambock sicher keinen Übergang für den Saumverkehr darstellte. Zudem spricht auch die Pluralform *die Saume* gegen eine Verbindung zum Saumverkehr.[326]

Andere Waldnamen im Pfalzner Gebiet geben direkt Einblick in die Nutzung des Waldes, wobei in den Benennungen als Nutzungsform die noch heute dominierende Forst- und Holzwirtschaft durchscheint. Daneben wurde der Wald besonders in früherer Zeit ergiebig von den Bauern ausgebeutet, und zwar nicht nur als Weide, wie bereits oben ausgeführt wurde, sondern besonders auch für die Gewinnung der Streu. Vor allem in den alten Grubställen wurde sehr viel Streu benützt, da die Tiere sich auf dem Mist herum bewegten, und dieser deshalb ständig mit Streumaterial getrocknet werden musste.[327] Zu diesem Zweck wurden die Wälder regelrecht „ausgeschlachtet" und das wertvolle Abfallmaterial, das auf dem Boden modert und den Humus des Waldes bildet,

---

[323] Vgl. Schatz, 426.

[324] Vgl. ebd., 433. *Moschpa* ist sowohl die Bezeichung für die Vogelbeerbäume als auch für deren Beeren.

[325] Vgl. dazu etwa Wopfner, Bergbauernbuch 3, 625: „Das Samertal hat von den Samern (Saumtiertreibern), welche das Holz zum Stempeljoch emporführten, seinen Namen erhalten"; und Finsterwalder, Saum und Faden, 301: „es ist die Vermutung aufgetaucht, als ob überall, wo es [i. e. das Wort *Sâm*, C. A.] vorkommt, ein Saumverkehr stattgefunden habe, also daß hier das deutsche Lehnwort *Saum* aus vulgärlateinisch *sauma* ‚Packsattel, Traglast von Tieren' vorläge."

[326] Vgl. zu diesem Thema ausführlich Finsterwalder, Saum und Faden, 301–304.

[327] Vgl. Wopfner, Bergbauernbuch 3, 249.

weitgehend entfernt. Mancherorts wurde sogar die noch radikalere Methode des *Schnoatens* angewandt, dabei schlugen die Bauern den Bäumen bis zu den Wipfeln hinauf mit einem großen Messer sämtliche Äste ab.[328]

Den Hauptnutzen des Waldes stellte natürlich die Holzgewinnung dar. Im Pustertal hatte die Holzwirtschaft schon sehr früh begonnen. Bereits 1568 hat die Holzausfuhr so große Ausmaße angenommen, dass sich im Pustertal in der Umgebung von Toblach nach einem zeitgenössischen Bericht kein rechter Wald mehr fand. Die Welsberger Abgeordneten tadelten auf dem Landtag von 1590 den übertriebenen Kahlschlag der Wälder und den massiven Holzverkauf, der sogar den einheimischen Bauern das nötige Holz für ihren Bedarf entzog. Die Nachfrage nach Holz kam besonders aus den Städten, da diese ihren Bedarf kaum aus den Stadtbesitzungen decken konnten. In Südtirol war vor allem Italien der große Abnehmer.[329]

Die Holzarbeit nahm entsprechend im Leben der Bauern ihren fixen Platz ein. Die Bäume wurden meist im Frühjahr nach Beendigung der Arbeiten im Feld und der ersten Mahd gefällt, ansonsten vor allem aber im Herbst und Winter.[330] Im Pfalzner Gebiet war der Winter die Zeit des Holzziehens, denn die gefällten Stämme mussten bei Schneelage ins Tal befördert werden, wo der Transport leichter erfolgen konnte und zudem keine Wiesen beschädigte. Das Ziehen erfolgte entweder auf einem entsprechenden Schlitten oder, wenn das Gelände zu steil war, über waldfreie Steilrinnen im Gelände, die sogenannten *Risen.*[331] Im steilen Gelände oberhalb der Dörfer der Pfalzner Mittelgebirgsterrasse gibt es einige solcher Rinnen, die alle spezielle Namen tragen: Die einfache Form *die Rise* findet sich in Issing als Name; mit Anführung des Besitzers bzw. Nutzers werden *die Ameterrise* und *die Stegerrise* benannt. *Die Stegerrise* durfte zwar von verschiedenen Bauern genutzt werden[332], befindet sich jedoch unterhalb der Bergwiese *Stegerin* und ist wohl nach dieser Wiese so benannt. Nach der Lage unterhalb einer Bergwiese (*der Porzen*) ist auch *die Porzenrise* benannt, während *die Großeluckenrise* ihren Namen von einem Gatter erhalten hat, das sich dort befindet. *Die Wasserrise* erinnert dagegen an die Rinnsale, die besonders im Frühjahr reichlich durch die Steilrinne abfließen. Auf die Probleme, die beim Holzziehen auftauchen können, verweist der Name der Bergwiese *die Schieberin*, die – wie in den Kapiteln III 2.6 und III 3.3 erwähnt – ihren Namen dem Umstand verdankt, dass hier die Holzzieher die Stämme schieben mussten, um sie weiterzubewegen. Der Bergwiesenname *die Alege* (ma. *Olege* /ọ̄́lḙ̂gẹ/) scheint schließlich auf einen Holzlagerplatz hinzudeuten. Es dürfte sich um ein Verbalabstraktum zum Verb *ablegen* (ma. *olegn* /ọ̄́lḙ̂gŋ̥/) handeln – ähnliche Namen für Holzlagerplätze finden sich auch in anderen Gemeinden, etwa *die Alege* (/di ọ́(u)lêgẹ/; hd. *die Ablage*) auf dem Getzenberg. Hier wissen die Gewährspersonen allerdings noch,

[328] Vgl. ebd., 250.
[329] Vgl. zu all dem ebd., 569–570.
[330] Vgl. ebd., 611.
[331] Vgl. Gatterer, Bäuerliche Welt, 242. In dieser Arbeit wird *Rise* ohne Dehnungs-*e* geschrieben, da dies den Schreibprinzipien der Darstellung entspricht, nach denen die Länge der Vokale ohne Dehnungskennzeichen vermittelt wird, sofern es sich um Dialektwörter handelt. *Rise* ist eindeutig ein dialektales Wort und nicht Teil eines überregionalen Wortschatzes. Auch wenn es häufig in der Form *Riese* verschriftlicht wird, ist diese Schreibung abzulehnen, da sie zum einen abwegige Verbindungen zum Standardwort *der Riese* ermöglicht, zum anderen eine dialektale Aussprache der Art /ʀíəṣẹ/, also die Aussprache eines Diphthonges wie etwa in *Ried*, nahelegt.
[332] Vgl. ebd., 242.

dass es sich tatsächlich um einen Holzlagerplatz gehandelt hat. Nicht auszuschließen ist jedoch auch ein Zusammenhang mit dem Adjektiv *âlâg*, das Schatz in der Bedeutung ‚leicht abfallend, nach abwärts geneigt, vom Gelände' anführt.[333]

In früherer Zeit wurden die Bäume nicht mit der Säge gefällt, sondern mit speziellen Äxten abgehackt.[334] Auf diese Art des Holzfällens verweist die Benennung *der Schlagbichl* in Greinwalden, wo sich einst wohl ein großer Holzschlag befunden haben mag. Auf größere Rodungen deuten mehrere auf *Stock-* gebildete Flurnamen hin: *der Stockwald, das Stockwaldile* und *die Stockwälder.* In Anlehnung daran sind die Namen der Bergwiesen *Stocklana* und *Stockpfarra* gebildet. Als *Stock* wird der Wurzelstock eines gefällten Baumes bezeichnet.[335] Diese Bildungen benennen demnach Wälder, aus denen Holz herausgeschlagen wurde, und die somit durch zahlreiche solche *Stöcke* geprägt waren.

Das Gegenstück dazu stellt die Benennung *der Brackenwald* dar. Mit dem Wort *bracken* wurden einst die Bäume bezeichnet, die nicht als Nutzholz verwendet werden konnten.[336] Gerade in der älteren bäuerlichen Form der Holzwirtschaft schlug man nur die besten Stämme, die minderwertigen und schadhaften ließ man jedoch stehen.[337] Der Brackenwald dürfte somit nur mehr aus solchem minderwertigen Holz bestanden haben. Nach seiner Lage an minderwertigen Bäumen ist wohl auch das *Brackwiesile*, eine Bergwiese in Pfalzen, benannt.

Die Ausbeutung der Wälder durch Waldweide, Streugewinnung und ungeregelten Holzschlag führte bald zu Gegenmaßnahmen in Form planmäßiger Bewirtschaftung durch die Einsetzung einer landesfürstlichen Forstverwaltung. In der Gemeinde Pfalzen wurden bereits 1471 für den Forcha Wald zwei Förster eingesetzt, die sich um den Wald kümmern und vor allem das unerlaubte Holzfällen verhindern sollten. In der „Wald-, Förster- und Äscherordnung" in der Abschrift aus dem Jahre 1415 werden neben dem Holzfällen das Herstellen von Brennholz (ma. *Schabe*) und die Streugewinnung genauestens geregelt und zwei Förster zur Beaufsichtigung eingesetzt, die sich zu dieser Zeit noch aus der Bauernschaft rekrutierten und jeweils auf ein Jahr bestellt wurden.[338]

Auf ein spezielles Forstgebiet deutet der Name *der Forstwald* hin, ein großes Waldgebiet oberhalb von Issing, das zum Schloss Schöneck und damit dem Grafen Künigl gehörte.[339] Die enorme Größe des Waldes kommt in der Belegstelle aus dem Theresianischen Kataster zum Ausdruck:

> Dann ist zû gemelten Gerichtsherrschâftlichen Schlos Schönegg aûch fûr eigen gehörig der sogenante Forstwald ob erdeûten Schloß Schönegg hinaûf *G*elegen, dessen ûmkrais so groß, daß man gûterdings denselben zûûmschlagen 1¹/₂: Stûnd verbraûchen wûrde, ist dûrchgehends /: aûßer gar wenig etwas Lerch :/ mit Feichten besetzt [...] (Ther. Kat., folio 905′)

---

[333] Vgl. Schatz, 2.

[334] Vgl. Wopfner, Bergbauernbuch 3, 612.

[335] Vgl. Schatz, 606.

[336] Vgl. Grimm 2, Sp. 289: „im forstwesen heiszen *bracken* und *abständer* abgestandne, zu nutzholz untaugende bäume."

[337] Vgl. Wopfner, Bergbauernbuch 3, 584.

[338] Vgl. Niedermair, Streifzüge, 206–207. Es finden sich dort Transkripte der entsprechenden Urkunde aus dem Jahre 1471 sowie einer Wald-, Förster- und Äscherordnung aus dem Jahr 1415.

[339] Zur Nutzung der Forste im Mittelalter und deren Weiterentwicklung zum Wildbann siehe Lorenz, Forestis, 151–169.

Der gräfliche Förster, der für die Wartung dieses Waldes zuständig war, hatte ein eigenes kleines Haus, das *Forsthäusl* genannt, das sich im Wald befindet, und wozu der Kataster vermerkt:

> Maria Stiegerin Besitzt ein Haüsl, das forsthaüsl genant[340], welches von der Gnädigen Gerichts Herrschaft, ûnd der Gemeinde für einen fortswalds Aûfseher zû erbaûen bewilliget, ûnd vor etwas wenigen Jahren obiger Maria Stiegerin zûm Eigenthûm verliehen worden. (Ther. Kat., folio 987′)

Die Forstverwaltung versuchte durch wiederholte Waldordnungen unter Androhung strengster Strafen den weiteren Raubbau am Wald zu verhindern. Diese wurden jedoch von der bäuerlichen Bevölkerung oft nicht beachtet. Wopfner erklärt das Verhalten damit, dass mit diesen Verordnungen und der Einführung einer amtlichen Verwaltung den Bauern ihre alten Nutzungsrechte stark beschnitten worden waren, und sie sich damit nicht länger für den Wald verantwortlich fühlten. Deshalb begingen viele Bauern trotz angedrohter Strafen weiterhin Waldfrevel.[341]

Um dem durch übermäßige Rodung und Holzschlag hervorgerufenen Holzmangel begegnen zu können, betrieb man mancherorts gezielte Aufforstung des Waldes. Diese Maßnahme wurde insbesondere im 18. Jahrhundert im Zuge des Aufkommens der Forstwissenschaft und des allgemeinen Reformklimas angewendet.[342] In Pfalzen entsprach diesem Zweck *der Pelzgarten*. Ma. *pelzen* bezeichnet das Anpflanzen von Blumen, Sträuchern etc. mittels Setzlingen.[343] Auf diesem gesonderten Bereich wurden Bäume angepflanzt, die für die Aufforstung verwendet wurden. Solche *Pelzgärten* gibt es zweimal in Pfalzen: Der erste, auch *Forstgarten* und *Pflanzgarten* genannt, befindet sich in Dorfnähe, der zweite, auch *die Pelzhütte* genannt, liegt direkt im Waldgebiet oberhalb des Dorfes.

Um den Holzverbrauch einzudämmen, wurden seit dem 16. Jahrhundert durch die Forstbehörden sogar Verfügungen erlassen, nach denen die Holzzäune durch Wälle aus Erde und Stein ersetzt werden sollten. Daher datieren auch die Einfriedungen der Felder durch Trockenmauern, wie sie gerade auf der Pfalzner Mittelgebirgsterrasse in großer Anzahl vorhanden sind.[344]

Der Wald bietet neben dem begehrten Rohstoff Holz und den Möglichkeiten der Streugewinnung und Viehweide vor allem auch einen großen Reichtum an verschiedenen Wildtieren. Seit alten Zeiten war er deshalb das Revier der Jäger und Wilderer, die ihn weit besser kannten als die meisten anderen Bewohner des Dorfes. Auf ihren langen Wanderungen lernten sie den Wald genauestens kennen; sie sind es deshalb auch, die den Großteil der Namen in den Wäldern prägten. Die jüngste mir bekannte Prägung im Pfalzner Namenmaterial ist entsprechend ein sogenannter „Jägername“, nämlich *das Nöcklerloch.* Dieses wurde erst vor wenigen Jahren vom Jäger Nöckler gegraben, damit die Jäger die Rehe ungestört beobachten können. Es wird bereits als Orientierungspunkt im Gelände verwendet.

---

340 Es findet sich dabei ein späterer Vermerk: „forst=itzt Gorgen=Häûsl“ (folio 988). Unter *Forsthäusl* und *Georgenhäusl* verstehen die Issinger heute jedoch zwei verschiedene Häuschen im Forstwald.

341 Vgl. Wopfner, Bergbauernbuch 3, 588–589; 592.

342 Vgl. ebd., 592.

343 Vgl. Schatz, 59.

344 Vgl. dazu Wopfner, Bergbauernbuch 3, 448.

Jägernamen benennen Örtlichkeiten nach dem Vorkommen von Tieren, so etwa die Namen *der Fuchsbichl* oder *die Fuchslöcher. Die Hirschlacke* und *das Hirschbründl* benennen Stellen, an denen die Hirsche sich suhlen und trinken. Während diese Tiere nach wie vor die Wälder bevölkern, weisen andere Namen auf das einstige Vorhandensein von Raubtieren, die mittlerweile vertrieben worden sind: Der Waldname *die Bärfalle* erinnert an die Bären, die bis ins 17. Jahrhundert in großer Zahl die Tiroler Wälder bevölkerten und besonders das Almvieh bedrohten.[345] Ihre Spuren haben sie etwa auch im Issinger Hofnamen *der Pernthaler* hinterlassen, der sich auf fast 1500 m Meereshöhe oberhalb Issings befindet, so wie im *Bärensweg* unterhalb des Dorfes.

An das Auflauern der Jäger erinnern zwei weitere Namen: *Der Auslug* ist der Name eines Hanges, der sich zwischen Greinwalden und Pfalzen befindet. Auch wenn manche Gewährspersonen darauf hinweisen, dass man von hier einen schönen Ausblick hinüber nach Pfalzen habe, scheint es plausibler, einen alten Ausguck der Jäger dahinter zu vermuten, von wo aus sie das Wild beobachteten. Vielleicht befand sich hier einst sogar ein Hochsitz, nach dem die Flur benannt worden ist. *Der Läusebichl,* auch *der Lauskopf* genannt, verweist nicht auf das Vorhandensein von Läusen, sondern ebenfalls auf einen alten Jägerausguck. Dahinter verbirgt sich das mhd. *lûzen,* das ‚verborgen liegen, sich versteckt halten, lauern' bedeutete. Aus diesem entwickelte sich das Verb *laußen*, das vor allem für das Lauern auf Wild verwendet wurde. Noch im 16. und 17. Jahrhundert war das Wort im Ober- und Mitteldeutschen recht gebräuchlich, wurde jedoch nicht in die Standardsprache aufgenommen, sondern durch das aus dem Niederdeutschen kommende *lauschen* ersetzt. Es erhält sich vielerorts in Flurnamen, wird dort jedoch in Verbindung zu *Laus* gesetzt und dementsprechend volksetymologisch umgedeutet.[346]

3.7 Sondernutzung

Die Kategorie Sondernutzung soll in diesem Kapitel als negativ definierter Bereich wirtschaftlicher Verwendung verstanden sein. Hierunter fallen zum einen jene Bereiche der Flur, die vom Restgelände sichtbar abgetrennt und damit als Zonen anzusehen sind, die einer besonderen Art der Nutzung vorbehalten sind. Dies ist offensichtlich der Grund dafür, dass sie vom Restgelände abgetrennt wurden. Zum anderen fallen unter diese Kategorie jene Fluren, deren Namen auf landwirtschaftliche Verwendungszwecke verweisen, die nicht zu den dominanten Formen Viehzucht oder Ackerbau im engeren Wortsinn zu rechnen sind.

In den Bereich der ersten Gruppe fallen all jene Geländebereiche, die durch Zäune von der restlichen Flur abgeschieden wurden. Eine grundlegende Funktion der Zäune war es, bestimmte Fluren, z. B. neu gewonnene Wiesenflächen oder die so genannten *Änger,* gegenüber dem Großgelände und der Gemeinweide abzusondern. Flächen, die für besonderen Anbau abgesondert wurden, benannte einst das Appellativ *Peinte*, das heute Name vieler Fluren ist. Es ist aus ahd. *bi-wenta,* mhd. *biunte* entstanden und bezeichnete ursprünglich das rings mit einem Flechtzaun umwundene Grundstück, das besonderem Anbau vorbehalten war.[347] Im Pfalzner Gebiet tragen zwei Bergwiesen die

---

345 Vgl. ebd., 269; 425.

346 Vgl. dazu Debus, Geschichtsquelle, 576–577.

347 Vgl. Lexer 1, Sp. 289; Finsterwalder, Piperg, 1003. Wopfner erwähnt *Anger, Angermahd* und *Beunde (Puit, Puint)* sowie auch die simple Bezeichnung *Wiese* als Benennungen für Fluren, die von der Beweidung ausgenommen waren. Sie befanden sich meist in Hausnähe, waren häufig

Diminutivform *die Peintlan* als Name, wobei sie nach ihrer relativen Lage nochmals differenziert werden in *Inner-* und *Außerpeintl*. Ähnliches gilt auch für das einstige Appellativ *Pifang*. Das Wort bezeichnete ursprünglich ein abgezäuntes Grundstück, das für eine besondere Bearbeitungsweise abgegrenzt wurde.[348] Es geht zurück auf das mhd. *bivanc*, was ursprünglich ‚das von den furchen eingefasste ackerbeet' bedeutete.[349] Im untersuchten Gemeindegebiet finden sich nahe beieinander liegend der *Pramstaller Pifang* und der *Maurerpifang*. Aufgrund der örtlichen Nähe der beiden Fluren ist in diesem Fall der Besitzername zur genauen Identifizierung der Flur unbedingt nötig. Semantisch eng verwandt ist mit dieser Bezeichnung *Pizat*, das sich in Issing als Flurname findet. Finsterwalder vermerkt zur Etymologie dieses Wortes:

> *Piza*, das sich als *bizûni*, *Bizeune* noch urkundlich nachweisen läßt, ist ‚das rings von Zaun umgebene', ‚eingefangene' Grundstück im Sondereigentum, das anderswo deshalb auch *Bifang* heißt [...][350]

Während *Peinte, Pifang* und *Pizat* heute längst ihre alte Bedeutung eingebüßt haben, hält sich nach wie vor das am weitesten verbreitete Appellativ für umzäuntes und abgegrenztes Flurgebiet: *der Garten*. Seit alten Zeiten gibt es eine Fülle verschiedener Gärten, die sich bei den Bauernhöfen befinden, so zunächst *der Baumgarten.*[351] Damit wird der kleine Bereich von Obstbäumen, die direkt beim Bauernhaus stehen, bezeichnet. Auch der Hof selbst kann danach benannt werden – etwa in Issing der Hof *Baumgartner*. In diesem Dorf gibt es weiters einen *Häuslgarten,* der wahrscheinlich nach seiner Zugehörigkeit zu einem Zuhäuschen benannt worden sein dürfte.[352] Mag man auch heute mit einem Bauerngarten Gemüse und Blumen assoziieren, so weisen spezifische „Gartennamen" in eine andere Richtung. Im Theresianischen Kataster finden sich als Flurnamen ein *Saugarten* (folio 1330') und ein *Kabisgarten* (folio 1393'). Diese Namen verdeutlichen, dass früher unter *Garten* tatsächlich das für spezielle Nutzung abgetrennte Land verstanden wurde, und zwar nicht nur, wenn es für die Kultivierung von Obst, Gemüse und Blumen herangezogen wurde, wie es die Bedeutung des Wortes heutzutage vermuten ließe. Sogenannte *Gärten* konnten auch beispielsweise dem Anbau von Kohl (ma. *Kabis*[353]) bzw. der Schweinezucht vorbehalten sein oder gar den Dorfstier beherbergen, wie es beim *Stiergarten* in Issing der Fall war.

Neben dieser Gruppe allgemeiner Bezeichnungen für abgetrenntes, abgesondertes Land kommen im Pfalzner Flurnamengut auch Namen vor, die auf besondere landwirtschaftliche Nutzungsformen verweisen. Hier ist zunächst die Großflurbenennung *der Honigberg* zu nennen. Der Name umfasst das gesamte Gebiet zwischen Haselried und Pfalzen oberhalb der Straße nach Terenten, mit den Höfen Rappenbichler, Helleitner, Forchner, Baumgarten, Stieger und Aichner. Es ist ein überaus sonniger Hang mit einer großen Blütenpracht, der sich ausgezeichnet für die Bienenzucht eignete und eine äußerst reiche Honigproduktion ermöglichte. Der Honig war einst wichtiges Element

---

mit Obstbäumen bepflanzt und lieferten besonders reiche Erträge an Grünfutter (vgl. Wopfner, Bergbauernbuch 3, 295).

348 Vgl. Schatz, 77; Tyroller, Typologie, 1439.

349 Vgl. Lexer 1, Sp. 291.

350 Finsterwalder, Piperg, 1003.

351 Mundartlich findet er sich allgemein in der kontrahierten Form *Pangort* /p̬áŋᵍǫʀšt̬ʰ/.

352 Die Zuhäuschen werden stets mit dem Hofnamen und dem Grundwort *Häusl* benannt, z. B. *das Pernthalerhäusl*.

353 Vgl. Schatz, 320.

der bäuerlichen Küche, da er das einzige Süßungsmittel darstellte, das bekannt war. Gerade für die festtägliche Bauernküche mit all ihren besonderen Süßspeisen kam er zum Einsatz.[354] So hielten die meisten Bauern auch einige Bienenstöcke bei ihrem Hof. Es gab sogar spezielle Bienenbauern, die sich auf diesen Erwerbszweig spezialisierten.[355]

Eine Art „Fossil" im Namengut ist *der Weinberg* in Pfalzen. Tatsächlich scheint es heute fast unglaublich, dass im Pustertal einst Weinbau betrieben worden sein soll. Die zahlreichen „Weinegger", die als Fluren im Steuerkataster erwähnt werden[356], deuten jedoch ebenfalls darauf hin, dass das sonnige und teilweise äußerst warme Klima auf der sogenannten „Sonnenterrasse des Pustertales" einst den Bauern die Kultivierung von Weinreben ermöglichte.

Eine besondere Art der Nutzung einer Flur lässt sich dem Onym *der Saukopf* entnehmen. Mundartlich bezeichnet *Saukopf* eine keilförmige Lawinenschutzmauer am Hang.[357] In Pfalzen ist es der Name eines Hügels, der die Funktion eines „natürlichen" Lawinenschutzes erfüllte, und damit diesen Namen trägt.[358] Wie schwerwiegend das Problem von Murenabgängen und Lawinen aller Art in Pfalzen ist, zeigt sich nicht zuletzt an der Fülle von Namen, die an einstige Erdrutsche und Steinlawinenabgänge erinnern. Dies sind zunächst die Bildungen auf dem Appellativ *Lammer*, der Bezeichnung für eine Steinlawine bzw. für jene Geröllhalde, die durch den Abgang einer solchen Steinlawine entsteht.[359] Als Namen erscheinen in Pfalzen *die Lammer*, dreimal das Diminutiv *das Lammerle*, weiters die spezielleren Benennungen *die große Lammer* und *die untere Lammer*. Oberhalb der Waldgrenze liegt *das Lammertal*, ein raues, steiniges Gebirgstal. Ein weiteres *Lammertal* findet sich auch im Issinger Gebiet. Etwas rätselhafter ist der Name *die Lammertase*, der bereits in Kapitel III 1.4 *Geologie: Die Beschaffenheit des Bodens* dieser Arbeit betrachtet wurde. Im Theresianischen Kataster findet er sich verschriftlicht als „lamper Tâssen" (folio 958′).

Als allgemeine Bezeichnung für eine Lawine dient in der Mundart *die Lane*[360], ebenfalls Ausgangspunkt zahlreicher Benennungen im Gebiet der Mittelgebirgsterrasse. Auf der Grundform gebildet ist der Name *die rote Lane*. Diese Lawine hat das einstige Knappenloch verschüttet und prägt seither die Landschaft. Häufiger sind Bildungen mit dem Kollektivsuffix *-ach: das Lana*. Es ist dies die Bezeichnung für Gelände, wo zahlreiche Lawinen abgehen, und das deshalb frei von Baumbewuchs ist. Da der Schnee sich in solchen Lawinenbahnen oft lange hält, ist der Boden hier feuchter und fördert das Wachstum von Kräutern, weshalb sich solche Gebiete besonders als Bergweide eig-

---

[354] Vgl. Wopfner, Bergbauernbuch 1, 633.

[355] Vgl. Finsterwalder, Bienenzucht, 358: „Das Geschäft und der Wirkungsbereich des Waldbienenzüchters hieß in der alten Sprache die *Zeidelweide*, solche Bienenzüchter waren von der Grundherrschaft mit ihren Bienenwäldern gegen entsprechende Abgaben richtig belehnt, die Zeidler bildeten eine Genossenschaft mit besonderen Satzungen und Vorrechten."

[356] Vgl. folio 1037′; 1211′; 1251′; 1264′; „der weinegger acker" 1240′ und 1289′.

[357] Vgl. Schatz, 505.

[358] Für den Besitzer der Flur ist die Motivierung des Namens jedoch nicht klar. So wurde auch der Hinweis gegeben, es sei eine nicht sehr produktive Wiese, weil sie eben diese Hügelform habe. Dies steht jedoch durchaus in Einklang mit der Erklärung der Benennung des Hügels über seine Funktion.

[359] Vgl. Schatz, 370.

[360] Vgl. ebd., 372.

nen.[361] Entsprechend findet sich in Issing der Bergwiesenname *das Lana*, allerdings auch talnahe gelegen die Fluren *Oberlana* und *Unterlana*, insgesamt *im Lana* genannt. Als Ellipse zu *Lanacker* dürfte schließlich in Pfalzen der Flurname *der Laner* gelten. Zwar lautet auch hier die mundartliche Form *Lana*, der männliche Artikel verweist allerdings auf das Ableitungssuffix *-er*, das im Pustertaler Dialekt ebenfalls als /ɑ/ ausgesprochen wird.

3.8 Gewerbe

Neben der Landwirtschaft spielte das Gewerbe von alters her eine Rolle im Pfalzner Gemeindegebiet. Niedermair nennt besonders die Handwerker, die sich am Mühlbach im Weiler Mühlen sowie im Dorf Pfalzen angesiedelt hatten, und erwähnt als herausragenden Gewerbezweig die Steinmetzkunst.[362] Wie vielfältig die Gewerbelandschaft in den Dörfern der Mittelgebirgsterrasse war, lässt sich anhand einiger Hofnamen aufzeigen. So gibt es im Dorf Pfalzen den *Schuster, Weber, Glaser, Tischler* und *Schmied*, sowie den etwas ungewöhnlich scheinenden *Kapper*, laut Erklärung der Bauern der einstige Kappenstricker.[363] Auf den Rang des Handwerkers allgemein verweist der Hofname *Meister*. Ähnlich bunt gestaltet sich das Bild der einzelnen Gewerbezweige auch in Issing. Wie in Pfalzen gibt es auch dort den *Schmied, Schuster* und *Meister*, daneben aber noch einen *Rader, Binder, Weber* und *Müller*. Als Besonderheit erscheint hier der *Öler*, dessen Kunst darin bestand, aus den harzigen Bäumen Öle zu gewinnen. Pfalzen ist berühmt für die Produktion von Latschenöl und anderen Duftölen. Heute gibt es eine Ölbrennerei, die dieses Handwerk fortführt.

Bemerkenswert ist in diesem Zusammenhang der Ortsteil *die Schweiz*. So werden die etwas abseits vom Dorf Issing gelegenen Häuser *Meister, Schuster, Maurer* und *Flatscher* genannt. Im Prinzip scheint es sich um eine Art einstige „Handwerkerzone" gehandelt zu haben, die vom Rest des Dorfes etwas abgesondert war. Die Gewährspersonen können sich den eigenartigen Namen nicht mehr erklären. Sie führten jedoch aus, dass die Menschen in diesen Häusern stets etwas getrennt vom Rest des Dorfes gelebt und ein eigenes „Völkchen" für sich gebildet hätten. Erstaunlicherweise findet sich derselbe Name auch für eine Häusergruppe in Kiens. Dort konnten die Dorfbewohner allerdings überhaupt keine Deutung für den Namen angeben. Im Theresianischen Kataster findet sich der Beleg:

> ein Haûs mit Stâdele, ûnd Stâllele, aûch viertl backofen [...] insgemein das Mitterhaûs in der Schweizner Gassen *g*enannt (Ther. Kat., folio 1097′ / 1098′)

Denkbar wäre eine Benennung nach der Nationalität einstiger „Einwanderer", die sich vielleicht etwas abseits vom Dorf angesiedelt hatten, möglicherweise auch selbst Handwerker waren, die hier ihr Wanderleben beendeten.

Die einzelnen Gewerbe haben nicht nur zur Prägung von Hofnamen geführt, sondern ihre Spuren auch in der Flurnamenlandschaft hinterlassen. Nicht nur innerhalb des Dorfes, sondern vor allem auch im Gelände um das Dorf haben gewerbliche Zweige Namenprägungen motiviert. Dabei sind es vielfach speziell zur Ausübung des Gewerbes errichtete Bauwerke, die zum Motiv der Benennung von Fluren wurden.

---

[361] Vgl. Wopfner, Bergbauernbuch 3, 388.
[362] Vgl. Niedermair, Streifzüge, 223.
[363] Ma. *Kappe* bedeutet ‚Mütze'. Vgl. Schatz, 323.

Weitaus am stärksten ist das Flurnamengut der Pfalzner Gemeinde durch das Mühlwesen geprägt worden. So ist der Weiler *Mühlen* danach benannt und der *Mühlbach*, der die zahlreichen Mühlen betreibt, die sich oberhalb des Weilers befinden. Im Volksmund ist der Name des Baches jedoch der *Rumplbach. Rumpeln* bedeutet in etwa ‚poltern'; es wird damit das Geräusch des Baches beschrieben, wenn er Steine und Geröll mitnimmt und ins Tal hinunter strömt. Wenngleich die alten Mühlen nicht mehr in Betrieb und vielfach gar verschwunden sind, erinnern die zahlreichen Mühlennamen an die einstige Verbreitung dieses Wirtschaftszweiges: *Forchnermühle, Waldermühle, Ametermühle, Plattner Mühlen, Perchnermühle, Staudermühle, Haselriedermühle, Mair am Bichl Mühle, Alpeggermühle, Niederhäuser Lochmühle, Hubermühlen, Hilbermühle, Irnbergerhäuslmühle*. Der Großteil dieser Mühlen steht im Gebiet der Katastralgemeinde Issing, entlang des Mühlbaches. In Pfalzen existiert demgegenüber heute nur *die Rohrermühle.*[364] Eine Mühle in Issing wurde schließlich gar zu einem Hof erweitert: *die Lochmühle* auf Georgenberg, oberhalb des Dorfes Issing gelegen. In Platten gibt es weiters den *Mühlweg*, der zu den Plattner Mühlen führt. Gesäumt wird der Weg vom *Mühlrain*. Die Mühlen wurden von den Bauern selbst betrieben, so verzeichnet der Theresianische Kataster stets genau, welcher Bauer in welcher Mühle das Recht zu mahlen hatte.

Mit der Mühle war häufig auch ein so genannter Getreidestampf verbunden. Dieser diente hauptsächlich dazu, Gerste zu enthülsen. Daneben wurde er auch zum Zerkleinern der Gerberlohe, zum Zerstampfen von Knochen und zum Walken des Lodens verwendet.[365] Nach ihrer Lage an einem solchen Getreidestampf sind in Pfalzen zwei Fluren benannt: *das obere* und *das untere Stampffleckl*.

Weit verbreitet war einst auch der Flachsanbau mit der damit verbundenen Flachsverarbeitung und dem Herstellen des Leinens. Auch hier dokumentieren zahlreiche Flurnamen die einstigen „Stationen" des Arbeitsprozesses. Dies war in der Regel zur Gänze Frauensache: Die Bäuerinnen wählten selbst die Felder aus, die für den Flachsanbau bestimmt waren.[366] Wenn sich die Pflanzen braun verfärbten, galt es, sie zu „rösten". Dazu wurden sie auf einem Ackerrain oder einer steilen Wiese ausgebreitet und dort von Sonne, Wind und Wetter gedörrt und mürbe gemacht. Daneben findet sich auch der Vorgang des *Reasens*. Hierbei werden die Stengel des Flachses in eine Wassergrube gelegt, damit sie dort faulen. Die Wassergrube selbst wird als *Rease* bezeichnet. Das Wort hängt mit dem ahd. *rozzên* zusammen, das ‚verwesen, sich zersetzen, in Fäulnis übergehen' bedeutet.[367] Diesen Arbeitsschritt dokumentiert in Issing der Hofname *Röser* sowie der Flurname *Reastraien*. Unklar ist beim Flurnamen, ob dahinter der Vorgang des *Reasens* steckt, oder ob die Benennung nach einem dafür benötigten Wasserteich erfolgte.

Im Spätherbst wird der Flachs gebrechelt. Auch hier gab es wieder verschiedene Methoden. Zum einen konnte dies in den sogenannten *Brechllöchern* geschehen, zwei bis drei Meter lange und tiefe sowie etwa einen Meter breite Löcher im Boden. Der Flachs wurde auf Stangen geschichtet und über die Löcher gehängt. In den Vertiefungen entzündete man Reisig und ließ solcherart den Flachs wiederum rösten. In Issing und in

---

364 Das ist zumindest die einzige mir bekannte und genannte Mühle in Pfalzen.

365 Vgl. Wopfner, Bergbauernbuch 1, 597.

366 Vgl. dazu und zum gesamten Ablauf der Flachsverarbeitung: Gatterer, Bäuerliche Welt, 256–257.

367 Vgl. Splett I.2, 768.

Greinwalden erscheint als Flurname *das Brechlloch*. Während in Issing der so bezeichnete Dörrofen noch erhalten ist, erinnert in Greinwalden nur mehr der Name daran. In beiden Fällen hat sich der Name auch auf das umliegende Gelände ausgedehnt, etwa in Greinwalden auf den schmalen Weg, an dem sich der Ofen befand.

Manchmal erfolgte das Brecheln auch im Backofen. Interessant sind besonders die sogenannten *Badstuben*, Hütten mit einem heizbaren Raum, in denen der Flachs gedörrt und gebrechelt wurde. Während Wopfner diese einzig unter dem Verwendungszweck des Flachsröstens anführt[368], gibt Niedermair an, dass es sich bei den Badstuben um kleine Bäder handelte, die sich in der Nähe größerer Höfe befanden, allerdings in späteren Zeiten verschwanden, da sie in den Augen der Geistlichkeit Orte der Unzucht waren. Noch 1780 habe es in Pfalzen aber 30 Badstuben gegeben.[369] Tatsächlich führt auch der Theresianische Kataster eine ganze Reihe von Badstuben bei den Höfen an. Gatterer beschreibt die Badstuben als Hütten mit heizbarem Raum, in denen in früheren Zeiten der Flachs gedörrt wurde.[370] Denkbar ist wohl eine Kombination beider Verwendungszwecke, da sowohl für das Bad als auch für das Flachsrösten eine beheizbare Hütte nötig war.

In Pfalzen gibt es *die Badstube* als Flurname, allerdings abseits vom Dorf und den Höfen gelegen. An die Existenz eines entsprechenden Bauwerkes kann sich heute keiner mehr erinnern. Der Name wird damit erklärt, dass hier wohl einst die Badstube für das gesamte Dorf stand, da es früher nur eine solche Einrichtung für alle gegeben habe. Tatsächlich muss es sich bei dieser Badstube um eine markante Einrichtung gehandelt haben, da sie namenprägend für eine Flur wurde. Als Orientierungspunkt wird sie bereits im Steuerkataster erwähnt:

> Nebst dem sogenannten Krepsbâchl von der Badstûben ûnter Pfalzen anfangend bis zûm Mörlischen Stöckl ob Kiens sich erstrekend. (Ther. Kat., folio 907')

Nach dem Brecheln wird der Flachs weiter zerkleinert, was in der Mundart mit *tschanggen* bezeichnet wird und soviel wie ‚kauen' bedeutet. Danach ist er bereit für das Spinnen und die Weiterverarbeitung.[371]

Auf die Tätigkeit des Flachsdörrens scheint schließlich auch die in Pfalzen existierende metaphorische Benennung *die Wäsche* hinzudeuten. Es ist der Name einer Flur im Dorfbereich, die im Theresianischen Kataster als „die gemeine Wesch" (folio 1249') angeführt wird. Die Gewährspersonen erklären den Namen damit, dass man hier einst Flachs und Hanf gebleicht habe. Auf dieser Weide befinde sich nämlich ein Bach, und Wasser benötigte man zum Flachsbleichen. Aus dem Flachs wurde dann die Wäsche hergestellt. Hier wurde also das Endprodukt der Verarbeitung namengebend für die Flur, die dieser Tätigkeit diente. Daneben existieren noch die Flurnamen *das obere* und *das untere Wäschackerle*, die sicher ähnlich gedeutet werden können.

Vom Ausmaß, das die Flachs- und Leinenverarbeitung in Pfalzen einst angenommen hat, zeugt nicht zuletzt die bereits mehrfach erwähnte Wald-, Förster- und Äscherordnung des Jahres 1415. Dort wird den Frauen untersagt, weiterhin von fremden Orten Tuche zum Bleichen entgegenzunehmen. Dadurch werde einerseits „merkhlich vill holz" verbrannt, und zudem die gesamte Nachbarschaft vom erhöhten Risiko einer

---

[368] Vgl. Wopfner, Bergbauernbuch 3, 117.
[369] Vgl. Niedermair, Streifzüge, 173.
[370] Vgl. Gatterer, Bäuerliche Welt, 257.
[371] Vgl. ebd., 257.

Feuersbrunst bedroht.[372] Offenbar hatten sich die Frauen hier einen lukrativen Nebenverdienst erschlossen und das Handwerk des Tuchbleichens tatsächlich zu einem Gewerbe erhoben, das sie über den Eigenbedarf hinaus ausüben konnten.

Die anderen Gewerbezweige sind weit spärlicher im Flurnamenmaterial dokumentiert, dennoch lassen sich auch hier interessante Spuren finden: Bis ins letzte Jahrhundert hinein spielte in der bäuerlichen Wirtschaft die Holzkohlegewinnung eine wichtige Rolle. Die Meiler, die man zum Zweck der Kohlegewinnung im Wald errichtete, waren mit ihren Rauchfahnen weithin sichtbar und prägten die Landschaft. Das Brennen der Kohle brachte für viele Bauern einen wichtigen Nebenverdienst. Es erfolgte in der Regel im Herbst, wenn die anderen Arbeiten auf Hof und Feld erledigt waren.[373] Ort der Kohleverarbeitung war die sogenannte *Kohlstatt*. Im Pfalzner Gemeindegebiet gibt es in Issing, Greinwalden und Pfalzen jeweils den Flurnamen *die Kohlstatt*, der die einstige Verbreitung dieses Gewerbes im untersuchten Gebiet belegt. In Greinwalden existiert zudem *die Kohlwiese*, in Issing *die Kohltrate*. Flurnamen, die auf das Holzkohlebrennen verweisen, sind auch in den anderen Südtiroler Gemeinden weit verbreitet. Wie das Kohlebrennen im Einzelnen ablief, lässt sich anhand des Landreims aus der Mitte des 16. Jahrhunderts nachvollziehen, den Wopfner unter dem Kapitel Kohlebrennen zitiert.[374] Zunächst wurde das Holz zur Kohlstatt gebracht. Dort wurde dann über drei Holzscheitern ein Stapel aufgeschichtet, damit Luft hinzukam. Die Holzbrocken wurden mit Gras und Zweigen bedeckt und durchmischt, um den Stapel eine Schutzwand errichtet. Schließlich wurde noch Kohlenlösche, d. h. kleine Reststücke früher gebrannter Kohle, oder Erde auf den Haufen gegeben. Oben in der Mitte des Kohlehaufens schnitt man sodann ein Loch aus, das mit Zweigen gefüllt wurde, die man anschließend in Brand setzte, bis sie zu heller Kohle verglühten. Der Köhler leitete das Feuer weiter, indem er ein Loch dort hinein stach, wohin das Feuer weiter glühen sollte. Dieses Feuer ließ er drei Tage lang brennen. Danach zerstörte er den Stapel an dieser Stelle und löschte die brennende Kohle ab, soweit sie bis dahin gebrannt war, ließ einen Teil brennender Kohle im Stapel und leitete das Feuer wieder durch das Stechen eines Loches im großen Holzstapel weiter, und der Vorgang begann von Neuem. Eine andere Methode bestand darin, stehende Haufen in einem gewissen Abstand um einen Baum zu errichten. Der Baum in der Mitte wurde in Brand gesetzt, sodass sich das Feuer selbst ein Loch in den Haufen brannte, das man wiederum mit Holz füllen konnte. Die Köhler mussten dabei stets den Meiler im Auge behalten und darauf achten, dass das Feuer nicht erlosch oder durch den Wind zu stark entfacht wurde und die Kohle zerstörte. Laut Wopfner geschah die Kohlegewinnung bis ins 19. Jahrhundert nach dieser Methode, die bereits im Landreim geschildert wurde.

An die Gewinnung eines anderen wichtigen Materialstoffes erinnern die Flurnamen *der Kalkofen* und *der Ziegelofen*. Drei Fluren sind im Pfalzner Gemeindegebiet so benannt, wobei in einem Fall beide Benennungen austauschbar sind. Dies lässt annehmen, dass der Ofen zur Kalkgewinnung und zum Ziegelbrennen verwendet wurde. In allen drei Fällen ist der einstige Brennofen verschwunden, die Namen halten sich noch heute an den Fluren.

Ein vereinzelter Hinweis auf eine einstige tiefschürfendere Nutzung des Pfalzner Hausbergs Sambock wird durch den Flurnamen *das Knappenloch* gegeben. Offensicht-

---

[372] Vgl. Niedermair, Streifzüge, 211.
[373] Vgl. Wopfner, Bergbauernbuch 3, 618–621.
[374] Vgl. ebd., 618–620.

lich wurde auf der Suche nach Bergschätzen auch an diesem Berg eine Grabung vorgenommen, die jedoch sicher keinen nennenswerten Erfolg brachte. Jedenfalls gibt es keine weiteren Spuren für Bergwerkswesen im Pfalzner Gebiet. Die Bauern erinnern sich noch an den alten Stollen, in den sich manch eine Kuh verirrte und den Weg nicht mehr herausfand. Mittlerweile hat jedoch die rote Lane den Stollen verschüttet.

Auf der Mittelgebirgsterrasse erscheint als weiterer Gewerbezweig die Fischzucht. Daran erinnern drei Flurnamen; zunächst *die Fischeräcker* in Issing. Hier sind vier nebeneinander liegende Äcker nach dem Berufsstand der Fischer benannt, wobei unklar ist, ob sich dahinter ein Besitzverhältnis verbirgt oder eine andere Motivation. *Der Kalteracker* ist wohl nach einem Fischbehälter benannt, der für die Fischzucht verwendet wird. *Kalter* ist die kontrahierte Form aus *Gehalter.*[375] *Das Krebsbachl* schließlich ist nach dem Vorhandensein der schmackhaften Flusskrebse benannt, die früher ebenfalls gängiges und beliebtes Nahrungsmittel waren. Dass die Fischzucht einst eine gewisse Rolle in Pfalzen spielte, lässt sich auch dem entsprechenden Eintrag im Rustical Steuerkataster entnehmen:

> Weiters ist zûm Gerichtsherrschäftlichen Schloß Schönegg gehörig ûnd zû Gûnkellehen eingegeben die Hoch= ûnd Nidere Jagdbarkeit im ganzen Gericht Schönegg, welche Consideratis Considerandis, ûnd blos nûr in Rücksicht aûf die Herrlichkeit ahstimirt ûnd angeschlagen worden [...] Sodann aûch die Fischwaýdeneý sowohl auf den großen Bach die Rienz genannt als aûch von denen 4 Seiten= oder sogenannten Wildbächlen, welche nach Proportion der hiefür eingehenden Bestandzinsen /: doch in Bedenkûng, daß jezûweilen denen Fischern von wegen dûrch das gewâsser erleidenden Schaden einiger Nachlaß verwilliget werden mûß :/ geachtet wird aûf [...] Weiters eine fischgrûeben oder Weÿerl zû ünterst des schöneggischen Bûrgfeld, so mit Kärpflen oder einer anderen schlechten fischgattûng besetzt werden kann: Nebst dem sogenannten Krepsbâchl von der Badstûben ûnter Pfalzen anfangend bis zûm Mörlischen Stöckl ob Kiens sich erstrekend. Ûnd soderbar der sogenannte Sâlbling, See ober der *G*rienbacherischen Alpenkâser in Gebierg, ûnd ein kleineres deto ober der Platner Alpen [...] (Ther. Kat., folio 907′)

An das Handwerk des Schmieds erinnert neben dem oben bereits angeführten Hofnamen der Flurname *die Loatstatt.*[376] Fink führt diese Bezeichnung als Synonym zu *Schnoatstall* und *Noatstant* an, womit einst der Beschlagstand der Ochsen beim Schmied benannt wurde. Das mundartliche Verb *loatn* entspricht dem hochdeutschen *leiten,* könnte also tatsächlich auf die Ochsen verweisen, die zum Schmied geführt wurden. Heute ist die Flur Wald.

Die Wasserkraft der Bäche wurde nicht nur zum Betreiben der Mühlen benutzt, sondern auch für die Holzverarbeitung. In Issing findet sich entsprechend *die Ameter Säge*, ein Sägewerk, das zum Ameterhof gehört. Nach ihm sind auch die umliegenden Fluren benannt: *bei der Ameter Säge.* Niedermair erwähnt, dass es 1780 noch zwei Sägewerke in Pfalzen gab – sowie siebzehn Heimmühlen, drei Metzmühlen, eine Lodenwalch und zwei Stampfen.[377] Weiters erwähnt er noch eine Bäckerei, die sich einst in Pfalzen beim heutigen Starklwirt befand. An den Bäcker erinnert noch der Almname *die Bäcken Geige*, wo offensichtlich ein Bäcker als Besitzer aufscheint. Zumindest ist *Bäcker* im Pfalzner Gebiet heute kein Hofname mehr.

---

375 Vgl. Schatz, 321; Tyroller, Typologie, 1440.

376 Wenn tatsächlich ein Zusammenhang mit dem Verb *leiten* besteht, könnte der Name auch als *Leitstatt* verschriftlicht werden. Die Herleitung scheint jedoch nicht völlig sicher zu sein.

377 Vgl. Niedermair, Streifzüge, 173.

Resümee

Die Nutzung des Landes in den verschiedenen Bewirtschaftungsformen brachte den Menschen in engsten Kontakt mit den dörflichen Fluren, in die er eingriff und sie hin zur Kulturlandschaft veränderte, die heute den Alpenraum charakterisiert. Damit war die Schaffung eines engen Namennetzes nötig, um eine schnelle, allgemein verständliche Orientierung in der Landschaft und deren effiziente Bewirtschaftung zu ermöglichen. Letztlich steht die gesamte Namengebung im Dienste dieser wirtschaftlichen Nutzung, auch wenn die Namen natürliche oder historisch-soziale Gegebenheiten widerspiegeln.

So erinnert die Mikrotoponomie an die Urbarmachung des Landes, wie sie im Zuge der Rodungstätigkeit mit ihren vielfältigen Formen erfolgte. Die verschiedenen Namen der Weiden und Wiesen zeugen von deren Verwendung im Rahmen der Viehzucht, vielfach mit Nennung der Tiere, die man dort hielt. Sie dokumentieren die strenge Unterteilung der Fluren in für die Beweidung offenstehende Bereiche und solche, die nur zum Mähen bestimmt waren. Die Benennung der Almflächen ist sogar primär von ihrer Bewirtschaftung geprägt, dokumentiert die verschiedenen Momente des Almlebens, die Gewohnheiten der Tiere und die Absonderung mancher Fluren für die speziellen Erfordernisse der Viehhaltung auf der Alm. Zäune gliedern die Landschaft in betretbare und für das Vieh offene Zonen und solche, die man vorsorglich abgrenzte und einhegte. An diesen Zäunen mit ihren Toren und Gattern orientierten sich die Menschen, Zaunnamen stellen also Verbindungs- und Trennlinien im Namennetz dar.

Viehzucht und Ackerbau sind zweifelsohne die intensivsten und wichtigsten Wirtschaftsformen im Pfalzner Gemeindegebiet. Diese beiden Wirtschaftszweige sind somit auch am stärksten im Namengut präsent. Die Gliederung der nicht bewaldeten Fluren erfolgte nämlich primär in Ackerland, Weideland und Wiesenfläche. Gerade die einzelnen Äcker zeichnen sich durch eine große Varianz an Benennungsformen aus. Auch die alten Zelgen und Traten der Dreifelderwirtschaft und die Agarten der Egartenwirtschaft sind im Namengut noch gegenwärtig. Acker- und Wiesennamen bestimmen insbesondere die Mikrotoponymie um den einzelnen Hof herum, die Sphäre der familiären Benennungsformen.

Die Nutzung des Waldes prägte einen eigenen Namenschatz, wobei hier die Förster und Jäger, insbesondere aber auch die Holzarbeiter ihre Erfahrungen verewigten: Diese Namen berichten von der Art der Bäume, der Charakteristik des Waldes, den Verstecken der Jäger und den Gefahren der Holzarbeit. Sie erinnern auch daran, wie mühsam man dem Wald Wiesen- und Weideflächen abgerungen hat. Eine verhältnismäßig kleine Gruppe von Namen dokumentiert besondere Nutzungsformen wie Gartenbau, Bienenzucht oder Lawinenschutz. Schließlich hat auch das dörfliche Gewerbe seine Spuren im Namenmaterial hinterlassen; dabei erinnert das Pfalzner Material insbesondere an das Handwerk der Müller und die Flachsverarbeitung, vereinzelt auch an das Kohlebrennen, das Bergwerkswesen, die Fischerei sowie an das Schmiedehandwerk, die Holzverarbeitung und die Dorfbäckerei. Auch wenn diese Handwerkszweige nunmehr weitgehend aus dem Dorfbild verschwunden sind, reflektieren die Flurnamen noch heute die einstige Gewerbetätigkeit der Menschen und erinnern daran, wie das Handwerk das Bild der Pfalzner Landschaft mitbestimmte.

Eine historische Landschaft im Spiegel ihrer Flurnamen

Ziel dieser Darstellung war es, das Flurnamennetz der Gemeinde Pfalzen zu rekonstruieren, anhand der Namen eine Spurensuche vorzunehmen, einen Teil Mikrogeschichte nachzuzeichnen und die Namen gleichsam als ein Fenster zurück in die Vergangenheit zu verwenden. Es sollte aufgezeigt werden, dass in der Mikrotoponymie die Geschichte eines Dorfes in Momentaufnahmen festgehalten ist, und damit ein Streifzug durch die Vergangenheit möglich wird. Natürlich gilt es dabei, dem besonderen Quellenmaterial Rechnung zu tragen und vor allem jene Fragen zu stellen, auf die uns diese Quellen Antworten bieten können. So lässt sich keine Ereignisgeschichte des Dorfes rekonstruieren; Namen sind vielmehr wie Fossilien im Gestein, die uns Etappen und Elemente einer Geschichte dokumentieren; das narrative Gerüst, in das sich diese Mosaiksteine einbinden lassen, muss durch die Interpretation der Historiker und Namenforscher geschaffen werden. Die Namen aber sind die Substanz, die die Interpretation leiten und überhaupt erst ermöglichen.

Der Flurnamenschatz ist mittlerweile im Abnehmen begriffen, jedes Sammeln ist ein Wettlauf gegen die Zeit, da die „moderne“ Welt die Notwendigkeit dieser mentalen Landkarte stark reduziert hat: Die Almen werden weit weniger bewirtschaftet als früher, die meisten Bergmähder sind verschwunden, Flurbereinigungen haben zur Zusammenlegung der vielen kleinen Fluren im Tal geführt. Einstige Handwerkszweige wie die Flachsverarbeitung, das Kohlebrennen, die Holzarbeit und das Verarbeiten des Getreides existieren nicht mehr, haben an Bedeutung verloren oder werden nunmehr außerhalb der Dorfgemeinschaft in Großbetrieben ausgeübt. Zäune und Gatter verschwinden aus der Landschaft, die alten Grenzsteine sind unter Erde und Gras verborgen, selbst die Jäger orientieren sich auf ihren Streifzügen durch die Wälder kaum mehr an den alten Benennungen. Damit sind die Flurnamen tatsächlich zu einem „historischen“ Quellenmaterial geworden und gewinnen in dieser Hinsicht umso größere Bedeutung, je mehr sie ihre Rolle als alltägliches Kommunikationsmittel einbüßen.

Abschließend soll an dieser Stelle eine Zusammenfassung der gesamten Analyse gegeben und aufgezeigt werden, welche Spuren sich anhand des Namennetzes auffinden ließen, wie die historische Landschaft der Gemeinde Pfalzen anhand ihres Namenschatzes rekonstruiert werden konnte. Zugleich wird dadurch die Strukturiertheit des Pfalzner Namennetzes selbst deutlich, insofern als durch diese Interpretation der Namen nachgezeichnet wird, nach welchen Kriterien Namen geprägt wurden, welche Motive die Namengebung leiteten.

Die Aussagen, die sich anhand der Mikrotoponyme machen lassen, gliedern sich in drei Großgruppen, denen auch die Einteilung dieser Arbeit folgte. Das ist zum einen die natürliche Lebenswelt der Menschen. Die sogenannten „Naturnamen“ zeigen, wie diese Umwelt durch die Menschen wahrgenommen wurde, welche Elemente besondere Bedeutung hatten, was dem Bearbeiter der Fluren wichtig und bemerkenswert schien, gleichsam ins Auge stach. Die Pfalzner Flurnamen dokumentieren besonders die starke morphologische Gliederung der Landschaft in Höhen und Tiefenlagen, sprechen von zahlreichen Murenabgängen, von schwer zu bewirtschaftenden felsigen Böden. Die Namen belegen auch den Wasserreichtum des Gebietes, der viele Quellen hervortreten lässt, aber auch zur Versumpfung zahlreicher Flächen beiträgt. Die reiche Bergflora mit würzigen Almkräutern und besonderen Blumenarten, aber auch die dichte Bewaldung lassen sich ebenso anhand der Flurnamen nachzeichnen. Dabei ist es besonders das weiter von den Siedlungen entfernte Berggelände, das nach den natürlichen Gegebenheiten benannt wurde. Hier waren die Menschen unmittelbar mit den Kräften der Natur konfrontiert, war das Gelände weit weniger durch die kultivierenden Eingriffe der Menschen geprägt. Letztlich lässt sich auch das Vorkommen einstiger und heutiger Wildtiere anhand einzelner Onyme aufzeigen, etwa das Vorhandensein der längst ausgestorbenen Bären, nach denen mehrere Namen in den dichten Issinger Bergwäldern geprägt sind.

Eine zweite Gruppe von Namen dokumentiert die historisch-soziale Lebenswelt der Menschen in der Pfalzner Landschaft. Die Menschen und ihre Gemeinschaft, die Organisation des Zusammenlebens lassen sich anhand der Mikrotoponymie entdecken, und Blicke eröffnen sich sogar in das Denken und die Phantasie der historischen Namengeber. Besonders häufig sind die Besitzer der Fluren in den Namen dokumentiert, sodass sich einstige Eigentumsverhältnisse rekonstruieren lassen. Es finden sich aber auch historische Gründer- und Besitzernamen, die uns in die Zeit der bajuwarischen Rodungstätigkeit führen und zum Geschlecht der Agilolfinger, das in den Ortsnamen *Greinwalden* und *Issing* verewigt ist. Andere Namen wie *Irnberg* und das *Panzatal* verweisen ebenfalls auf alte germanische Personennamen und damit auf historische Besitzer dieser großen Flächen. Sozialgeschichtlich interessant ist der Befund, dass Namenprägungen auf Vornamen sehr selten sind und auf einstige Kleinbesitzer verweisen, die keinen Hof- oder Hausnamen führten, nach denen man ihre Fluren hätte benennen können. Frauen haben ihre Spuren nur äußerst selten im Namenmaterial hinterlassen. Lediglich *der Salacker* erinnert an eine „Sal Lisl“ als weibliche Besitzerin; ansonsten sind Benennungen nach Frauen in der Mikrotoponymie meist mit Anekdoten verbunden, die sich um skurrile Begebenheiten ranken.

Es lassen sich weiters auch Grundherrschaften an den Flurnamen aufzeigen, in Pfalzen sind es insbesondere Besitzungen des Schlosses Schöneck und der Kirche, die explizit ihre Eigentümer nennen. Andere Fluren sind nach Abgabenformen – etwa dem Sackzehent – benannt. Der Ort, an dem man sich einfand, um die Abgaben zu ordnen und zu messen, lässt sich anhand der Flur *Richtgrube* identifizieren. Das Gerichtswesen hat in Pfalzen nur sehr marginale Spuren hinterlassen, während andernorts Flurnamen noch an alte Gerichtsstätten erinnern, etwa *der Galgenbichl* in Obervintl. Dafür sprechen die Pfalzner Namen aber von einstigen Rechtsstreitigkeiten und Pfändungen. Besonders wichtig sind jene Onyme, die alte Grenzen dokumentieren, vor allem die Namen der Grenzsteine, die heute vielfach verwachsen und vergessen sind, einst aber strengste Beachtung verlangten. Benennungen von Bildstöcklein und Kreuzen erinnern an die Religiosität der Bewohner, wobei einige Namen auch dem Teufels- und Hexenglauben im Volk entsprungen sind. Anhand der Wegnamen lassen sich die Anlässe nachvollziehen, zu denen die Wege begangen wurden, etwa Wallfahrten, Prozessionen oder Begräbnisse. Besitzernamen dokumentieren, welche Familien diese Wege in Stand hielten und insbesondere für den Kirchgang nutzten. Weiters hat sich manch Anekdotisches aus dem Dorfleben in den Namen erhalten und gewährt damit zugleich Einblick in den besonderen Humor der einzelnen Dörfer und in ein Stück mündlich überlieferter Geschichte, das nur in diesen Namen festgehalten ist. Metaphorische Benennungen sprechen schließlich von den seltsamen Bildern, die sich dem Betrachter mitunter in der Strukturiertheit der Landschaft zeigten, und die oft Ausgangspunkt für einzigartige Namenprägungen wurden.

Die dritte Großgruppe von Namen umfasst all jene Benennungen, die mit den Bewirtschaftungsformen auf der Pfalzner Mittelgebirgsterrasse in Verbindung stehen.

Hier dokumentieren die Namen die einzelnen Arbeiten auf Feld und Hof, erinnern an Mühen und Gefahren und an die Nutzung der Fluren für verschiedene Bewirtschaftungsformen. Oft lassen sich ganze Handlungsabläufe anhand der Flurnamen nachzeichnen, die beinahe eine Art Script, ein „Drehbuch" bilden. Die Rodungsnamen erinnern daran, dass man in Pfalzen hauptsächlich mit Brennen und Schlagen den Wald nutzbar machte, Waldweiden anlegte, Laubbäume abholzte und Lärchen stehen ließ. Die durchwegs deutschen Rodungsnamen weisen auf die intensive Urbarmachung durch die bajuwarischen Siedler hin. An den Bereich der Viehzucht erinnern Wiesen- und Weidennamen. Die *Traien* bezeugen alte Viehwege, Stallnamen auf den Bergmähdern zeigen, wo man das Vieh einst im Sommer unterbrachte, auch wenn diese Ställe heute meist vom Erdboden verschwunden sind. Andere Namen bezeichnen abgesonderte Bereiche für die Haltung des Zuchtebers, des Dorfstieres und für krankes Vieh. Gerade das Almgelände ist durchwegs nach seiner Nutzung im Bereich der Viehzucht benannt. Hier lassen sich die einzelnen Stationen des Almlebens beinahe dramatisch rekonstruieren, Rastplätze der Tiere, Tränken und Pferche werden genannt. Hierher gehört auch die große Gruppe der Bergmähder, die mit ihren variantenreichen Namen daran erinnern, wie markant die Wiesen sich einst in den großen Waldflächen abhoben, jede einzelne völlig individuell, durch Form und Bewuchs unterschieden von der nächsten. Auch Nutztiere sind oft im Namengut enthalten und belegen, dass die einzelnen Almbereiche meist unterschiedlichen Tieren vorbehalten waren. Die Schweine fanden sich unmittelbar bei der Hütte, die Schafe im steilsten Gelände; Ochsen und Pferde wurden gar auf speziellen Almen gehalten. Zäune und Gatter prägten die Landschaft und trennten die Fluren in für das Vieh zugängliche und unbetretbare Zonen. Sie gliederten das Gelände und schufen wichtige Orientierungspunkte, die heute mit dem Verfall vieler Zäune verloren gehen.

Der Ackerbau gehört zu jenen Bereichen, die am intensivsten in der Mikrotoponymie reflektiert sind. Die einzelnen Äcker wurden nach ihren Besitzern benannt, nach den Anbaufrüchten oder ihrem Aussehen geprägt. Manche eigenwillige Form erinnert daran, wie mühsam man dem Boden Ackerflächen abgerungen hat. Auch die Art und Weise der Bewirtschaftung – Dreifelder- oder Egartenwirtschaft – lässt sich anhand der Verbreitung der Namen *Zelge*, *Trate* und *Agarte* nachvollziehen. Im Pfalzner Gebiet müssen beide Bewirtschaftungsformen nebeneinander existiert haben, wie sich aus dem Namenmaterial schließen lässt.

Im Rahmen der Waldwirtschaft sind besonders die Risen zu erwähnen, die Holzrutschen, auf denen man die Stämme ins Tal beförderte und deren Namen oft an die Beschwernisse und die Gefährlichkeit dieser Arbeit erinnern. Die Namen der Wälder zeigen, ob gutes oder schlechtes Holz darin wuchs. Jägernamen verraten jene Örtlichkeiten, von wo aus man die Tiere beobachtete. Eine kleinere Gruppe von Namen dokumentiert besondere Nutzungsformen der Flur im Rahmen der Bienenzucht, der Gartenwirtschaft und des heute aufgrund der Höhenlage fast unglaublich wirkenden Weinanbaus. Schließlich können wir anhand der Namen eines Gebietes erkennen, welche gewerblichen Wirtschaftszweige in der historischen Landschaft ausgeübt wurden. Dies ist vor allem deshalb wichtig, weil die meisten dieser Gewerbeformen nunmehr aus dem Dorf verschwunden sind. Die Namen der Fluren im Pfalzner Gebiet zeigen, wie wichtig einst die Flachsverarbeitung und das Kohlebrennen waren. Die zahlreichen Mühlen- und Getreidestampfnamen sprechen von der Selbstversorgung der Bauern, die auch Müller und Bäcker waren. Die Holzverarbeitung fand in eigenen Sägewerken statt, auch der Schmied hatte seinen Platz im Dorf. Andere Flurnamen erinnern an das Kalk-

und Ziegelbrennen, an die Fischerei, ja sogar Spuren des Bergwerkswesens lassen sich anhand eines Flurnamens aufzeigen.

Der Blick, der durch den Spiegel der Namen zurück in die Vergangenheit geworfen werden kann, ist also ein sehr vielschichtiger und facettenreicher, der uns das Bekannte auf ganz neue Weise präsentiert und Fremdes und Neues aufzeigen lässt. Die Faszination liegt gerade in der Besonderheit dieses Quellenmaterials, das uns Aussagen ermöglicht, wo schriftliche Quellen fehlen, das altbekannte Örtlichkeiten plötzlich mit neuem „historischen" Leben füllt, das uns beinahe zurück in die Köpfe jener Menschen blicken lässt, die die Namen einst geprägt haben.

> Es darf deshalb nicht verwundern, wenn Namenzeichen einzel- und übereinzelsprachlich, langlebig oder gar zeitlos und doch historisch bedingt sind und wenn sie viele Plätze und Funktionen im menschlichen Leben in Beschlag nehmen. Wie in kaum einer anderen Wissenschaft stellt sich das Objektfeld der Namenforschung als eine fast grenzenlose Welt dar, die es zu erforschen gilt.[378]

---

[378] Eichler u. a., Vorwort, V.

Glossar der Pfalzner Mikrotoponyme

a) Aufbau der Einträge

Das Glossar der Pfalzner Mikrotoponyme führt an erster Stelle den Namen in normalisierter, jedoch nicht verhochsprachlichter **Schreibung** an. Die Verschriftlichung richtet sich nach den Prinzipien der Schreibung, die unter dem Kapitel „Technische Vorbemerkungen" am Beginn dieser Arbeit dargestellt wurden.

Es folgt die lautschriftliche **Transkription**, welche die exakte Wiedergabe der mundartlichen Lautform ermöglicht. Dazu wird das Transkriptionssystem verwendet, das für den südwestdeutschen Sprachatlas entwickelt wurde.[179] Um das Lesen der Lautschrift zu erleichtern, werden anschließend nochmals die wichtigsten Elemente des Transkriptionsschlüssels im Überblick angeführt. Auf der gesamten Pfalzner Mittelgebirgsterrasse ist eine generelle Schwankung zwischen /ọ/- und /ö/-Aussprache zu bemerken; cf. /mọ̄ʃ/vs. /mȫʃ/. In der Transkription wurde diese Schwankung wie auch andere Aussprachevarianten nicht vereinheitlicht, sondern jeweils jene Form notiert, die von der Gewährsperson realisiert wurde.

Daran anschließend folgt die **Lokalisierung** der Namen mittels Angabe der Parzellennummer. Hierbei wird zunächst die Katastralgemeinde angeführt, in welcher der Name lokalisiert ist. Es folgt in Klammern zunächst die Zahl des Katasterblattes und durch Schrägstrich abgetrennt die Nummer der Parzelle. Tragen mehrere Fluren denselben Namen, so werden alle Lokalisierungen unter demselben Namenseintrag angeführt. Die Erhebung in der Gemeinde Terenten (Fraktionen Terenten und Pichlern) wurde nicht mehr mit Katasterkarten durchgeführt, sondern anhand digitalisierter Luftbilder, auf denen jeder Name eine eigene Flurnummer erhält. Werden somit Vergleichsbeispiele aus dieser Gemeinde angeführt, so finden sich als Lokalisierungsangaben an erster Stelle die Nummer der verwendeten Karte, an zweiter die Teilkartennummer (1 oder 2) und an dritter die individuelle Flurnummer. Die Daten beziehen sich auf die im Projekt „Flurnamenerhebung in Südtirol" an der Universität Innsbruck / Institut für Germanistik erstellten Karten.[180] Konnte die genaue Lokalisierung des Namens nicht mehr ermittelt werden, so wird dies durch ein Fragezeichen gekennzeichnet.

Soweit vorhanden folgt darauf **die historische Form**, wie sie im *Rustical Steuerkataster des Gerichtes Schöneck III.ter Band*, sprich jenem Band des Theresianischen Katasters, der das heutige Gemeindegebiet von Pfalzen umfasst, belegt ist. Dieser Band stammt aus den Jahren 1777–1780. Unter den Nameneinträgen wird der Namenbeleg aus dem Steuerkataster im syntaktischen Zusammenhang angeführt. Die Transkription folgt den Prinzipien, die im Kapitel „Technische Vorbemerkungen" angeführt wurden. Es ließ sich allerdings nicht immer genau erkennen, ob im Kataster tatsächlich dieselbe Flur gemeint ist, die von den Gewährspersonen heute als Träger des Namens angegeben wurde. Dieses Problem ergibt sich vor allem aus dem stark appellativischen Charakter des Pfalzner Namenschatzes, der zu zahlreichen Namenwiederholungen führt. Gerade die individuelleren Prägungen können je-

[179] Für die Beschreibung des Transkriptionssystems siehe Seidelmann, Transkriptionssystem, 61–78. Eine kurze Darstellung findet sich am Beginn dieser Arbeit im Kapitel „Technische Vorbemerkungen".

[180] Nach Abschluss des Projektes werden diese Karten im Südtiroler Landesarchiv aufbewahrt.

doch über diese historische Dokumentation gut zurückverfolgt werden; für die appellativischen Formen bietet die Quelle dennoch interessantes Belegmaterial, denn bei der Häufigkeit dieser Benennungsformen scheint eine genaue Lokalisierung von sekundärem Interesse.

Das Glossar umfasst sämtliche in Pfalzen erhobenen Namen, auch solche, die in der Darstellung nicht behandelt wurden.

b) Transkriptionsschlüssel im Überblick

ɑ e i o u	neutrale Vokale
ẹ̜ ị̜ ọ̜ ụ̜	leicht geschlossene Vokale
ẹ ị ọ ụ	geschlossene Vokale (z. B. ma. *stecken*; *Ross*)
e̤ i̤ o̤ ṳ	sehr geschlossene Vokale
e̜ i̜ o̜ u̜	leicht offene Vokale
ę į ǫ ų	offene Vokale (z. B. ma. *Stecken*, *Bach*)
ę̨ į̨ ǫ̨ ų̨	sehr offene Vokale
/ɑ /e /i /o /u	zentralisierte Vokale (im Zentrum der Mundhöhle artikuliert)
ɑ̄ ē ī ō ū	lange Vokale
â ê î ô û	halblange Vokale
ö ü	⟨ö⟩; ⟨ü⟩
ə	Schwa (Reduktionsvokal)
α	a-haltiger Schwa
d b g v s	Lenisform der Konsonanten (schwache, weiche Artikulation, z. B. das *d* in ma. *Böden*, *b* in ma. *oben*, *g* in ma. *kegeln*)
t p k f ʃ	Fortisform der Konsonanten (starke, harte Artikulation; z. B. *t* in ma. *Betten*, *p* in ma. *Kappe*, *g* in ma. *Pinggl*)
d̩ b̩ g̩ v̩ s̩	leicht fortisierte Lenisform
d͈ b͈ g͈ v͈ s͈	fortisierte Lenisform
t͓ p͓ k͓ f͓ ʃ͓	lenisierte Fortisform
ḍ ḅ g̣ ṿ ṣ	stimmhafte Konsonanten
š	⟨sch⟩ Lenis
ʃ̌	⟨sch⟩ Fortis
x	⟨ch⟩ im mittleren Halsbereich artikuliert
kx	⟨k⟩
ks	⟨x⟩
ts	⟨z⟩
ʀ	uvulares (Halszäpfchen) ⟨r⟩
n	dentales ⟨n⟩
ŋ	velares ⟨n⟩
mw j h	⟨m⟩;⟨w⟩; ⟨j⟩; ⟨h⟩
n̥ m̥ ŋ̥ ʀ̥ l̥	silbische Konsonanten
ʔ	Glottisverschluss (Knacklaut beim Ansatz von Vokalen, etwa in *Spiegel-Ei* vs *Spiegelei*)

A

der Achtersteig /dǫ ǫ́xt̮ašt̮aęg/ Issing (11 / durch 258)
die Äcker beim Brand /di ak̮xǫ p̮an p̮ʀǫ́nt̮ʰ/ Pfalzen (6/ 1052 u. a.)
die Agarte /di ágǫṣ̌t̮ę/ Greinwalden (5/ in 128)
ein acker die âgert genannt (Ther. Kat., folio 1394′)[181]
die Aichnerweide /di ǫaxnawǫ́adę/ Issing (7/ 1028, 1049, 1047, 1048, 1050)
die Alege /di ǫ́lę̂gę/ Pfalzen (6/ unterer Teil von 1185,$_{13}$ und 1185,$_{14}$)
die Alpeggermühle /di ǫlp̮ęk̮amı̄lę/ Issing (7/ 65)
das Alpl /ṣ álp̮l̥/ Issing (6/ 1639)
die Alplleite /di alp̮lláęt̮ę/ Issing (4/ in 1663,$_{2}$)
der alte Stall /dǫ ǫlt̮ę št̮ǫ́l/ Pfalzen (2/ in 1186)
das alte Wasser /ṣ ǫlt̮ę wǫ́ʃǫ/ Pfalzen (6/ 1037,$_{1}$)
das alte Weib /ṣ ǫlt̮ę wáęp̮/ Terenten (810/ 1 / 25)
die alte Wiese /di ǫlt̮ę wı̄́ṣę/ Issing (6/ 1591 + 1592,$_{1}$)
der Ameisbichl /dǫ ū̥maṣp̮ı̄́xl̥/ Pfalzen (6/ in 262,$_{2}$)
das Ameterknöspl /ṣ amit̮ak̮xnę́ṣ̌p̮l̥/ Issing (6/ in 1635,$_{11}$)
die Ametermühle /di amit̮amı̄́lę/ Issing (5/ 106,$_{1}$)
die Ameterrise /di amit̮aʀı̄́ṣę/ Issing (?)
der Andoacker /dǫ ándǫʔǫk̮xǫ/ Pfalzen (8/ 308)
der Anewandter /dǫ ǫ́nęwǫnt̮a/ Greinwalden (5/ in 40)
ein acker der annewandter heißend (Ther. Kat., folio 1392′)
ûnd ein anewandte die wasser anewandten genannt (Ther. Kat., folio 1035′)[182]
der Anger /dǫ ǫ́ŋǫ/ Pfalzen (8/ 647); Greinwalden (5/ 102, $_{1+2+3}$)
eine wiesen, der anger genannt (Ther. Kat., folio 1219′)[183]
die Angerlan /di áŋǫlan/ Pfalzen (9 / 720, 719, 717)
das Angerle /ṣ áŋǫlę/ Greinwalden (5/ 6,$_{1}$)
ein Stûck Erdreich in acker, ûnd wiesen, das ângerle genannt (Ther. Kat., folio 1295′)[184]
der Antlassweg /dǫ ǫnt̮laʃ wę́k̮ʰ / Pfalzen (8 / Wegparzelle 1221,$_{1}$)
die Antlasszäune /di ǫnt̮laʃ t̮ṣáęnę/ Pfalzen (8 / Wegparzelle 1221,$_{1}$)
antlas zâûne (Ther. Kat., folio 904′)
das ausgezäunte Tal /ṣ aǫṣgit̮ṣaęnt̮ęt̮ǫ́ᵘl/ Pfalzen (6/ 978)
der Auslug /dǫ áǫṣluįgʰ/ Greinwalden (5/ 148)
ein Stûck Erdreich in acker ûnd wiesen, das aûslûeg genannt (Ther. Kat., folio 1170′)
der Außerloach /dǫ áǫṣǫlǫax/ Issing (7/ 680)
außerm Zaun /aǫṣǫn t̮ṣáǫn/ Issing (7/ 1297)
das Außerpeintl /ṣ áǫṣǫp̮aęnt̮l̥/ Pfalzen (4/ 1168 + 1169)
mehr ein bergwiesele alldort, das aûßerpeintl geheissen, von 2: Tagmad (Ther. Kat., folio 1018′)

[181] Weitere Belegstellen: „ein Stûck Erdreich in acker und Wiesen, die âgert geheissen" (folio 1281′f); „die agert"; „die ober agert" (folio 1402′); „ein acker die agert geheißen" (folio 1419′).

[182] Aus den weiteren Belegstellen sollen hier nur die unterschiedlichen Varianten angeführt werden: „eine wiese, die Anewandter genannt" (1068′); „ein Stûck Erdreich, der anewandter acker genant" (1339′); „ein âckerle, das annewandterle genannt" (1400′). Auffallend ist bei den Belegen besonders, dass das Genus von *Anewandter* sich nach dem jeweiligen Genus des Appellativs richtet, das die Flurart bezeichnet; so heißt die Wiese „die Anewandter", der Acker jedoch „der annewandter".

[183] Daneben auch Verwendung mit Präposition in den Belegstellen: „ein Stûck wiesen am anger genannt" (1339′); „ein Stûckl Erdreich in anger geheissen" (1225′); sowie zahlreiche weitere Belegstellen.

[184] Daneben zahlreiche weitere Belegstellen.

B

das Bachl /ș p̽áxl̥/ Greinwalden (4/ an 270,$_2$; 270,$_1$; durch 258,$_1$)
das Bachla /ș p̽áxla/ Pfalzen (9/ 908 + 909)
  ein Stûck Erdreich in acker ûnd wiesen, zû *B*achlâ genannt (Ther. Kat., folio 1224′)[185]
das Bachlaloch /ș p̽axlalọ́x/ Issing (10/ in 89)
das Bachstöckl /ș p̽ọ́xšt̽ẹk̽xl̥/ Pfalzen (6/ BP 94)
die Bäcken Geige /di p̽ẹk̽xn̥gáẹgẹ/ Issing (3/ 185 + 186)
  ein bergwiese die Geigen genant, von 5: Tagmad (Ther. Kat., folio 982′)
die Badstube /di p̽óušt̽ub̥ẹ/ Pfalzen (9/ 907)
  von der Badstuben ûnter Pfalzen anfangend (Ther. Kat., folio 907′)
  ein lerchwald, ober der badstûben (Ther. Kat., folio 1262′)
der Bärensweg /dọ p̽ẹ́ʀn̥ṣwẹk̽ʰ/ Issing (10/ Wegparzelle 1679)
die Bärfalle /di p̽ẹ́ʀɣọlẹ/ Issing (4/ Grenze zwischen 1648 + 1663,$_2$)
der Bärfallsteig /dọ p̽ẹ́ʀɣọlšt̽aẹgʰ/ Issing (in 4)
das Baumannfeld /ș p̽aọmanɣẹ́lt̽ʰ/ Issing (10/ 433; 430; 431; 435,$_1$; 432,$_1$; 437,$_1$)
die Baumannhölle /di p̽aọmanhẹ́lẹ/ Issing (10 / ca. 441–442)
das Baumannlehen /ș p̽aọmanlẹ́axn̥/ Pfalzen (6/ 345; 344)
das Baumannslehen /ș p̽aọmanṣlẹ́axn̥/ Issing (7/ 986)
die Baumannschupfe /di p̽aọmanšúp̽ɣẹ/ Greinwalden (5/ 66)
das Baumanntal /ș p̽aọmant̽ọ́ᵘl/ Pfalzen (6/ 1034)
der Baumannwald /dọ p̽aọmanwọ́lt̽ʰ/ Pfalzen (6/ 1040); Issing (10/ 388,$_1$)
der Baumgarten /dọ p̽áŋọʀšt̽ʰ /Pfalzen (6/ direkt am Maurerhof)
  ein baûmgarten (Ther. Kat., folio 1414′)
  ein gârtl, das bâmgârtl genannt (Ther. Kat., folio 1330′)
  ein Stûck der bâm „ oder weber garten genannt (Ther. Kat., folio 1336′)
das Baumgartner Bircha /ș p̽aŋọʀšt̽ap̽íʀxa/ Issing (7/ 955; 956)
die Baumgartnerwiese /di p̽aŋọʀšt̽awíṣẹ/ Issing (7/ 870)
bei den Seen[186] /p̽a di ṣẹ́abọ/ Pfalzen (1 bzw. 2/ in 1186)
bei der Ameter Säge /p̽a dọ amit̽a ṣọ́ugẹ/ Issing (5/ Gebiet um 1215; 1194)
bei der Brettlhütte /p̽a dọ p̽ʀẹ́t̽l̥hit̽ẹ/ Issing (7/ in 1230,$_1$)
beim großen Stein /p̽an gʀọaṣn̥ št̽ọ́an/ Issing (4/ in 1648)
beim Kreuzl /p̽an k̽xʀáẹt̽ṣl̥/ Greinwalden (5/ in 152)
beim Stöckl /p̽an št̽ẹ́k̽xl̥/ Pfalzen (6/ 1125,$_1$)[187]
  ein Stûck Erdreich, So in acker ûnd wiesfeld liegt, das Stôckl genant (Ther. Kat., folio 993′)
beim Turm /p̽an t̽ű́ʀn̥/ Pfalzen (2/ in 1186)
das Berggatterle /ș p̽ẹ́ʀk̽at̽ọlẹ/ Pfalzen (8/ Kreuzung von 646; 645; 541)
der Bichl /dọ p̽íxl̥/ Pfalzen (6/ 262,$_1$); (6/ 1062); (9/ 918)
das Binderfeld /ș p̽ínt̽aɣẹlt̽ʰ/ Issing (11/ 228)
die Binderin /di p̽ínt̽aʀin/ Pfalzen (3/ 1167)
  aber ein Bergwiesen die Pindterin in fôrchâ geheissen (Ther. Kat., folio 1157′)
das Bindermoas /ș p̽int̽amọ́aṣ/ Pfalzen (4/ in 1185,$_1$)
der Bindersteig /dọ p̽ínt̽ašt̽aẹgʰ/ Pfalzen (3/ durch 1185,$_{13}$ + 1185,$_{14}$)
die Binderwiese /di p̽int̽awíṣẹ/ Issing (11/ 228)

---

[185] Aus der Fülle der Belege seien hier die verschiedenen Varianten angeführt: „das bâchl âckerle“ (1128′); „der bâchl acker“ (1140′); „die bâchlwiese“ (1178′); „das bâchlâ“ (1208′); „die Pâchlwiese“ (1235′); „der Pâchl acker“ (1261′); „das Pâchlâ“ (1324′).

[186] Der mundartlichen Form entspräche exakt die Verschriftlichung *bei die Seeber*; da sie jedoch sehr verfremdet wirkt, wähle ich die normale schriftsprachliche Schreibung.

[187] Dieser Platz wird auch *das Schaiderplatzl* genannt.

Maẏrsbeẏkirchen bindterwiese (Ther. Kat., folio 1064′)
ein Stûck Wiesfeld, das bindter wiesele genannt (Ther. Kat., folio 1168′)

das Bircha /ş p͓íʀxɑ/ Issing (10/ in 382, an 1679)
ein Stûck Erdreich, das Pirchâ genannt (Ther. Kat., folio 925′)

der Birkacker /dǫ p͓íʀxǫk͓xǫ/ Greinwalden (5/ 99–100) oder (5/ 80,$_{1}$)[188]

das Birkeck /ş p͓iʀxẹ́k͓ẹ/ Pfalzen (3/ 1156)
ein bergwiesele, das Pirchegg genannt (Ther. Kat., folio 929′)

das Birkeckenbachl /ş p͓iʀxẹk͓ŋ̊p͓áxl̥/ Pfalzen (3/ in 1157); Issing (6/ zwischen 1624 und 1622+1623)
Pircheggenbach (Ther. Kat., folio 926′)
Pircheggbach (Ther. Kat., folio 1025′ + 1366′)

das Birkfeld /ş p͓íʀxγẹlţʰ/ Greinwalden (5/ 99–100) oder (5/ 80,$_{1}$)[189]

der Boden /dǫ p͓ộᵘdn̥/ Pfalzen (2/ in 1186)
ein Stûck Erdreich der boden ûnd leiten genannt (Ther. Kat., folio 916′)[190]

die Böden /di p͓ẹ́dn̥/ Pfalzen (7/ 979); (7/ 1172)

das Bödenle /ş p͓ẹ́dn̥lẹ/ Pfalzen (6/ 1125,$_{1}$)
ein Stûckl acker, das bôdenle geheissen (Ther. Kat., folio 1383′)

das Bombenloch /ş p͓ǫ́mp͓m̥lǫx/ Issing (10/ 356)

der Brackenwald /dǫ p͓ʀǫ́k͓xn̥wǫlţʰ/ Pfalzen (6/ 1043)
Prackenwald (Ther. Kat., folio 1016′)
ein Stûck wald der Prokenwald genannt (Ther. Kat., folio 1334′)

das Brackwiesile /ş p͓ʀǫk͓xwíʃ͓ilẹ/ Pfalzen (7/ 1171)
ein bergwiesen, liegt in Forchâ wald, das Brackwiesele genannt (Ther. Kat., folio 1256′)

der Brand /dǫ p͓ʀǫ́nţʰ/ Pfalzen (6/ 1048)

im Brand /in p͓ʀǫ́nţʰ/ Issing (7/ 1330)
mehr ein Stûck wald, das Kâlber lechl, oder in Prant genant (Ther. Kat., folio 995′)

der Brandacker /dǫ p͓ʀǫ́nţǫk͓xǫ/ Pfalzen (6/ 1059)

das Brandl /ş p͓ʀánţl̥/ Issing (7/ 890); (7/ 880; 879; 878); (10/ 77+75)

die Brandstatt /di p͓ʀǫ́nţşţǫţʰ/ Issing (5/ 1488)

das Brechlloch /ş p͓ʀẹ́xl̥lǫx/ Greinwalden (5/ in 134 am Weg); Issing (7/ 913; 911)

die Breitäcker /di p͓ʀǫ́ɑţɑk͓xǫ/ Greinwalden (5/ 119–129)
ein Stûk Erdreich der Praitacker genannt (Ther. Kat., folio 1393′)[191]

das Breiteck /ş p͓ʀǫɑţẹ́k͓ẹ/ Pfalzen (6/ 1038)
ein Wald, Braittegg genannt (Ther. Kat., folio 1145′)

Breitensteina /p͓ʀǫɑţn̥şţǫ́ɑnɑ/ Pfalzen (8/ 690; 691; 692; 693)
ein Stûck Erdreich in acker ûnd wiesen, der braittenstainer genannt (Ther. Kat., folio 1137′)[192]

Brückile /p͓ʀík͓ilẹ/ Pfalzen (9/ 598); Greinwalden (5/ 96)
eine wiese zû bûrgeweg, oder brûckel wiese genannt (Ther. Kat., folio 1130′)
ein: mit Maûrn ûmfangene waid, genannt Priggele, So zûweilen gemâhnet, ûnd da [sic]

---

188 Die GP war sich bei der Lokalisierung nicht völlig sicher.

189 Die GP war sich bei der Lokalisierung nicht völlig sicher.

190 Diese Stelle bezeichnet nicht denselben *Boden* wie der mündlich erhobene Name, da solch unproduktive Fluren im steilen Gelände oberhalb der Waldgrenze im Steuerkataster kaum erfasst sind. Das Zitat soll jedoch illustrieren, dass auch im Ther. Kat. das Appellativum als Name auftaucht. Zugleich zeigt es auch die Verbreitung dieses Namens.

191 Weitere Variante: „ein Stûck Erdreich der braitacker genannt“ (Ther. Kat., folio 1045′), sowie zahlreiche weitere Belegstellen.

192 Weitere Varianten des Namens: „ein âckerle, das Preitenstainer „oder Stock âckerle genannt“ (1128′); „ein acker der Praittenstainer genannt“ (1237′); „mehr ein Stûck, Praitenstainer genannt“ (1340′).

Heý verkaûft „ das erleste geld aber zû denen Nachbarschâftlichen aûslagen appliciert „ zûweilen aber zû absônderung des kranken = von dem gesûnden Vieh gebraûcht wird (Ther. Kat., folio 1327′)[193]

das Bründl /ş pRíndl̥/ Pfalzen (6/ 1166)
  ein bergwiesen, das brindl genannt (Ther. Kat., 1165′)

die Bründlwiese /di pRindl̥wī̧şȩ/ Pfalzen (6/ 262,₃)

das Brunna /ş pRúna/ Greinwalden (4/ 402)
  Ein bergwiese, das brûnach geheissen (Ther. Kat., folio 1457′)

die Brunnäcker /di pRúnakxǫ/ Greinwalden (5/ unter der Straße 163; in 1)
  ein Stûk Erdreich der brûnnacker genannt (Ther. Kat., folio 1392′)
  ein Stûkl Erdreich das brûnackerle heißend (Ther. Kat., folio 1401′)[194]

der Burgaweg /dǫ puRgawȩ́kʰ/ Pfalzen (11/ Wegparzelle 1261 + 9/ ca. 599–613,₄ + 8/ 651–627,₁)
  ein acker, zû bûrgeweg [...] eine wiese zû bûrgeweg, oder brûckel wiese genannt (Ther. Kat., folio 1130′)
  ein Stûckl wald beý dem bûrgeweg gelegen (Ther. Kat., folio 1193′)
  ein acker, der bûrgeweg heissend (Ther. Kat., folio 1233′)[195]

das Burgfeld /ş púRkγȩltʰ/ Issing (7/ 589; 590)
  ein Stûck Erdreich, das bûrgfeld genannt (Ther. Kat., folio 901′; 902′)

C

die Christile Ebene /di kxRiştilȩʔȩ́bmȩ/ Kiens; Getzenberg (4/ 582)

D

das derrissene Wiesile (das zerrissene Wiesile) /ş dǫRiʃnȩ wíʃilȩ/ Pfalzen (3/ in 1185,₁₇₊₁₈₊₁₉)

am Distla /an díştla/ Pfalzen (2/ in 1186)

der Dittlacker /dǫ dítlǫkxǫ/ Pfalzen (8/ 284)

der Drahtzaun /dǫ dRǫ̂ᵘtşaǫn/ Pfalzen (3/ durch 1185,₁₁)

Dreistanglucken /dRaȩ̨ştǫŋlukxn̥/ Pfalzen (8/ Ecke 1202; 415; 413)

E

der Eckmoar /dǫ ȩ́kȩmǫaR/ Issing (10/ 21,₁)
  mehr ein acker, der Eggenmaýr genannt (Ther. Kat., folio 1032′, 1033′)
  ein Stûckl Erdreich das Eggemaýr âckerle genannt (Ther. Kat., folio 1079′)

der Eckpeter /dǫ ȩkȩpȩ́atǫ/ Issing (10/ 68)

die Elzenbaumer Oberalm /di ȩltşn̥pāmaʔǭbǫʔǫlbȩ/ Issing (3/ in 1663,₃)

der Elzenbaumeracker /dǫ ȩltşn̥pāmaʔǫ́kxǫ/ Pfalzen (7/ 951)

die Elzenbaumeralm /di ȩltşn̥pāmaʔǫ́lbȩ/ Issing (3/ in 1663,₃)

im Erla /in ȩ̄́Rla/ Pfalzen (9/ 915; 874–888; 901 + 8/ ca. 813–991)
  ein Wiesen das Erlach genannt (Ther. Kat., folio 1198′)[196]

die Erlazäune /di ȩ̄Rlatşáȩnȩ/ Pfalzen (6/ zwischen 991 + 125)

---

[193] Sowie zahlreiche weitere Belegstellen.

[194] Daneben zahlreiche weitere Belegstellen.

[195] Aus den Belegstellen wird deutlich, wie unterschiedlich der Name verwendet wird: als präpositionale Bildung, als reine Ortsangabe oder direkt mit Artikel als Name für einen Acker. Auch hier stehen die angeführten Stellen nur exemplarisch für die Fülle weiterer Belege.

[196] Aus den zahlreichen Belegstellen seien hier die Varianten angegeben: „ein âckerle das âhrle geheissen“ (1153′); „der ârlacker“ (1176′); „der oberörl acker“ (1182′) „der Ûnterörlacker“ (1183′); „die ârle wiesen“ (1192′); „das Steig „ oder ârlach âckerle geheissen“ (1236′); „ein Stûck Erdreich in acker, ûnd wiesen, das Erlâ genannt“ (1325′).

die Erlwiesen /di ẹ̄ʀl̥wī́ṣn̥/ Pfalzen (9/ 915)
der Erschpam /dǫ ẹ́ʀṣ̌p̥ām/; /dǫ ę́aʀṣ̌p̥ām/ Pfalzen (9/ 858; 867; 866; 861; 860; 863; 865); (6/ 1095)
mehr ein dergleichen das Erschbâm genannt (Ther. Kat., folio 1325′)
das Erschpam Waldile /ṣ ẹ̄ʀṣ̌p̥âmwáldi̯lę/ Pfalzen (9/ 927)

F

der Farzbrunn /dǫ γǫʀṣ̌t̥sp̥ʀún/ Terenten (810/1/117)
das Fasbachl /ṣ γā́ṣp̥axl̥/ Issing (5/ durch 1507; 1511; 1505,1; 1505,4)
die Feuchtleite /di γai̯xt̥láẹ̄t̥ę/ Greinwalden (5/ in 122)
ein acker die Feichtleiten genannt (Ther. Kat., folio 1410′)[197]
das Feuchtner Waldile /ṣ vai̯xt̥na wáldi̯lę/ Greinwalden (5/ 147)
der Fildrafaldrabichl /dǫ γildʀaγáldʀap̥īxl̥/ Pfalzen (6/ in 262,1)
der Finsterbach /dǫ γínṣ̌t̥ǫp̥ǫx/ Pfalzen (6/ durch 1185,17+18+19)
die Finsterraide /di γínṣ̌t̥ǫʀai̯dę/ Pfalzen (6/ unter 1163)
das Finstertal /ṣ γinṣ̌t̥ǫt̥ộᵘl/ Issing (6/ 1622)
die Fischeräcker /di γíṣ̌aʔak̥xǫ/ Issing (10/ 760; 753; 772; 771)
das Flatscherlehen /ṣ γlát̥ṣ̌alęaxn̥/ Issing (7/ 981)
die Fleischbänke /di γláẹṣ̌p̥ęŋk̥xę/ Terenten (810/2/21); (810/1/95)
der Fliddraklapf /dǫ γlíd̥ʀak̥xlǫp̥γ/ Pfalzen (7/ in 1185,47 + 1185,49)
die Fliddrarin /di γlíd̥ʀaʀin/ Pfalzen (7/ in 1185,47 + 1185,49; bei 1170)
mehr ein bergwiesen, die Flidrererin [sic] genannt (Ther. Kat., folio 1165′)
im Forcha /in γọ́ʀxa/ Pfalzen (2, 3, 4, 6 + 7/ 1185)
mehr ein wald in Forchâ (Ther. Kat., folio 1122′)[198]
das Förchenle /ṣ γẹ́ʀxn̥lę/ Issing (10/ 257)
ein Stûck wiesfeld, das forchenle geheissen (Ther. Kat., folio 1052′)
die Forchneralm /di γọʀxnaʔǫ́lbę/ Issing (3/ in 1663,3 oder eher 4/ BP 159)[199]
der Forchnerbichl /dǫ γọʀxnap̥īxl̥/ Issing (7/ in 1111; 1149)
der Forchnerbrand /dǫ γọʀxnap̥ʀǫ́nt̥ʰ/ Pfalzen (6/ 1083)
die Forchnermühle /di γọʀxnamī́lę/ Issing (5/ 134)
die Forchnerwiese /di γọʀxnawī́ṣę/ Issing (?)
der Forstbrand /dǫ γọʀṣ̌t̥p̥ʀǫ́nt̥ʰ/ Issing (5/ in 1505,17); (7/1337)
der Forstgarten /dǫ γọ́ʀṣ̌t̥gǫʀt̥n̥/ Pfalzen (6/ in 1033,1)
der Forstwald /dǫ γọ́ʀṣ̌t̥wǫlt̥ʰ/ Issing (ca. ab 7/ 1505,2 und hinauf)
Dann ist zû gemelten Gerichtsherrschâftlichen Schlos Schönegg aûch fûr eigen gehôrig der sogenante Forstwald ob erdeûten Schloß Schönegg hinaûf Gelegen, dessen ûmkrais so groß, daß man gûterdings denselben zûûmschlagen 1$^1/_2$: Stûnd verbraûchen wûrde, ist dûrchgehends /: aûßer gar wenig etwas Lerch :/ mit Feichten besezt [...] (Ther. Kat., folio 905′)
das Frauenköfile /ṣ γʀáọdn̥k̥xẹf̥i̯lę/ Pfalzen (6/ in 1185,1 oben)
der Fuchsbichl /dǫ γúk̥ṣp̥īxl̥/ Issing (10/ 356)
die Fuchslöcher /di γúk̥ṣlẹxǫ/ Issing (7/ in 1092)

---

197 Weiters erwähnt wird „der Feichtacker“ (1120′; 1419′).
198 Auch hier Varianten aus den zahlreichen weiteren Belegstellen: „Forchachwald“ (1129′); „ein Stûck wald in Forchach“ (1134′); „der Forchâ wald“ (1346′).
199 Die GP war sich bei der Lokalisierung nicht völlig sicher.

G

der Galgenbichl /dǫ g̦ǫlg̦ŋp̦ī́xl̥/ Vintl; Obervintl (8143/2/56)[200]
der Gänsebichler Winkelrain /dǫ g̦ęnșęp̦īxlawíŋk̦xl̥ʀǫan/ Issing (10/ 132 + 133)
ein Stûckl Erdreich in acker ûnd wiesen, der wincklrain genannt (Ther. Kat., folio 1053′)
das Gassermoos /ș g̦ǫʃamṓʃ/ Pfalzen (9/ 926)
gassers Moos (Ther. Kat., folio 1176′)
das Gattermairkreuzl /ș g̦ǫțǫmǫaʀk̦xʀáęțșl̥/ Pfalzen (10/ Kreuzung von 545; 544; 546)
die Gatterstatt /di g̦ǫ́țǫšțǫțʰ/ Kiens; Hofern (7/ Wegkreuzung bei Parzellennummer 212,2; 281,1; 213)
das Gebergla /ș g̦ip̦ę́ʀgla/ St. Georgen (?)
das Gebreite /ș g̦ip̦ʀǫ́ațę/ Pfalzen (8/ 687; 684; 686)
ein acker, die gebraitte genannt (Ther. Kat., folio 1250′)[201]
der Geigenkopf /dǫ g̦aęg̦ŋk̦xǫ́p̦γ/ Issing (5/ ca. in 1503,2)
der Geigensteig / dǫ g̦áęg̦ŋšțaęg̦/ Issing (in 4)
das Geigermoos /ș g̦aęg̦amǫ́ʃ/ Pfalzen (6/ 1097,1)
das Geigertal /ș g̦aęg̦ațǫ̂ᵘl/ Pfalzen (6/ 1162)
der Geigerwald /dǫ g̦aęg̦awǫ́lțʰ/ Pfalzen (3/ 1185,2 oberer Teil)
die Geigerwiese /di g̦aęg̦awī́șę/ Pfalzen (4/ 1159)
der Geigerzäpfe /dǫ g̦aęg̦ațșę́p̦γę/ Pfalzen (3+4/ 1159)
der Geißklapf /dǫ g̦ǫ́așk̦xlǫp̦γ/ Kiens; St. Sigmund (3/ 460 im nördlichen Eck)
der Gelenkboden /dǫ g̦ilęŋk̦xp̦ǫ́udn̥/ Pfalzen (3/ in 1185,2)
ein Stûck wald, Conf: 1: an sogenanten lenckboden (Ther. Kat., 1011′)
galenck boden (Ther. Kat., 1366′)
die Gelenke /di g̦ilę́ŋk̦xę/ Issing (6/ 1635,1)
der Gelenkrain /dǫ g̦ilęŋk̦xʀǫ́an/ Pfalzen(3/ in 1185,2)
die Gemeinderise /di g̦imáęndęʀī̦șę/ Kiens; Getzenberg (4+7/ 617,1)
das Gemeinleitl /ș g̦imǫanláęțl̥/ Terenten (810/1/71)
die Gemeinspole /di g̦imǫanșp̦ǫ́lę/ Terenten (810/1/69)
Georgenberg (der Georgenerberg) /dǫ jęʀg̦inap̦ę́ʀk̦ʰ/ Issing; Weiler
am Geôrgenerberg (Ther. Kat., folio 905′)
Malgreý Geôrgenberg (Ther. Kat., folio 953)
im Geriede /in g̦ʀíədę/ Issing (11/ 257)
ein acker das gariede heissend (Ther. Kat., folio 1038′)[202]
das Gerun /ș g̦ęʀū́n/ Terenten (814/1/45)
das Gfas /ș g̦γā́ș/ Issing (5/ in 1505,17)
ein bergwiese, das gfâß genannt von 4: Tagmad (Ther. Kat., folio 961′)[203]
der Giggoggacker /dǫ k̦ík̦ǫk̦ǫk̦xǫ/ Pfalzen (8/ 805)
ein acker, der Giggagg geheissen [...] mittelmâssiger Qualitat (Ther. Kat., folio 1261′)
die Gissäcker /di g̦íʃak̦xǫ/ Issing (11/ ca. 790, 788, 802)
ein Stûck Erdreich, der Giss acker genannt (Ther. Kat., folio 1044′)
Goläe /g̦ǫlę́ę/ Pfalzen (9/ 863)[204]
Golia /g̦ǫlía/ Pfalzen (9/ 923 + 921)

---

[200] Die Transkription ist hier gewissermaßen fiktiv, da der Name mundartlich nicht mehr in Gebrauch ist. Man erinnert sich allerdings noch daran, dass es einst einen solchen Galgenbichl gab.

[201] Weitere Fluren dieses Namens werden im Ther. Kat. erwähnt: folio 1125′, 1130′f, 1170′, 1187′, 1340′, 1380′.

[202] Weitere Belegformen: „ein acker, der Geriede geheissen“ (1042′); „ein acker, das geried heissend“ (1052′); „ein acker, das Garied heissend“ (1067′).

[203] Nochmals erwähnt folio 987′.

[204] *Goläe* und *Golia* sind Namen mit unklarer Etymologie. Sie benennen hügeliges Gelände in Dorfnähe.

die Grabilan /di gʀáþḭlɑn/ Pfalzen (6/ 1036)
das Grabile /ş gʀáþḭlę/ Greinwalden (5/ 132,1)
ein Stukl acker das Grâbele genannt (Ther. Kat., folio 1401′)
ein acker, das *G*râbele *G*enannt (Ther. Kat., folio 1045′)
ein Stûckl Erdreich in acker ûnd wiesfeld in *G*râbele genannt (Ther. Kat., folio 1064′)
das Graitl /ş gʀáẹtḷ/ Greinwalden (4/ 235+234)
ein Stûckl Erdreich das gareitl oder aschpackerle genannt (Ther. Kat., folio 1359′)[205]
ein Stûkl acker, das Gareitl genannt (Ther. Kat., folio 1439′)
die Grändleite /di gʀęntḷáẹtę/ Pfalzen (4/ 1183)
ein bergwiese, die grânt leiten *g*enannt von 2: Tagmad (Ther. Kat., folio 1363′)[206]
der Grantnbichl /dǫ gʀɑntn̥pīxḷ/ Issing (7/ an der Kreuzung von 617; 614,2; 616)
die Grite /di gʀī́tę/ Pfalzen (6/ Teil von 258)
der Großacker /dǫ gʀǫ́ɑʃǫkxǫ/ Pfalzen (6/ 258)
ein Stûck Erdreich der *G*roßaker heissend (Ther. Kat., folio 1023′)[207]
die große Lammer /di gʀǫɑʃę lǫ́mǫ/ Pfalzen (6/ 263)
die Großeluckenrise /di gʀǫɑşęlúkxn̥ʀīşę/ Pfalzen (6/ in 1037,2)
das Gruba /ş gʀúḭbɑ/ Pfalzen (8/ ca. 441,1; 440; 435; 434; 429; 428; 427; 424; 419)
die Grube /di gʀúḭbę/ Pfalzen (7/ 967); (6/ 228)
ein acker die grûebe genant (Ther. Kat., folio 1153′)
ein Stûck Erdreich acker in der *G*rûeben *G*enannt (Ther. Kat., folio 1342′)[208]
der Grubsteinwald /dǫ gʀúḭpştǫɑnwǫltʰ/ Issing (7/ 1082; 1079; 1084; 1078)
ein Stûck Erdreich in acker et wiesen, der *G*rûebstall *G*enant (Ther. Kat., folio 910′)
aber ein Laich der *G*rûebstall genannt (Ther. Kat., folio 914′)
das Grüebl /ş gʀíəbḷ/ Pfalzen (8/ 276)
ein Stûckl Erdreich das Griebl *g*enannt (Ther. Kat., folio 1280′)
das grüne Bachl /ş gʀiənę páxḷ/ Kiens; St. Sigmund (3/ angrenzend an 359)

H

der Haderwald /dǫ hǫ́dǫwǫltʰ/ Terenten (814/1/151)
das Hallermoas /ş hǫ́lɑmǫɑş/ Pfalzen (6/ 1045)
Haselried /hǫ́ʃḷʀiətʰ/ Issing; Weiler
Hanns Schiferegger Besitzt das baûrecht beÿm Hasenrieder Genannt (Ther. Kat., folio 918′)
das Haselriederkreuzl /ş hǫʃḷʀiədɑkxʀáẹtşḷ/ Issing (5/ in 1567,1)
der Haselriederloach /dǫ hǫʃḷʀiədɑlǫ́ɑx/ Issing (7/ 662); (7/ 887)
die Haselriedermühle /di hǫʃḷʀiədɑmī́lę/ Issing (7/ 64)
der Haselriederwald /dǫ hǫʃḷʀiədɑwǫ́ltʰ/ Issing (5/ 1568)
der Hausacker /dǫ háǫşǫkxǫ/ Pfalzen (8/ 244); (7/ 988; 986; 989)
mehr ein Stûck, der haûsaker geheissen (Ther. Kat., folio 1033′)[209]
der Hausanger /dǫ háǫşǫŋǫ/ Pfalzen (6/ 261)
der Häuslgarten /dǫ háẹşḷgǫʀtn̥/ Issing (10/ 79)
die Helleithölle /di hẹlɑẹthẹ́lę/ Issing (7/ in 1080,1 oben)

---

[205] Weitere Belege: „mehr ein bergwiesen, garreit geheissen“ (974′); „mehr ein bergwiesen, das Garreit genannt“ (1024′).

[206] Weitere Erwähnungen von Namen, die auf dem gleichen Appellativ beruhen: „ein Stûck Erdreich Grandt geheissen“ (folio 921′); „ein bergwiese der Grandt geheißen, von 2 „ Tagmaad“ (folio 1440′); „mehr ein bergwiese, die Grant geheißen“ (folio 1447′); „ein bergwiese, der Grantleitenrain genannt“ (folio 1450′).

[207] Weitere Belegstellen: „der Großacker“ folio 1084′; 1213′; 1419′.

[208] Weitere Erwähnungen dieses Namens: folio 1034′; 1076′; 1160′; 1282′; 1355′; 1408′.

[209] Weitere Belegstellen folio 1044′; 1049′; 1342′.

der Helleitwald /dọ hẹlaẹt̥wǫlt̥ʰ/ Issing (5/ 1567,2)
das Helleitwasser /s hẹlaẹt̥wǫʃ̥ọ/ Issing (5/ in 1567,1)
die Helleitwiese /di hẹlaẹt̥wī̩sẹ/ Issing (7/ 871)
das Hellsteinerklapfl /ş hẹlşt̥ọanak̥xlápy̥l̥/ Pfalzen (6/ in 1041)
das Hennennest /ş hẹ́nẹşt̥ʰ/ Issing (10/ in 416,3; bei BP 223)
die Herschwarte /di hẹ́ʀşwọʀşt̥ẹ/ Pfalzen (8/ 221)
ein acker, die Herschwardten *G*eheissen (Ther. Kat., folio 1231′)
ein acker die Herschwarten *G*enannt (Ther. Kat., folio 1249′)[210]
der Hexenstein /dọ hẹ́k̥şn̥şt̥ọan/ Terenten (810/2/65)
das Hilbermoas /ş hilbamǫ́aş/ Pfalzen (6/ in 1185, 14+15 oben)
die Hilbermühle /di hílbamīlẹ/ Issing (?)
der Hinterbach /dọ hínt̥ọp̥ọx/ Issing (3, 5, 7, 10/ Flussparzelle 1767); (7/ 1252; 1289,1+2; 1286; 578)
ein wald, der hinterbach *G*enannt, beý 9: Morgen (Ther. Kat., folio 913′)
das Hinterfeld /ş hínt̥ọγẹlt̥ʰ/ Greinwalden (4/ 356)
hinterm Geriede /hint̥ọn gʀíədẹ/ Issing (11/ 224,1)
der Hirschacker /dọ híʀşọk̥xọ/ Issing (7/ 1349 oben)
das Hirschbründl /ş hiʀşp̥ʀíndl̥/ Issing (in 3)
Hirschbrunn /hiʀşp̥ʀún/ Greinwalden (3/ 425; 423; 424; 421; 420; 419)
hirschbrûn (Ther. Kat. 913′)
das Hirschbrunnfeld /ş hiʀşp̥ʀunγẹ́lt̥ʰ/ Greinwalden (4/ 425)
der Hirschbrunnwald /dọ hiʀşp̥ʀunwǫ́lt̥ʰ/ Greinwalden (4/ 417)
die Hirschlacke /di híʀşlọkxẹ/ Pfalzen (3/ bei 1156); Issing (10/ zwischen 380, 374)
die Hirschtrate /di híʀşt̥ʀọut̥ẹ/ Issing (7/ 1349 oben)
der Hofanger /dọ hṓf̥ọŋọ/ Issing (10/ 129)
ein Stûck wiese, der Hofanger *G*enannt (Ther. Kat., folio 902′)
das Holermoas /ş hṓⁱlamọaş/ Pfalzen (6/ 1135)
der Holzanger /dọ hǫ́lt̥şọŋọ/ Issing (10/ 148)
ein acker der Holzanger Genannt (Ther. Kat., folio 1038′)
das Hölzl /ş hẹ́lt̥şl̥/ Pfalzen (6/ 1020)
sein Laichl das Hôlzl *G*enannt (Ther. Kat., folio 1369′)
ein *L*echl „ oder vielmehr eine waid, das Hôlzl genant (Ther. Kat., folio 1371′)
der Honigberg /dọ hẹ́nigp̥ẹʀgʰ/ Issing (7/ 977 über 1082 bis 1114)
das Huber Kimpfl /ş huịbak̥xímpy̥l̥/; /ş huịbak̥ímpy̥l̥/ Kiens; St. Sigmund (3/ 112)
das Huber Scheibile /ş huịba şáẹbịlẹ/ Pfalzen (7/ 1297)
die Huberhölle /di huịbahẹ́lẹ/ Issing (5/ 1490+1500)
die Hubermühlen /di huịbamīln̥/ Issing (7/ 120+121)
der Huberrain /dọ huịbaʀǫ́an/ Pfalzen (4/ 1184)
die Hurte (an der Hurte) /di hụ́ʀt̥ẹ/; /an dọ hụ́ʀt̥ẹ/ Issing (7/ 1359)
der Hüttelklapf /dọ hít̥l̥k̥xlọp̥γ/ Pfalzen (2/ in 1186)

I

in der Feuchte /in dọ γáịxt̥ẹ/ Greinwalden (5/ 146+145)
das Innerfeld /ş índọγẹlt̥ʰ/ Greinwalden (4/ 226)
ein Stûk Erdreich in acker ûnd wiesen das innere Feld heißend (Ther. Kat., folio 1444′)
das Innerpeintl /ş índọp̥aẹnt̥l̥/ Pfalzen (3/ 1160)
ein bergwiesele, das inerpeintl *G*enannt, liegt in forcha wald, von 1 1/2 Tagmad. (Ther. Kat., folio 1018′)

---

210 Weitere Belege: „die Hörschwarten“ (1135′); „die Herschwarten“ (1178′); „die Herschwarten“ (1200′); „die Herschwardten“ (1243′); „die Herschwarten“ (1362′).

Irnberg /ī́ʀn̥p̥ęʀgʰ/ Issing; Weiler
Michâel Ûntergasser Besitzt das baûrecht beÿm Iernberger *G*enant (Ther. Kat., folio 1105′)
die Irnbergerhäuslmühle /di īʀn̥p̥ęʀgahá̜ę̣ṣl̥mīlę/ Issing (?)

J

der Jochboden /dǫ jọxp̥ǫ́ᵘdn̥/ Pfalzen (1/ in 1186)
der Jochbodensee /dǫ jọxp̥ọudn̥ṣę́a/ Pfalzen (1/ in 1186)
der Jochile Tümpflinger /dǫ jẹxịlẹţímp̥ʏliŋa/ Pfalzen (8/ 681)
ein acker, der Tümpflinger *G*eheissen (Ther. Kat., folio 1250′)[211]
das Jochkreuz /ş jọ́xk̥xʀaẹţş/ Pfalzen (1/ in 1186)

K

der Kalkofen /dǫ k̥xǫ́lxọuʏn̥/ Issing (3/ 33); (5/ in 1505,17)
Kaltenbrunn /k̥xǫlţn̥p̥ʀún/ Greinwalden (3/ 435–439)[212]
ein bergwiese, der Kalteprûn *G*enannt (Ther. Kat., folio 1282′)
ein bergwiese, der Kaltenbrûn geheißen, von 2: Tagmaad (Ther. Kat., folio 1444′)
der Kalteracker /dǫ k̥xǫ́lţǫʔǫk̥xǫ/ Issing (7/ 884)
das Kampile /ş k̥xámp̥ilę/ Pfalzen (3/ in 1185,2)
das Kampileeck /ş k̥xamp̥ilęʔę́k̥ę/ Pfalzen (3/ ?)
der Kamplboden /dǫ k̥xamp̥l̥p̥ǫ́udn̥/ Pfalzen (3/ in 1185,2)
die Kamplrise /di k̥xamp̥l̥ʀī́şę/ Pfalzen (3/ in 1185,2)
der Kamplsteig /dǫ k̥xámp̥l̥ş̌ţaẹg/ Pfalzen (3/ in 1185,2)
Kapfers[213] Pfalzen (10/ 563)
der Kapperacker /dǫ k̥xǫ́p̥aʔǫk̥xǫ/ Pfalzen (8/ 271)
das Kapperfeld /ş k̥xǫp̥aʏę́lţʰ/ Pfalzen (6/ 366,1)
Kappern /k̥xáp̥ǫn/ Greinwalden (5/ untere Hälfte von 63)
das Kapprabründl /ş k̥xap̥ʀap̥ʀíndl̥/ Greinwalden (5/ 39 im Eck von 63)
der Kapprawald /dǫ k̥xap̥ʀawǫ́lţʰ/ Greinwalden (5/ 68)
das Kasereck /ş k̥xaʃǫʔę́k̥ę/ (?)
die Kaserstatt /di k̥xáʃǫş̌ţǫţʰ/ Pfalzen (2/ in 1186)
ein bergwiese die Kâser geheissen (Ther. Kat., folio 964′)
ein bergwiese die Kâser genant (Ther. Kat., folio 1007′)
das Kasserfeld /ş k̥xaʃaʏę́lţh/ Pfalzen (7/ 963)
das Keaseabl (Gheaseabl) /ş k̥xęaşę́abl̥/ Pfalzen (in 1)
die Kegelgasse /di k̥xę́gl̥gǫʃę/ Issing (5/ in 1505,17)
ein wiesen die Kûglstrassen *G*enannt (Ther. Kat., folio 1179′)[214]

---

[211] Die Belegstelle aus dem Steuerkataster bezieht sich auf Parzelle 8/681; es zeigt sich wieder, dass der Besitzername in der Regel nur von Außenstehenden verwendet wird, um die Fluren eines anderen Bauern von den eigenen gleichen Namens zu unterscheiden. Bezeichnenderweise finden sich in den Angaben zu angrenzenden Flurstücken, wie sie im Steuerkataster bei jeder Flur angeführt werden, fast immer die Besitzernamen, da die Angaben ansonsten aufgrund der vielen Fluren gleichen Namens völlig ungenau wären!

[212] Die Bergwiese wird wegen ihrer Form auch *Siebenerwiese* /şímawīşę/ genannt. Sie sieht vom Tal aus betrachtet wie die Ziffer 7 aus.

[213] Es wird keine Transkription angeführt, da der Name mündlich nicht mehr bekannt ist, sich nur auf einer alten Forstkarte findet.

[214] Der Name ist nicht in identischer Form im Steuerkataster belegt, doch zeigt dieser Quellenbeleg eine ähnliche Namensform. Da keine Parzellennummer angeführt ist, kann nicht geklärt

die Kehrerfelder /di k͓xẹɑʀɑɣẹ̄ldọ/ Greinwalden (4/ ca. 300–357,$_2$)
Kehrerweidla /k͓xẹ̄ʀɑwɑ́ẹdlɑ/ Pfalzen (4/ 1177)
Ein bergwiese Weidach genannt (Ther. Kat., folio 1397′)
das Kirchdach /ș k͓xíʀxdọx/ Issing (7/ unterer Teil von 1111)
das Kircheck /ș k͓xiʀxẹ́k͓ẹ/ Pfalzen (3/ in 1157)
das Kirchholz /ș k͓xiʀxhọ́lț͓ș/ Pfalzen (6/ 1047); Issing (6/ 1635,$_{20}$)
ein Stûck wald [...] Conf: 1: *G*emeinen Kirchholz wald (Ther. Kat., folio 919′)
die Kirchtürme /di k͓xiʀxț͓ı́ʀn̥/ Kiens; Ehrenburg (5/ in 577)
der Kirchwald /dọ k͓xiʀxwọ́lț͓ʰ/ Pfalzen (6/ 1037,$_{12}$; 1038 und angrenzende + 5/ 1047)
die Kitzerlöcher /di k͓xíț͓șọlẹxọ/ Terenten (810/2/46)
die Klamme /di k͓xlọ́mẹ/ Pfalzen (6/ an der Ecke zwischen 1185,$_{3+4+5}$ und 1185,$_1$)
das Klapfl /ș k͓xlɑ́p͓ɣl̥/ Greinwalden (4/ in 274)
das kleine Angerle /ș k͓xlọɑnẹ ʔ ɑ́ŋọlẹ/ Greinwalden (5/ 48)
der kleine Traien /dọ k͓xlọɑnẹ ț͓ʀɑ́ẹdn̥/ Issing (10/ 121)
das Kleinrubatscherackerle /ș k͓xlọɑnʀubɑț͓șɑʔɑ́k͓xọlẹ/ Pfalzen (8/ 280,$_1$)
der Klostersteig /dọ k͓xlọ́ɑșț͓ọșț͓ɑẹgʰ/ Issing (10/ durch 356, 277, 268)
das Knappenloch /ș k͓xnọ́p͓m̥lọx/ Pfalzen (2/ in 1186)
das Knöspltal /ș k͓xnẹ́șp͓l̥ț͓ộᵘl/ Issing (6/ 1620)
der Köfelacker /dọ k͓xẹ́f͓l̥ọk͓xọ/ Issing (7/ 1298)
das Köfile /ș k͓xẹ́f͓ile/ Greinwalden (4/ 329; 330; 331)
das Köfilefeld /ș k͓xẹ́f͓ilẹɣẹlț͓ʰ/ Greinwalden (4/ 329,$_1$)
der Köfilewald /dọ k͓xẹ́f͓ilẹwọlț͓ʰ/ Greinwalden (4/ 355,$_1$)
das Koflerfeld /ș k͓xő̤f͓lɑɣẹlț͓ʰ/ Greinwalden (4/ 372,$_1$)
der Koflergatterlewald /dọ k͓xọf͓lɑgɑ́ț͓ọlẹwọlț͓ʰ/ Greinwalden (4/ 358)
das Koflergrandl /ș k͓xöf͓lɑgʀɑ́nț͓l̥/ Pfalzen (4/ in 1159)
ein bergwiese der Grandt geheißen, von 2 „ Tagmaad (Ther. Kat., folio 1440′)
der Koflerklapf /dọ k͓xöf͓lɑk͓xlọ́p͓ɣ/ Greinwalden (4/ Grenze von 376,$_1$ an 376,$_2$)
das Koflerrösl /ș k͓xọf͓lɑʀẹ́ɑșl̥/ Greinwalden (4/ 405)
der Koflerwald /dọ k͓xöf͓lɑwọ́lț͓ʰ/ Greinwalden (4/ 398,$_1$)
der Kofllechenklapf /dọ k͓xöf͓ilẹɑxn̥k͓xlọ́p͓ɣ/ Greinwalden (4/ zwischen 283 und 285)
der Köfilewald /dọ k͓xẹ́f͓ilẹwọlț͓ʰ/ Greinwalden (4/ 355,$_1$)
die Kohlstatt /di k͓xő̤ᵘlșț͓ọț͓ʰ/ Pfalzen (6/ in 1037,$_2$); Issing (5/ in 1505,$_{17}$); Greinwalden (4/ 357,$_1$ bzw. 355,$_1$)
die Kohltrate /di k͓xő̤ᵘlț͓ʀộᵘț͓ẹ/ Issing (10/ 137)
die Kohlwiese /di k͓xő̤ᵘlwĭșẹ/ Greinwalden (4/ 326,$_2$)
der Kotzacker /dọ k͓xőț͓șọk͓xọ/; /dọ k͓xọ́ț͓șọk͓xọ/ Pfalzen (8/ 290; 294)
Krahlana /k͓xʀɑ̂lɑ̄́nɑ/ Pfalzen (3/ 1157)
ein bergwiesen Krâlâhner genannt, ûnter den Rosenbrûnnen (Ther. Kat., folio 922′)[215]
das Kranewittgatterle /ș k͓xʀɑnẹwiț͓gɑ́ț͓ọlẹ/ Pfalzen (6/ bei 1142)
das Krebsbachl /ș k͓xʀẹ́p͓șp͓ɑxl̥/ Issing (10/ am Issinger Weiher vorbei)
Nebst dem sogenanten Krepsbâchl (Ther. Kat., folio 907′)
der Kressboden /dọ k͓xʀ̹ẹșp͓ộᵘdn̥/ Issing (4/ in 1648)
die Kreuzäcker /di k͓xʀɑ́ẹț͓șɑkxọ/ Pfalzen (8/ 403–460)
ein Stûck Erdreich, der Kreûz acker *G*enannt (Ther. Kat., folio 1338′)[216]
der Kreuzlacker /dọ k͓xʀɑ́ẹț͓șlọk͓xọ/ Issing (7/ 908)
der Kreuzsteig /dọ k͓xʀɑ́ẹț͓șșț͓ɑẹgʰ/ Issing (5/ unterhalb von 1505,$_{10}$)

---

werden, ob es sich um dieselbe Flur handelt. Jedenfalls ist dies die einzige Namensform dieser Art, sowohl im Theresianischen Kataster als auch im eruierten dialektalen Namenkorpus.

[215] Weitere Belege: „ein bergwiese Kârlâhner genant“ (931′); „ein bergwiese der Kralânner *G*enannt“ (1363′).

[216] Daneben zahlreiche weitere Belegstellen.

das Kronbichlbachl /ş k̥xʀǭmp̥ixlp̥áxl̥/ Greinwalden (5/ unten Richtung Kapprabründl)
das Kronbichlfeld /ş k̥xʀǭmp̥ixl̥γę́lt̥ʰ/ Greinwalden (5/ 91,₂ + 84)
das Kronbichlwaldile /ş k̥xʀǭmp̥ixl̥wáldi̥lę/ Greinwalden (5/ 79+78)
ein Stûck wald ûnter Krampichl (Ther. Kat., folio 1378′)
das Krönl /ş k̥xʀę̂indl̥/; /ş k̥xʀā́ndl̥/ Issing (5/ 1505,₁₀)
der Küheboden /dǫ k̥xíəp̥ǭ̂ᵘdn̥/ Greinwalden (3/ in 444,₁ bei der Pitzingeralm)
das Kühehartawaldile /ş k̥xiəhɑʀşt̥ɑwáldi̥lę/ Pfalzen (10/ 522)
die Küheraste /di k̥xíəʀǫşt̥ę/ Pfalzen (3/ zwischen 1156 und 1155)
die Kuhtrate /di k̥xúi̥t̥ʀǭ̂ᵘt̥ę/ Greinwalden (5/ 8+9)
die Kurzäcker /di k̥xúʀt̥şɑk̥xǫ/ Greinwalden (5/ in 128)
ein Stûk Erdreich der Kûrzacker genannt (Ther. Kat., folio 1393′)
der Kûrzaker (folio 1402′; 1420′)
das kurze Geland /ş k̥xuʀt̥şę gilǫ́nt̥ʰ/ Issing (11/ 182)
mehr ein dergleichen Stûck in acker, ûnd wiesen, die kûrze Land *G*eheissen (Ther. Kat., folio 1064′)[217]

L

die Lammer /di lǫ́mǫ/ Pfalzen (9/ 919)
das Lammerle /ş lámǫlę/ Pfalzen (6/ 262,₂); (6/ 243); (8/ 288)
das Lammertal /ş lǫmp̥ǫt̥ǭ́ᵘl/ Pfalzen (2/ in 1185,₂); Issing (6/ 1634)
die Lammertase /di lǫmp̥ǫt̥ā́şę/ Issing (6/ 1145)
lamper Tâssen (Ther. Kat., folio 958′)
das Lana /ş lā́nɑ/ Issing (4/ in1648 und 1663,₂)
ein bergwiese Mitzlmad oder lâhner genannt, von 3: Tagmad (Ther. Kat., folio 958′)
der Lanacker /dǫ lā́nǫk̥xǫ/ Pfalzen (6/ 336)
die Lanebacherscharte /di lɑnęp̥ǫxɑş̌ǫ́ʀş̌t̥ę/ Pfalzen (in 2)
der Laner /dǫ lā́nɑ/ Pfalzen (7/ 972)
ein Stûck Feld in acker und wiesen, in lâner genannt (Ther. Kat., folio 1376′)[218]
die Lanerzäune /di lānɑt̥şáęnę/ Pfalzen (7/ Wegparzelle 1255)
der Langacker /dǫ lǫ́ŋǫk̥xǫ/ Pfalzen (6/ 236,₂); Greinwalden (4/ 370)
ein Stûck Erdreich der langacker genannt (Ther. Kat., 1119′)[219]
die Langäcker /di lǫ́ŋɑk̥xǫ/ Pfalzen (8/ 444–451)
die Langwiese /di lǫŋwī́şę/ Pfalzen (6/ in 1185,₁)
das Lärcha /ş lę́ʀxɑ/ Greinwalden (3/ 435; 436; 437; 438; 439; 440; 441); (4/ 344)
Mehr ein bergwiese Lercha geheissen (Ther. Kat., 1397′)
das Lärchabachl /ş lę́ʀxɑp̥ɑxl̥/ Greinwalden (4/ unter den Lärchawiesen)
das Lerchabâchl (Ther. Kat., folio 1436′)
das Lärchaeck /ş lęʀxɑʔę́k̥ę/ Pfalzen (4/ bei 1180)
die Lärchaleite /di lęʀxɑláęt̥ę/ Greinwalden (4/ 250)
der Lärchaweg /dǫ lę́ʀxɑwęk̥ʰ/ Greinwalden – Pfalzen (Pitzinger Alm)[220]
die Lärchawiesen /di lęʀxɑwī́şn̥/ Greinwalden (4/ 344)

---

217 Ansonsten noch dreimal die Erwähnung einer Flur *das kûrze Stûckl* folio 1035′; 1057′; 1065′.
218 Dieser Beleg stammt aus der Besitzangabe des Rohrerhofs, zu dem der hier erwähnte *Laner* gehört. Interessant ist auch eine andere Belegstelle, welche die Schreibvarianten, die es bei diesem Namen gibt, dokumentiert: „ein acker, die Lânnâ genannt [...] ein Stûck Erdreich, der andere Lannacker *G*enannt [...] Conf: [...] 4: obigen Lanâ acker [...] ein wiesele, die lannâ *G*enannt [...] Conf: [...]4: obigen lânacker“ (folio 1177′).
219 Daneben zahlreiche weitere Belegstellen.
220 Der Weg führt vom Lärcha zum Kasereck; keine genauere Ortsangabe.

der Lärchwald /dǫ lę́ʀxwǫlt̯ʰ/ Pfalzen (8, 9, 10, 11/ 521–595,$_{1}$)
ein Stûck lerchwald ûnter dem dorf Pfalzen (Ther. Kat., folio 1266′)
mehr ein Stûck, Lerchwald *G*enannt (Ther. Kat., folio1253′)[221]
der Läusebichl /dǫ láę̣s̯ęp̯ɪxl̥/ Issing (3/ in 1663,$_{3}$)
der Lauskopf /dǫ láǫs̯k̯xǫp̯ʏ/ Issing (4/ in 1649)
das Leachl /s̯ lę́ɑxl̥/ Pfalzen (6/ 1126); Issing (7/ 907); (7/ 623)
ein Lechl, so beý dem Feld liegt [...] Dieses lechl ist lediglich nûr Waýd, mithin ad aream gehôrig (Ther. Kat., folio 973′f)
ein Stûckl wies, das lechl genannt (Ther. Kat., folio 953′)[222]
die Lechnerleite /di lęɑxnɑláę̣t̯ę/ Greinwalden (4/ 250)
das Lechnertal /s̯ lęɑxnɑt̯ộᵘl/ Greinwalden (5/ 52)
die Lehen /di lę́ɑxn̥/ Pfalzen (6/ 346; 343); (5/ 362); Issing (7/ angrenzend an 871; 838; 837; 835; 832; 830 + 831)
ein Stûck Erdreich in acker et wiesen, das edle Lechen genant (Ther. Kat., folio 1127′)
ein Stûck Erdreich in acker ûnd wiesen, in lechen genant (Ther. Kat., folio 978′)
ein Stûck wiesfeld, die lechen genannt (Ther. Kat., folio 1042′)
die Lehenhölle /di lęɑxn̥hę́lę/ Issing (5/ in 1476)
die Lehenwiese /di lęɑxn̥wī́s̯ę/ Issing (10/ 142)
ein Stûck wiesfeld, die lechen wiesen genannt (Ther. Kat., folio 1038′)[223]
die Lehenzäune /di lęɑxn̥t̯s̯áęnę/ Greinwalden (5/ 144)
die Leite /di láę̣t̯ę/ Issing (7/ 1303); Greinwalden (5/ 3); (4/ 304)[224]
ein Stûck wald, die *L*eiten ûnd Kâlber lechen genant (Ther. Kat., folio 972′)
ein acker die Leite geheißen (Ther. Kat., folio 1391′)[225]
das Leitl /s̯ láę̣t̯l̥/ Pfalzen (6/ bei 1075); Issing (7/ 875, 876)
ein Stûck Erdreich in acker ûnd wiesfeld, das leitl genant (Ther. Kat., folio 1006′)
der Leitlrain /dǫ laę̣t̯l̥ʀǫ́ɑn/ Pfalzen (6/ an 1075)
das Leitwaldile /s̯ laę̣t̯wáldi̯lę/ Pfalzen (8/ Teil von 230)
die Lichtwiese /di liəxt̯wī́s̯ę/ Issing (7/ 1391)
das Lippenfeld /s̯ líp̯m̥ʏęlt̯ʰ/ Issing (10/ 140)
der Loach /dǫ lǫ́ɑx/ Pfalzen (6/ 256)
ein wald, der laich genannt (Ther. Kat., folio 962′)
die Loachwiese /di lǫɑxwī́s̯ę/ Issing (10/ 64)
die Loatstatt /di lǫ́ɑt̯s̯t̯ǫt̯ʰ/ Greinwalden (4/ 241,$_{6}$); Issing (5/ 1567,$_{1}$)
ein Wiese, die Laistattwiesen *G*enannt (Ther. Kat., folio 1377′)
das Lochmühlerfeld /s̯ löxmilɑʏę́lt̯ʰ/ Issing (7/ 617; 622,$_{2}$; 615; 614,$_{1+2}$; 616)
das Lochwiesile /s̯ lǫxwíʃ̯ilę/ Pfalzen (6/ 262,$_{1}$)
der Luckenacker /dǫ lúk̯xn̥ǫk̯xǫ/ Pfalzen (6/ 262,$_{1}$)
Lupwald /lúp̯wǫlt̯ʰ/ Pfalzen (6/ 1033,$_{1}$)
ein âckerle, das Leipoldele *G*enannt (Ther. Kat., folio 1229′)
ein Stûck Erdreich in acker ûnd wiesen, das Lûpold geheissen (Ther. Kat., folio 1366′)

---

[221] Diese beiden Belegstellen seien stellvertretend für die Fülle der Nennungen im Ther. Kat. angeführt. Bemerkenswert und aus diesen Stellen bereits ersichtlich ist der Wechsel zwischen appellativischer Verwendung von *Lerchwald* und expliziter Erwähnung als Name!

[222] Diese Stelle ist exemplarisch für die zahlreichen weiteren Belege angeführt.

[223] Daneben zahlreiche weitere Belegstellen.

[224] Es finden sich sicher noch zahlreiche weitere Belegstellen für diesen äußerst häufigen Namen im Bereich der familiären Flurnamengebung um die einzelnen Höfe.

[225] Für die Fülle von Belegstellen seien diese stellvertretend angeführt.

[...] hat eigenthûmlich innen ein Stûk Grûnd der Leopold Acker genannt (Ther. Kat., folio 1428′)[226]

Luss /lúʃ/ Pfalzen (8/ 467,1–517); Issing (11/ 221)
ein acker der Lûß heissend (Ther. Kat., folio 1037′)[227]

M

der Magdalenawald /dǫ mǫadẹlíənẹwǫlṭʰ/ Issing (12/ 259–263)
das Mahdl /ş mą̃dḷ/ Pfalzen (4/ in 1185,1)
ein bergwiese das Mâdl Geheissen von 4: Tagmad (Ther. Kat., folio 1010′)[228]
der Mair am Bichl Loach /dǫ mǫaʀampîxḷlǫ́ax/ Issing (10/ 66)
die Mair am Bichl Mühle /di mǫaʀampíxḷmîlẹ/ Issing (7/ 63)
die Mairhansenwiese /di mǫaʀhǫnşņwīşẹ/ Issing (10/ 98)
der Mairhofgraben /dǫ mǫaʀhöfgʀǫ́ᵘbṃ/ Issing (7/ 863)
ein Wies, der Graben Geheissen (Ther. Kat., folio 1033′)[229]
der Mairhofloach /dǫ mǫaʀhö́flǫax/ Issing (7/ 865)
das Mängile /ş mẹ́ŋịlẹ/ Pfalzen (3/ 1161)
ein bergwiesen das mengele Genannt, von 2 1/2 „ Tagmad (Ther. Kat., folio 1179′/1180′)
Marchen /mǫ́ʀxņ/ Kiens; St. Sigmund (2/ 1; 3; 4; 14)
der Marchwald /dǫ mǫ́ʀxwǫlṭʰ/ Terenten (814/2/98)
der Marstall /dǫ mǫ́ʀşṭǫl/ Issing (10/ 249; 248; 243)
ein Stuck Erdreich in acker ûnd wiesfeld, der Marstall genannt (Ther. Kat., folio 1090′)[230]
der Maueracker /dǫ mɑ́ǫʀǫḳxǫ/ Greinwalden (5/ als Teil von 3)
ein Stûk Erdreich der Maûracker genannt (Ther. Kat., folio 1393′)[231]
das Maurergartl /ş mɑ́ǫʀagaʀṭḷ/ Issing (11/ 223)
der Maurerpifang /dǫ maǫʀapḯɣǫŋ/ Pfalzen (6/ 236)
ein Stûck Erdreich, der Pifang Geheissen (Ther. Kat., folio 1153′)
der Maurerwald /dǫ mɑ́ǫʀawǫlṭʰ/ Pfalzen (3/ in 1185,2)
das Meistertal /ş mǫaşṭǫṭǫ́ᵘl/ Pfalzen (6/ 978)
das Melcherackerle /ş mẹ́lxaʔaḳxǫlẹ/ Pfalzen (8/ 280,1)
die Melchertrate /di mẹlxaṭʀǫ́ᵘtẹ/ Issing (11/ in 208)
der Mesneracker /dǫ mẹ́şnaʔǫḳxǫ/ Pfalzen (8/ 286)
der Mittereggerbach /dǫ miṭʀẹ́ḳapǫx/ Issing (5/ durch 1526; 1525)
Mitteregger bach (Ther. Kat., folio 905′)
die Mitterleite /di míṭǫlaẹṭẹ/ Pfalzen (6/ 264 zum Teil)
ein Stûckl Erdreich die Mitterleiten geheissen (Ther. Kat., folio 997′)
das Moas /ş mǫ́aş/ Pfalzen (6/ 1037,1)
die Moidlan Raide /di moịdlan ʀɑ́ẹdẹ/ Kiens, Getzenberg (5/ zwischen 491 + 495)
das Moos /ş mṍʃ/; /ş mǫ́ʃ/ Pfalzen (6 /1145; 1125,1); (3/ 1145 + 1146); (6/ 1066); Greinwalden (4/ 305,2); (4/ 303,2); (4/ 341,4+343); Issing (7/ 1146); (10/ 107)

---

226 Weitere Belege: folio 1381′; 1361′; 1167′; 1188′; 1280′. Es ist allerdings nicht sicher, ob der Name *Lupwald* tatsächlich in Zusammenhang mit den *Leopold* Fluren steht.

227 Daneben noch zahlreiche weitere Belegstellen.

228 Weitere Belegstellen: folio 1012′; 1441′.

229 Diese Flur ist unter dem Besitz des *Mayramhof* angeführt; es zeigt sich also auch hier, dass der Besitzer selbst nur das Grundwort verwendet, die Nachbarn zur Differenzierung aber den Besitzernamen meist hinzufügen.

230 Weitere Belegstellen: „ein acker der Marstall heissend“ (1141′); „ein acker, der Marstaller Genannt“ (1261′); daneben auch zwei deformierte Bildungen: „ein Stuck Erdreich in acker vermôg der briefen Marstain „ iezt aber der Großacker genannt“ (1090′); „der Maýrstaller acker“ (1339′).

231 Daneben zahlreiche weitere Belegstellen.

aber ein solches Stûck in acker ûnd Wiesmad das Moos heissend (Ther. Kat., 993′)[232]
der Moosacker /dǫ mǫ́ʃǫk̬xǫ/; /dǫ mǫ̋ʃǫk̬xǫ/ Issing (7/ 1343)
ein Stûck Erdreich, der Moos acker Genannt (Ther. Kat., folio 1082′)[233]
das Mörlstöckl /ș mẹiʀl̥ștẹ́k̬xl̥/ Issing (10/ an 452,2 neben der Ölbrennerei)
Moschbach /mǫ́ș̌p̬ǫx/ Pfalzen (8/ 524; 525; 526)
ein Stûckl wald, das Mosbâchl genannt (Ther. Kat., 1193′)
ein Stûckl wald, das Most bâchl genannt (Ther. Kat., folio 1371′)
das Moschbachl /ș mǫ́șp̬ɑxl̥/ Issing (10/ am Issinger Weiher vorbei)
Moosbâchl (Ther. Kat., folio 912′); das Moostbâchl (Ther. Kat., folio 1263′); das sogenannte Mostbâchl (Ther. Kat., folio 1334′); das Most bâchl (Ther. Kat., folio 1371′)
die Möser /di mẹ̋ișǫ/ Greinwalden (5/ 564)
der Mückenwald /dǫ múk̬ŋwǫlt̬ʰ/ Greinwalden (5/ 75)
der Mühlbach /dǫ mī́lp̬ǫx/ Issing (2, 4, 6, 7/ Flussparzelle 1762)[234]
Mühlen /mī́l̥n/ Issing; Weiler
Malgreÿ Mûhln (Ther. Kat., folio 901)
der Mühlrain /dǫ mīlʀǫ́ɑn/ Pfalzen (6/ 1049+1050)
der Mühlweg /dǫ mī́lwẹk̬ʰ/ Pfalzen (6/ Wegparzelle 1188)

N

das Nasse /s nǫ́ʃẹ/ Pfalzen (6/ 245)
die Neune /di nɑ́i̯nẹ/ Greinwalden (4/ Kreuzung von 427; 473; 398)
die Niederhäuser Lochmühle /di niđǫhɑẹ̣șɑlǫxmī́lẹ/ Issing (7/ 111)
der Niederleitbichl /dǫ niđǫlɑẹ̣t̬p̬íxl̥/ Pfalzen (10/ 542; 543; 544)
die Niedermairlacke /di niđomǫɑʀlǫ́k̬ẹ/ Pfalzen (11/ in 595)
das Niedermairtal /ș niđǫmǫɑʀt̬ǫ̋ul/ Pfalzen (6/ 1035)
der Nocker /dǫ nǒk̬xɑ/Pfalzen (8/ 280,2)
der Nockeracker /dǫ nǒk̬xɑʔǫk̬xǫ/ Pfalzen (8/ 280,2)
das Nöcklerloch /ș nẹk̬xlɑlǫ́x/ Pfalzen (4/ in 1186 oberhalb des Geiger Zäpfen)
der Noll /dǫ nǫ́l/ Issing (5/ Grenze zwischen 1505,2 und 1505,12)

O

ober der Schupfe /öb̬ǫ dǫ șúp̬ʏẹ/ Pfalzen (6/ 1054)
ober der Straßleite /öbǫ dǫ șt̬ʀǫ̋șlɑẹt̬ẹ/ Greinwalden (5/ 158)
die Oberauertrate /di ǒb̬ǫʔɑǫɑt̬ʀǫ̂ut̬ẹ/ Issing (11/ 813)
das obere Stampffleckl /ș öb̬ʀɑnẹ șt̬ǫ́mp̬ʏlẹk̬xl̥/ Pfalzen (7/ 968)
das obere Wäschackerle /ș ǫb̬ʀɑnẹ wẹ́șɑk̬xǫlẹ/ Pfalzen (6/ 254)
das Oberfeld /ș ǒb̬ǫʏẹlt̬ʰ/ Pfalzen (6/ 354)
Oberlana /ǫ́b̬ǫlānɑ/ Issing (7/ 1056,1)
das Oberlärcha /ș ǒb̬ǫlẹʀxɑ/ Pfalzen (4/ 1182)
die Oberleite /di ǒb̬ǫlɑẹt̬ẹ/ Pfalzen (6/ 262,2)
ein acker die oberleite Genant (Ther. Kat., folio 1033′)
der Oberloach /dǫ ǒb̬ǫlǫɑx/ Issing (7/ 662)

---

[232] Weitere Belegstellen: „ein Stûck Moos" (1362′); „ein Stûck wiesen, das Moos oder Pûzâ genannt" (1002′); „eine Wiese, das Moos Geheissen" (1269′); „Der Walder zû seinen 2: bergwiesen Frâlinger „ ûnd Môosl genannt [...] Ferner der Helleitner zû seiner bergwiesen Móosl [...]" (957′); „das Moósl" (982′); „das Môosl" (1059′); „das Móosl" (1061′); „das Moôsl" (1344′).

[233] Weitere Belegstellen: „ein Stûckl Erdreich das Moosâckerle genannt" (1041′); „ein Stûckl das Moosâckerle Genannt" (1053′); „ein Stûckl Erdreich, das Moos âckerle Genannt" (1085′).

[234] Die Transkription ist hier gewissermaßen fiktiv, da in der Mundart stets der Name *Rumplbach* verwendet wird.

oberm Loach /öb̥ǫn lǫ́ɑx/ Issing (7/ 882; 887; 884)
oberm Weg /öb̥ǫn wę̄́gę/ Issing (7/ 872; 975; 883; 905)
ein Stûck Erdreich acker hinter dem Haûs, ober den weg *G*enannt [...] mehr ein Stûck acker hinter dem Haûs ûntern weg *G*enannt (Ther. Kat., folio 1337′)
die Oberraste /di ő̄b̥ǫʀǭş̌t͓ę/ Issing (4/ in 1663,$_{2}$)
die Obersaume /di ọ́b̥ǫşɑ̄mę/ Pfalzen (6/ 1039)
der Oberstall /dǫ ő̄b̥ǫş̌t͓ǫl/ Greinwalden (3/ BP 33,$_{1}$)
der Oberwald /dǫ ő̄b̥ǫwǫlt͓ʰ/ Greinwalden (5/ 161)
der Oblinder Schieler /dǫ ọb̥lindɑ ş̌ílxɑ/ Pfalzen (6/ zwischen 1086 + 1085)
das Oblinderleachl /ş ọb̥lindɑlę́ɑxl̥/ Pfalzen (6/ unteres Ende von 1149 + 1150)
das Ochale /ş ǫ́xɑlę/ Greinwalden (4/ 414)
ein bergwiese das âcherle geheissen, von 1$^{1}/_{2}$: Tagmad (Ther. Kat., folio 1363′)
ein bergwiese die oberâcherle genannt, von 2$^{1}/_{2}$ Tagmaad (Ther. Kat., folio 1453′)
der Ochsenleger /dǫ ọ́k͓ş͓n̥lēgɑ/ Issing (4/ 1648)

P

Palkstein /p͓ǫ́lk͓xş̌t͓ǫɑn/ Pfalzen (8/ 395–297 + 5/ 359–365); (6/ 251)
ein acker, der Pallenstain genannt (Ther. Kat., folio 1120′)
ein acker, der Palkenstainer geheissen (Ther. Kat., folio 1204′)
ein acker, der Palkstainer genannt (Ther. Kat., folio 1264′)[235]
das Panzatal /ş p͓ɑnt͓şɑt͓ő̄ᵘl/ Pfalzen (6/ 1037,$_{2}$)
ein Wiese das Pânzer Thal genannt (Ther. Kat., folio 1035′)
die Peinte /di p͓ɑ́ẹnt͓ę/ Greinwalden (4/ 338); Pfalzen (7/ 981); Issing (7/ 1263)
ein acker die Peinten genannt ober dem Haûs (Ther. Kat., folio 1374′)[236]
die Peintlan /di p͓ɑ́ẹnt͓lɑn/ Pfalzen (3/ 1160 + 4/ 1168 + 1169)
der Peintlsteig /dǫ p͓ɑ́ẹnt͓l̥ş̌t͓ɑẹg͓ʰ/ Pfalzen (3/ durch 1185,$_{1}$)
der Pelzgarten /dǫ p͓ę́lt͓şgǫʀt͓n̥/ Pfalzen (6/ in 1033,$_{1}$); (4/ bei 1179)
die Pelzhütte /di p͓ę́lt͓şhit͓ę/ Pfalzen (4/ bei 1179)
die Perchneralm /di p͓ę́ʀxnɑʔǫlbę/ Issing (3/ in 1663,$_{3}$ oder eher 4/ BP 159)
die Perchnerleite /di p͓ęʀxnɑlɑ́ẹt͓ę/ Issing (3/ in 1663,$_{3}$)
die Perchnermühle /di p͓ęʀxnɑmī́lę/ Issing (7/ im Weiler Mühlen)
die Perchnerwiese /di p͓ęʀxnɑwī́şę/ Issing (10/ 393; 389,$_{1}$)
Pernhauser /p͓ę̄ʀn̥hɑ́oşɑ/ Pfalzen (8/ ca. 659–681)
ein acker der Pernhaûser genannt (Ther. Kat., folio 1146′)[237]
die Pernthaleralm /di p͓ę̂ʀn̥t͓ǫ̂ᵘlɑʔǫ́lbę/ Issing (4/ in 1648)
das Pernthalerfeld /ş p͓ę̂ʀn̥t͓ǫ̂ulɑγę́lt͓ʰ/ Issing (5/ 1609)
das Pernthalerholz /ş p͓ę̂ʀn̥t͓ǫ̂ᵘlɑhǫ́lt͓ş/ Issing (6/ 1635,$_{4+5+6+7+8}$); (4/ ca. zwischen 1640,$_{2}$ in 1663,$_{2}$ untere Hälfte)
das Pernthalerköpfl /ş p͓ę̂ʀn̥t͓ǫ̂ᵘlɑk͓xę́p͓γl̥/ Issing (6/ 1639)
der Pfaffensteig /dǫ p͓γǫ́fn̥ş̌t͓ɑẹg͓ʰ/ Pfalzen (8/ durch Palkstein an 400–415)
der Pfangstall /dǫ p͓γǫ́ŋş̌t͓ǫl/ Pfalzen (9/ 901)
ein Stûck Erdreich das Pfandstall genannt, in acker ûnd wiesen (Ther. Kat., folio 1325′; 1326′)
das Pfarreck /ş p͓γǫʀę́k͓ę/ Issing (6/ 1624)
die Pfarrerfelder /di p͓γǫʀɑγę̄ldǫ/ Pfalzen (5/ 360 + 362)
der Pfarrerwald /dǫ p͓γǫʀɑwǫ́lt͓ʰ/ Pfalzen (3/ 1152 + 1153)
ein Stûck wald, der Pfârer wald geheissen, beý 55: Morgen (Ther. Kat., folio 1122′)

---

235 Sowie zahlreiche weitere Belegstellen.
236 Daneben zahlreiche weitere Belegstellen.
237 Daneben zahlreiche weitere Belegstellen.

der Pflanzgarten /dǫ p͓γlǫ́nt͓ṣgǫʀt͓n̥/ Pfalzen (6/ in 1033,₁)
die Pfoat /di p͓γǫ́at͓ʰ/ Pfalzen (8/ 284)
die Pitzingeränger /di p͓it͓ṣiŋaʔáŋǫ/ Greinwalden; Pitzingeralm (3/ bei BP 35)
die Pitzingerscharte /di p͓it͓ṣiŋaṣ̌ǫ́ʀṣ̌t͓ę/ Pfalzen (2/ in 1186)
das Pizat /ṣ p͓ī́t͓ṣat͓/ Issing (10/ 761)
ein acker, das Pizet *G*enannt (Ther. Kat., folio 1080′)
die Platte /di p͓lǫ́t͓ę/ Pfalzen (6/ 1163)
ein bergwiese, die Platte geheissen (Ther. Kat., folio 1253′)[238]
Platten /p͓lǫ́t͓n̥/ Pfalzen; Weiler
Malgrey Platen (Ther. Kat., folio 993)
Diese *G*anze Malgreý liegt aûf einen hochen, steilen berg, ûnd seýnd die gûter nicht nûr beschwârlich zûarbeiten, sondern noch ûberhin der Schaûrsgefahr zimlich ûnterworffen, aûch deswegen beý Taxierûng derselben besondern Rûcksicht hieraûf *G*enomen worden (Ther. Kat., folio 993)
die Plattner Alm /di p͓lǫt͓naʔǫ́lbę/ Issing (6/ in 1634)
In solcher Malgreý Platen Befindet sich aûch eine alpen von Sântbock hineingelegen, die Platner alpen *G*enannt (Ther. Kat., folio 1026′)
die Plattner Bergwiese /di p͓lǫt͓na p͓ę́ʀk͓wīṣę/ Pfalzen (4/ 1179)
der Plattner Kirchweg /dǫ p͓lǫt͓na k͓xíʀxwęk͓ʰ/ Pfalzen (6/ durch 1096; 1185,₄₊₅₊₇₊₈₊₁ und 1033,₁)
die Plattner Krägen /di p͓lǫt͓nak͓xʀág͓ŋ/ Pfalzen (2/ in 1186)
die Plattner Tröger /di p͓lǫt͓na t͓ʀę́ⁱg͓ǫ/ Pfalzen (3/ in 1185,₂)
die Plattner Waldilan /di p͓lǫt͓na wáldi̯lan/ Pfalzen (3/ 1147; 1148; 1149; 1150; 1151)
die Plattner Mühlen /di p͓lǫt͓namī́l̥n/ Issing (6/ zwischen 1624; 1622 und 1621; in 1624)
Pleschgatter /p͓lę́ṣ̌g͓ǫt͓ǫ/ Reischach (?)
der Porzen /dǫ p͓ǫ́ʀṣ̌t͓ṣn̥/ Pfalzen (7/ 1175)
eine Bergwiesen, der Porzen ober dem lechner in Ried außer Pfalzen *G*elegen (Ther. Kat., folio 1157′)
die Porzenrise /di p͓ǫʀṣ̌t͓ṣn̥ʀī́ṣę/ Pfalzen (7/ 1174)
der Pramstaller Pifang /dǫ p͓ʀamṣ̌t͓ǫla p͓ī́γǫŋ/ Pfalzen (6/ 233)
der Pramstaller Steigacker /dǫ p͓ʀamṣ̌t͓ǫla ṣ̌t͓áęg͓ǫk͓xǫ/ Pfalzen (6/ 242)
der Pramstallerzäpfe /dǫ p͓ʀamṣ̌t͓ǫla t͓ṣę́p͓γę/ Pfalzen (7/ 957)
der Prozessionsweg /dǫ p͓ʀǫt͓ṣęṣiǫ́nṣwęg͓ʰ/ Pfalzen (8/ Wegparzelle 1221,₁)

R

die Rainer Steintrate /di ʀǫana ṣ̌t͓ǫ́ant͓ʀǫ̂ᵘt͓ę/ Greinwalden (5/ 105)
die Rainer Vorwiese /di ʀǫana γǭʀwī́ṣę/ St. Georgen (?)
die Rainerleite /di ʀǫana láęt͓ę/ Greinwalden (5/ in 40 oben)
das Rainertal /ṣ ʀǫanat͓ǫ̂ᵘl/ Greinwalden (5/ 55)
die Ramml /di ʀáml̥/ Issing (7/ oberer Rand von 1225)
der Rantacker; der Randacker /dǫ ʀǫ́nt͓ǫk͓xǫ/ Issing (10/ 822)
ein Stûckl, das Rantâckerle (Ther. Kat., folio 1049′)
ein Stûck Erdreich, das Rântâckerle heissend (Ther. Kat., folio 1044′)
Rantners /ʀǫ́nt͓naṣ/ Issing (alle Fluren, die dem Rantner gehören)
die Rantwiese; die Randwiese /di ʀǫnt͓wī́ṣę/ Issing (10/ 750)
ein Stûck Wiesfeld, die Rantwiese genannt (Ther. Kat., folio 1072′)
das Rappenbichler Loch /ṣ ʀǫp͓m̥p͓ixla lǫ́x/ Pfalzen (6/ 352)
die Raste /di ʀǫ́ṣ̌t͓ę/ Greinwalden (4/ in 398,₂)
das Rauchntal /ṣ ʀaǫxn̥t͓ǫ̂ᵘl/ Pfalzen (6/ 1037,₂)

[238] Weitere Erwähnung folio 1135′: „ein Bergwiese die Platten genannt".

der Reastraien /dǫ ʀę̯ɑşţ̽ʀɑ́ę̯dn̥/ Issing (11/ 224,1)
die Richtgrube /di ʀíxţ̽gʀui̯bę/ Pfalzen (8/ ca. 836; 837; 838; 839; 885)
 ein acker, die Richtgrûeben *G*enannt (Ther. Kat., folio 1356′)
 ein acker aûf der Richtgrûeben (Ther. Kat., folio 1316′; 1317′)[239]
Ried /ʀíəţ̽ʰ/ Greinwalden; Weiler
 Malgreÿ, Ried ûnd Keer (Ther. Kat., folio 1433)
die Riedinger Felder /di ʀiədiŋɑ ɣę̯ldǫ/ Greinwalden (5/ 182; 181; 180)
der Rinderpfarra /dǫ ʀíndǫp̽ɣɑʀɑ/ Pfalzen (?; bei der Lechner Hütte)
die Rise /di ʀī́şę/ Issing (7/ 1226)
der Ritschacker /dǫ ʀī́ţ̽ş̽ǫk̽xǫ/ Issing (7/ 899)
 ein Stûckl Erdreich das Ritschen âckerle *G*enannt (Ther. Kat., folio 971′)
das Ritschmoos /ş ʀīţ̽ş̽mṍʃ̽/ Issing (7/ zwischen 889 und 662)
die Ritschzäune /di ʀīţ̽ş̽ţ̽şɑ́ę̯nę/ Issing (7/ Wegparzelle 1711)
die Rittlinger /di ʀíţ̽liŋɑ/ Greinwalden (5/ in 40)
 ein acker der Rittlinger geheißen (Ther. Kat., folio 1400′)[240]
die Rohrer Bergwiese /di ʀöɑʀɑp̽ę́ʀk̽wīşę/ Greinwalden (4/ 387)
die Rohrermühle /di ʀǫɑʀɑmī́lę/ Pfalzen (7/ BP 119)
die Rohrwiesen /di ʀǫɑʀwī́şn̥/ Pfalzen (9 + 7/ 862; 930; 931; 932; 934; 935; 946; 953)
 ein Stûck wiesfeld, die Rohrwiesen *G*enannt (Ther. Kat., folio 1376′)[241]
der Rommboden /dǫ ʀǫmp̽ǭ́ᵘdn̥/ Issing (3/ 1506)
der Rosenbrunn /dǫ ʀǫɑşn̥p̽ʀún/ Issing (6/ in 1635,1); Pfalzen (2/ in 1185,2)
 ûnter den Rosenbrûnnen (Ther. Kat., folio 922′)
 ein bergwiesen ûntern Rossen brûnen *G*elegen (Ther. Kat., folio 974′)
das Rosslehen /ş ʀǫ́şlę̯ɑxn̥/ Pfalzen (4/ 1178)
 ein bergwiese, das Roßlechen *G*enannt (Ther. Kat., folio 1363′)
 ein bergwiesen, das Roßlechen genannt, von 3: Tagmaad (Ther. Kat., folio 1449′)
die rote Lane /di ʀǫɑţ̽ę lɑ̄́nę/ Pfalzen (2/ in 1186)
der Rumplbach /dǫ ʀúmp̽l̥p̽ǫx/ Issing (2, 4, 6, 7/ Flussparzelle 1762)
das Russenhäusl /ş ʀúʃn̥hɑ̀ę̯şl̥/ Kiens; St. Sigmund (3/ BP 63)

S

im Sackla /in şǫ́k̽xlɑ/ Greinwalden (5/ 50; 57)
 ein acker der Sackla geheissen (Ther. Kat., folio 1415′)
 ein Wiese die Sackla heißend (Ther. Kat., folio 1416′)[242]
der Salacker /dǫ şɑ̄́lǫk̽xǫ/ Pfalzen (8/ 309)
der Sambock /dǫ şɑmp̽ǫ́k̽x/; /dǫ şɑnp̽ǫ́k̽x/ Hausberg von Pfalzen
 In solcher Malgreÿ Platen Befindet sich aûch eine alpen von Sântbock hineingelegen, die Platner alpen *G*enannt [...] (Ther. Kat., folio 1026′)
 Sanbock (Ther. Kat., folio 1364′)
der Sambockboden /dǫ şɑmp̽ǫk̽xp̽ǭ́ᵘdn̥/ Kuppe des Berges Sambock
das Sandl /ş şɑ́nţ̽l̥/ Greinwalden (4/ 315; 316; 317)
 ein acker der Santlinger genannt [...] sehr schlechter qualitât (Ther. Kat., folio 1443′)

---

239 Weitere Belege: „ein acker, die Richt *G*rûeben *G*enannt“ (1190′); „ein Stûckl acker, das Richtgriebl genannt“ (1359′).

240 Daneben zahlreiche weitere Belegstellen.

241 Daneben zahlreiche weitere Belegstellen.

242 Daneben weitere Belege: „ein Wiese der Sak genannt“ (1392′); „das Sackâckerle“ (1400′); „ein Stûk Wiesmaad die Sacklâ geheißen [...] ein Stûk Erdreich der Sackacker heißend“ (1407′); „das Sackâckerle [...] das ober Sackâckerle“ (1416′). Man beachte auch hier wieder, dass sich in den Belegstellen das Genus des Namens offensichtlich nach jenem der appellativischen Flurbezeichnung richtet, i. e. feminin für eine Wiese, maskulin für einen Acker.

der Saukopf /dǫ ṣáǫk̬xǫp̬ʏ/ Pfalzen (6/ 252)
ein Stûck acker, der Saûkopf *G*eheissen (Ther. Kat., folio 1192′)
ein Stûckl wies, der Saûkopf *G*enannt [...] allerseits wassergefâhrig (Ther. Kat., folio 1253′)
die Saume /di ṣā́mę/ Pfalzen (6/ 1039)
das Saumeck /ṣ ṣāmę́k̬ę/ Pfalzen (6/ in 1185,$_{3}$)
die Saumplatte /di ṣāmp̬lǫ́t̬ę/ Pfalzen (6/ in 1039)
die Saumraide /di ṣā́mʀaędę/ Pfalzen (6/ durch 1039; 1041; 1040 nach 1095)
der Schafleger /dǫ ṣ̌ǫ́uʏlēga/ Pfalzen (2/ in 1186)
das Schaider Schüpfl /ṣ ṣ̌ǫadaṣ̌íp̬ʏl̥/ Issing (6/ in 1632)
das Schaiderbachl /ṣ ṣ̌ǫadap̬áxl̥/ Pfalzen (6/ durch 1046,$_{1}$)
Schaider bach (Ther. Kat., folio 995′); Schaider bâchl (Ther. Kat., folio 1013′); Schaiderbâchl (Ther. Kat., folio 1145′)
die Schaiderhölle /di ṣ̌ǫadahę́lę/ Pfalzen (6/ ca. 1079)
das Schaiderplatzl /ṣ ṣ̌ǫadap̬lát̬ṣl̥/ Pfalzen (6/ 1125,$_{1}$)[243]
die Schaiderwiese /di ṣ̌ǫadawī́ṣę/ Pfalzen (3/ 1158)
wiederûm ein bergwiesele, das Schaide wiesele genant (Ther. Kat., folio 1007′)
ein bergwiese von 1/2: Tagmad, das Schaider wiesele genant (Ther. Kat., folio 1009′)
das Scheibenhölzl /ṣ ṣ̌aębm̥hę́lt̬ṣl̥/ Issing (4/ in 1649)
ein Stûck wald, das Scheiben hôlzl heissend (Ther. Kat., folio 957′)[244]
das Scheibile /ṣ ṣ̌áębi̯lę/ Issing (7/ 1295)
mehr ein Stûckl Erdreich das Scheibele *G*enannt (Ther. Kat., folio 916′)[245]
die Schieberin /di ṣ̌íəbaʀin/ Pfalzen (6/ 1164)
ein bergwiese, die Schieber wiesen genannt (Ther. Kat., folio 1271′)
der Schlagbichl /dǫ ṣ̌lǫ̂ᵘg̬p̬íxl̥/ Greinwalden (4/ 303,$_{1}$); (4/ 302)
der Schlot /dǫ ṣ̌lǫ́ut̬ʰ/ Greinwalden (4/ 300)
der Schlotacker /dǫ ṣ̌lǫ́ut̬ǫkxǫ/ Greinwalden (4/ 308)
der Schluff /dǫ ṣ̌lúf̬/ Pfalzen (8/ 230)
das Schönbödenle /ṣ ṣ̌iənp̬ę́d̥nlę/ Pfalzen (2/ in 1186)
der Schusteracker /dǫ ṣ̌úi̯ṣ̌t̬aʔǫk̬xǫ/ Pfalzen (8/ 282)
ein Stûckl Erdreich, das Schúster âckerle heissend (Ther. Kat., folio 1075′)
das Schustergrabile /ṣ ṣ̌ui̯ṣ̌t̬agʀáb̬ilę/ Issing (10/ in 56, zwischen 127 und 60; 1674)
das Schustertal /ṣ ṣ̌ui̯ṣ̌t̬at̬ǫ̂ᵘl/ Pfalzen (6/ 267+266)
der Schweinsstecken /dǫ ṣ̌wáęnṣṣ̌t̬ęk̬xn̥/ Pfalzen (2/ in 1186)
die Schweiz /di ṣ̌wáęt̬ṣ/ Issing; Dorfteil – sowie Kiens (4/ ca. 10,$_{7}$; 16,$_{1}$; 16,$_{3}$; 133; 1; 199; 208; 10,$_{18}$)
ein Haûs mit Stâdele, ûnd Stâllele, aûch viertl backofen [...] insgemein das Mitterhaûs in der Schweizner Gassen *g*enannt (Ther. Kat., folio 1097′ / 1098′)
die Schwelle /di ṣ̌wę́lę/ Pfalzen (6/ 1023)
der Seeklapf /dǫ ṣę́ak̬xlǫp̬ʏ/ Pfalzen (2/ in 1186)
die Siebenerwiese /di ṣímawī́ṣę/ Greinwalden (3/ 435–439)[246]
der Spakbichl /dǫ ṣ̌p̬āk̬xp̬íxl̥/ Pfalzen (2/ in 1186)
St. Valentin /ṣǫŋk̬x p̬ʏǫ́lt̬an/ Pfalzen (9/ ca. 693–754)
ein Stûckl Erdreich, das âckerle hinter St. Valentin genannt (Ther. Kat., folio 1117′ / 1118′)
mehr ein wiesele, das Sanct Valentin wiesele (Ther. Kat., folio 1131′)

---

243 Dieser Platz wird auch *beim Stöckl* genannt.
244 Weitere Erwähnungen dieser Flur folio 905′; folio 963′.
245 Daneben werden noch weiters eine Bergwiese mit diesem Namen erwähnt (folio 1005′) sowie eine Wiese und eine Bergwiese *die Scheibe* genannt (folio 921′; 1003′; 1011′; 1013′).
246 Die Bergwiese heißt auch *Kaltenbrunn*.

ein acker ûnter Sanct Valentin (Ther. Kat., folio 1138′)
ein acker ûnter St. Valentins Kirchen *G*elegen (Ther. Kat., folio 1201′ / 1202′)[247]
das Stadlermoos /ṣ ṣ̌ṭọḍlamṓṣ/ Pfalzen (10/ 530)
das Stampfackerle /ṣ ṣ̌ṭọ́mp̣γak̥xọlẹ/ Pfalzen (7/ 948)
der Stampfltraien /dọ ṣ̌ṭamp̣γḷṭʀáẹdṇ/ Issing (10/ 56)
Starkl Steinhaus /ṣ̌ṭaʀk̥xḷ ṣ̌ṭọ́anhaọṣ/ Greinwalden (5/ 173; 171; 175; 176; 178)
ein bergwiese neben dem Kofl *g*elegen, Stainhaûs *g*enannt (Ther. Kat., folio 1377′)
die Staudermühle /di ṣ̌ṭaọdamī́lẹ/ Issing (7/ im Weiler Mühlen)
das Stefansbrandl /ṣ ṣ̌ṭẹ́γanṣp̣ʀanṭḷ/ Issing(10/ 55)
die Stegerin /di ṣ̌ṭḗg̣aʀin/ Pfalzen (7/ 1170)
mehr ein bergwiese, die Stegerin in Forchâ genannt (Ther. Kat., folio 1157′)
die Stegermühle /di ṣ̌ṭēgamī́lẹ/ Kiens; St. Sigmund (3/ BP 63)
die Stegerrise /di ṣ̌ṭēg̣aʀī́ṣẹ/ Pfalzen (7/ zwischen 1170+1171)
der Steigacker /dọ ṣ̌ṭáẹg̣ọk̥xọ/ Pfalzen (6/ 242)
ein Stûck Erdreich der Steigacker *g*enannt (Ther. Kat., folio 922′)[248]
der Steinacker /dọ ṣ̌ṭọ́anọk̥xọ/ Pfalzen (6/ 264 zum Teil)
ein Stûck Erdreich der Stainacker *g*enannt (Ther. Kat., folio 917′)
das Steinackerle /ṣ ṣ̌ṭọ́anak̥xọlẹ/ Pfalzen (6/ 260)
ein Stûkl Erdreich das Stainâckerle heißend (Ther. Kat., folio 1394′)
die Steintrate /di ṣ̌ṭọ́anṭʀộᵘṭẹ/ Greinwalden (5/ 106)
das Stiegerplatzl /ṣ ṣ̌ṭiəg̣ap̣láṭṣḷ/ Issing (7/ 1080,1)
der Stiergarten /dọ ṣ̌ṭī́ʀg̣ọʀṭṇ/ Issing (11/ 222)
der Stifflacker /dọ ṣ̌ṭíf̣ḷọk̥xọ/ Pfalzen (6/ 1055)
die Stöckläcker /di ṣ̌ṭẹ́k̥xḷak̥xọ/ Pfalzen (8/ ca. 757–791)
ein Stûck Erdreich der Stôckl acker *g*enannt (Ther. Kat., folio 1251′)[249]
Stocklana /ṣ̌ṭọk̥xlā́na/ Pfalzen (6/ 1165)
ein bergwiese Stoklâner heissend, von 1: Tagmaad (Ther. Kat., folio 1440′)
der Stöckling /dọ ṣ̌ṭẹ́k̥xliŋ/ Greinwalden (4/ 350)
mehr ein Stûk, So gewechselt wird, ûnd in acker ûnd Wiesen Liegt, das Stôklinger geheißen (Ther. Kat., folio 1447′)
die Stöckleite /di ṣ̌ṭẹk̥xḷláẹṭẹ/ Greinwalden (4/ 343; 342; 341)
ein Stûk Erdreich die Peinten ûnd Stôkl leiten genannt (Ther. Kat., folio 1443′)
das Stöcklmoos /ṣ ṣ̌ṭẹk̥xḷmṓʃ/ Issing (7/ 1361)
die Stöcklwiese /di ṣ̌ṭẹk̥xḷwī́ṣẹ/ Pfalzen (8/ 451); Issing (7/ 1349); (11/ 201,1+192); (11/ 192,1)
Stockpfarra /ṣ̌ṭọk̥xp̣γáʀa/ Pfalzen (4/ 1179+1180)
ein bergwiesen, die Stockpfârer wiesen genant (Ther. Kat., folio 1003′)
ein bergwiese, Stockpfârer *g*enannt (Ther. Kat., folio 1005′)
der Stockwald /dọ ṣ̌ṭọ́k̥xwọlṭʰ/ Pfalzen (4/ 1185,1)
ein Stûck Stockwald (Ther. Kat., folio 1129′)
ein Stûck oder vielmehr die 6:te Portion aûs dem Stockwald (Ther. Kat., 1162′)
die Stockwälder /di ṣ̌ṭọk̥xwáldọ/ Greinwalden (4/ 473)
das Stockwaldile /ṣ ṣ̌ṭọk̥xwáldịlẹ/ Pfalzen (4/ in 1185,2)
die Straßleite /di ṣ̌ṭʀọ́ṣlaẹṭẹ/ Greinwalden (5/ 134)
ein Acker die Straß Leiten geheißen (Ther. Kat., folio 1418′)

---

247 Daneben zahlreiche weitere Belegstellen.
248 Sowie zahlreiche weitere Belegstellen.
249 Sowie zahlreiche weitere Belegstellen.

T

das Tal /ş ţộ͘ᵘl/ Greinwalden (5/ 52–58)
ein Stûk Wies das Thal genannt (Ther. Kat., folio 1415′)[250]
die Talackerleite /di ţǫulǫkxǫláęţę/ Greinwalden (5/ 40)
die Talwiese /di ţộᵘlwīşę/ Issing (10/ 439)
ein Stûck wiesfeld, die Thalwiese heissend (Ther. Kat., folio 910′)[251]
das Tanndl /ş ţándl̥/ Issing (5/ in 1505,17)
mehr ein bergwiese, das dândl genannt, von 1 Tagmad (Ther. Kat., folio 967′)
ein bergwiese das obertândl genannt, von 10: Tagmad, stoßt ûm ûnd ûm an Forstwald [..]
ein bergwiese, das ûntertândl genannt, von 4: Tagmad (Ther. Kat., folio 986′, 987′)
das Tanndlbachl /ş ţándl̥p̥ɑxl̥/ Issing (5/ u. a. durch 1505,1; 1505,17; 1503,2; 1503,1; 1499; 1498; 1490)
der Tanzeracker /dǫ ţǫ́nţşɑʔǫkxǫ/ Pfalzen (8/ 466)
die Teiffenthaler Langwiese /di ţɑęɣn̥ţǫlɑ lǫŋwīşę/ Pfalzen (8/ 269)
Teiffenthaler Oberlana /ţɑęɣn̥ţǫlɑ ǒ̋b̥ǫlānɑ/ Pfalzen (6/ 359)
der Teiffenthaler Oberwald /dǫ ţɑęɣn̥ţǫlɑ ʔ ǒ̋b̥ǫwǫlţʰ/ Pfalzen (6/ 1043)
Teiffenthaler Unterlana /ţɑęɣn̥ţǫlɑ ʔ únţǫlānɑ/ Pfalzen (6/ 364)
das Teiffenthaler Waldile /ş ţɑęɣn̥ţǫlɑ wáldi̥lę/ Pfalzen (6/ 1046,1)
die Teilwiesilan /di ţǫ́ɑlwiʃilɑn/ Kiens; St. Sigmund (2/ 528; 521; 525; 520; 519; 522; 524)
der Teufelsstein /dǫ ţáiɣl̥şşţǫɑn/ Terenten; Pichlern (814/2/166)
das Tierstaller Angerle /ş ţɪʀşţǫlɑ ʔ áŋǫlę/ Pfalzen (6/ 1126)
das Tierstaller Mühlgatterle /ş ţɪʀşţǫlɑ mīlgáţǫlę/ Pfalzen (6/ 1136)
der Tischleracker /dǫ ţíşlɑ ʔ ǫkxǫ/ Pfalzen"(8/ 289)
das Tischlerfeld /ş ţişlɑɣélţʰ/ Pfalzen (8/ 276)
der Todsündenwinkel /dǫ ţǫ́ɑţşinţn̥wiŋkxl̥/ Issing (11/ im Eck von 813)
das Totenkreuzl /ş ţǫ́ɑţn̥kxʀɑęţşl̥/ Pfalzen (6/ in 1185,11 am Kirchweg)
die Traien /di ţʀáędn̥/ Pfalzen (8/ in 538,1; 538,2)
die Trate /di ţʀộ̋ᵘţę/ Issing (7/ 874); Pfalzen (6/ 244)
das Treyerwiesile /ş ţʀɑjɑwíʃ̥ilę/ Greinwalden (5/ 63 obere Hälfte)
die Trolltrate /di ţʀǫ́lţʀộᵘţę/ Kiens; Hofern (7/ 591)
der Tümpflinger /dǫ ţímp̥ɣliŋɑ/ Greinwalden (5/ 110)
ein acker der Timpflinger geheissen (Ther. Kat., 1199′)

U

der Umbruch /dǫ úmp̥ʀux/ Issing (5/ 1533); (10/ 156); (7/ 1019); (7/ 1152)
ein Stûck Erdreich der Ûmbrûch geheissen (Ther. Kat., folio 961′)[252]
unter der Schupfe /unţǫ dǫ şúp̥ɣę/ Pfalzen (6/ 1048)
unter Loameck /unţǫ lǫɑmęk̥ę/ Issing (7/ 916,1)
unter Pernthal /unţǫ p̥ęʀn̥ţǫ́ul/ Issing (5/ 1635,12)
die Unterauertrate /di unţǫɑǫɑţʀộᵘţę/ Issing (11/ 814)
die untere Lammer /di únţʀɑnę lǫmǫ/ Pfalzen (6/ 250)
das untere Stampffleckl /ş unţʀɑnę şţǫ́mp̥ɣlęk̥xl̥/ Pfalzen (7/ 947)
das untere Wäschackerle /ş unţʀɑnę węşɑk̥xǫlę/ Pfalzen (6/ 241)
das Unterfeld /ş únţǫɣęlţʰ/ Greinwalden (?)
ein Stûck Erdreich in acker ûnd Wiesen, das ûntere feld genannt (Ther. Kat., folio 1449′)
Unterlana /únţǫlānɑ/ Issing (7/ 952)
das Unterlärcha /ş únţǫlęʀxɑ/ Pfalzen (4/ unter dem Weg 1258)

---

250 Weitere Erwähnungen: folio 998′f, 1131′, 1343′, 1399′.
251 In der „Malgreý Greinwalding“ wird derselbe Name folio 1407′ erwähnt.
252 Sowie zahlreiche weitere Belegstellen.

die Unterleite /di únt̯ǫlaẹt̯ẹ/ Pfalzen (6/ 264 zum Teil)
ein Stûck Erdreich, die ûnterleite *g*enannt (Ther. Kat., folio 1034′)
der Unterloach /dǫ únt̯ǫlǫax/ Issing (7/ 673,$_1$)
unterm Haus /unt̯ǫn háǫș/ Issing (7/ 889)
unterm Klapf /unt̯ǫn k̯xlǫ́p̯γ/ Pfalzen (6/ 1057; 1056 u. a.)
unterm Koflerklapf /unt̯ǫn k̯xöf̯lak̯xlǫ́p̯γ/ Greinwalden (4/ 277; 278; 280)
unterm Stöckl /unt̯ǫn ș̌t̯ẹ́k̯xl̥/ Issing (11/ 192,$_1$)
die Unterraste /di únt̯ǫʀǫș̌t̯ẹ/ Issing (4/ in 1663,$_2$)
die Untersaume /di únt̯ǫșāmẹ/ Pfalzen (6/ 1039)
der Unterschöpferwald /dǫ unt̯ǫș̌ẹ́p̯γawǫlt̯ʰ/ Pfalzen (6/ 1042)

V

das Verbrannte /ș γǫp̯ʀẹ́nt̯ẹ/ Pfalzen (4/ in 1185,$_1$); (7/ 1185,$_1$); Issing (5/ in 1505,$_{17}$)
der Vögelrain /dǫ γẹ́g̥l̥ʀǫan/ Kiens; Hofern (5/ 754)
die Vorwiese /di γǫ̂ʀwī́șẹ/ St. Georgen (5/ 590)
ein Stûkl Wiesmaad die Vorwiese genannt (Ther. Kat., folio 1395′)
ein Wiesfeld die Vorwiese *g*eheissen (Ther. Kat., folio 1031′)

W

das Waicha /ș wáẹxa/ Issing (10/ 396; 394; 389,$_2$)
die Waldermühle /di wǫldamī́lẹ/ Issing (5/ 135)
die Walderrise /di wǫldaʀī́șẹ/ Issing (5/ 1505,$_{11}$)
die Warmtäler /di wǫʀmt̯ẹ́ilǫ/ Pfalzen (2/ in 1186)
die Wäsche /di wẹ́ș̌ẹ/ Pfalzen (8/ 230); (6/ 231,$_1$ + 231,$_2$)
die gemeine Wesch (Ther. Kat., folio 1249′)
die Wasserrise /di wǫ́șǫʀī́șẹ/ Pfalzen (3/ in 1185,$_1$)
das Weberbrandl /ș wēbap̯ʀánt̯l̥/ Issing (7/ 868; 867)
das Weberfeld /ș wēbaγẹ́lt̯ʰ/ Issing (10/ 72); (10/ 141)
die Weidlawiesen /di waẹdlawī́șn̥/ Greinwalden (4/ 395; 392; 394; 396)
die Waýden wiesen (Ther. Kat., folio 1129′)[253]
die Weiherwiese /di waẹxawī́șẹ/ Issing (10/ 74)
ein Stûck Erdreich in acker ûnd wiesfeld, So *g*ewechselt wird, das weýer ângerle genannt (Ther. Kat., folio 1032′)
der Weinberg /dǫ wáẹnp̯ẹʀg̊ʰ/ Pfalzen (6/ in 262,$_2$)
der Weißkofl /dǫ waẹșk̯xǫ̂ᵘγl̥/ Pfalzen (2/ in 1186)
das Wengwiesile /ș wẹŋwíʃ̯ilẹ/ Greinwalden (4/ 240)
die Werfel /di wẹ́ʀγl̥/ Kiens; Ehrenburg (2/ ca. 273,$_1$; 275; 276 und 198)[254]
die Widenlehen /di wīdn̥lẹ́axn̥/ Pfalzen (5/ 360)
das Widenried /ș wīdn̥ʀíət̯ʰ/ Greinwalden (5/ 155)
der Widerleitbichl /dǫ wid̥ǫlaẹt̯p̯ī́xl̥/ Pfalzen (10/ 542; 543; 544)
die Wiese /di wī́șẹ/ Greinwalden (4/ 340); Issing (7/ 1300); (10/ 146)[255]
das Wiesental /ș wīșn̥t̯ǫ́ᵘl/ Issing (7/ in 1300 an 1302)
die Wieshauser Außerwiese /di wiʃ̯haǫșa ? áǫșǫwīșẹ/ Pfalzen (6/ 1080)

---

[253] Weitere Varianten: „die waiden wiesen" (1272′); „die Weidl Wiesen" (1433′); „die Weidle Wiesen" (1444′); „ein bergwiesen, Waidle genannt" (1457′).
[254] Die Flur wird zusätzlich unterteilt in *Außerwerfel* (2/ 273,$_1$; 275; 276) und *Innerwerfel* (2/ 198)
[255] Es finden sich sicher noch zahlreiche weitere Belegstellen für diesen äußerst häufigen Namen im Bereich der familiären Flurnamengebung um die einzelnen Höfe.

das Wiesile /ş wíʃ̧ilę/ Pfalzen (6/ 347)[256]
die Wiesköfel /di wiʃ̧kxę́fl̥/ Issing (6/ zwischen 1635,₃ und 1635,₄)
das Wiesköfeleck /ş wiʃ̧kxęflę́kę/ Issing (6/ oberhalb 1635,₃)
das Wieslat /ş wíʃ̧latʰ/ Pfalzen (2/ 1185,₂); Issing (6/ 1633)
  ein bergwiesen, das wieslât geheissen (Ther. Kat., folio 955')
der Windschar /dǫ wíntšāʀ/ Pfalzen (2/ in 1186)
der Winkel /dǫ wíŋkxl̥/ Pfalzen (9/ 892); Issing (7/ 1363)
im Winkel /in wíŋkxl̥/ Issing (7/ 1146 im Eck)
das Winklertal /ş wiŋkxlatǿᵘl/ Greinwalden (5/ 58)
die Wotscha Äcker /di wǫ̈tşa ? akxǫ/ Issing (11/ 795; 793; 792)
  ein Stûck Erdreich, der watschen acker *g*enannt (Ther. Kat., folio 1037')
  ein âckerle, der watschanewandter *g*enannt (1043')
  ein Stûck Erdreich, der watscher acker heissend (1050')
das Wühla /ş wúila/ Pfalzen (9/ 910–913 + 916–919)
  ein Stûck Erdreich in acker, ûnd wiesen, das wûellach genannt (Ther. Kat., folio 1139')[257]

Z

die Zassler Bergwiese /di tşaʃ̧la pę́ʀkwīşę/ Greinwalden (4/ 400)
das Zasslerklapfl /ş tşaʃ̧lakxlápyl̥/ Greinwalden (4/ 272; 273)
die Zeile /di tşáęlę/ Pfalzen (8/ 408)
  ein acker die zeile „ oder Geil genannt (Ther. Kat., folio 1190')
  ein Stûck Erdreich, der zeilacker *g*enannt (Ther. Kat., folio 1345')
die Zelge /di tşę́lgę/ Pfalzen (6/ 249); Issing (7/ 1156); (7/ 1291)
  ein Stûck Erdreich acker die zelge *g*enannt (Ther. Kat., folio 1382')
das Zelgile /ş tşę́lgilę/ Pfalzen (6/ 247)
der Ziegelofen /dǫ tşíəglǫ̂ᵘyn̥/ Pfalzen (8/ 641)
der Zwinger /dǫ tşwíŋa/ Pfalzen (4/ bei 1177)
Zwischenäckern /tşwíşnakxǫn/ Pfalzen (6/ 262,₃)
Zwischenmauern /tşwíşnmaǫʀn̥/ Greinwalden (4/ 214,₁ + 214,₅)

---

256 Daneben auch hier wieder zahlreiche weitere Beispiele im Bereich der familiären Flurnamen im engen Hofbereich.

257 Weitere Erwähnungen des *wûellach*: folio 1224'; 1325'; 1334'; daneben Erwähnung eines Ackerle und einer Wiese *wûelle* (folio 1127').

Register

Achtersteig 80
Acker 32, 107
Äcker beim Brand 90, 110
Agarte 108
Aichnerweide 61, 94
Alege 48, 115
Alpeggermühle 122
Alpl 98
Alplleite 133
alte Stall 96
alte Wasser 51
alte Weib 34, 85
alte Wiese 133
Ameisbichl 90
Ameter Säge 125
Ametermühle 122
Ameterrise 61, 115
Andoacker 59
Anewandter 75, 108
Anger 93
Angerlan 94
Angerle 94
Antlassweg 79
Antlasszäune 79
ausgezäunte Tal 104
Auslug 118
Außerloach 53, 111
außerm Zaun 105
Außerpeintl 100, 119

Bachl 134
Bachla 51
Bachlaloch 48
Bachstöckl 77
Bäcken Geige 100, 125
Badstube 123
Bärensweg 79, 118
Bärfalle 118
Bärfallsteig 79
Baumannfeld 61
Baumannhölle 61
Baumannlehen 61
Baumannschupfe 94
Baumanntal 61
Baumannwald 61, 112
Baumaurer 106
Baumgarten 31, 119
Baumgartner Bircha 61
Baumgartnerwiese 61
bei den Seen 46
bei der Ameter Säge 134
bei der Brettlhütte 134
bei der Schupfe 32
beim großen Stein 46
beim Kreuzl 76
beim Stöckl 77
beim Turm 46, 85
Berggatterle 105
Bichl 49
Binderfeld 62
Binderin 65, 100
Bindermoas 62
Bindersteig 79
Binderwiese 62
Bircha 53, 113
Birkacker 110
Birkeck 54
Birkeckenbachl 47
Birkfeld 110
Boden 47
Böden 47
Bödenle 47
Bombenloch 31
Brackenwald 116
Brackwiesile 116
Brand 40, 90
Brandacker 90, 110
Brandl 90
Brandstatt 90
Brechlloch 123
Breitäcker 110
Breiteck 44
Breitensteina 50
Brückile 103
Bründl 51
Bründlwiese 51
Brunna 65
Brunnäcker 110
Burgaweg 80
Burgfeld 71

Christile Ebene 83

derrissene Wiesile 85, 100
Dietenheim 88
Distla 54, 99

Dittlacker 62
Drahtzaun 105
Dreistanglucken 106

Eck 45
Eckmoar 65
Eckpeter 60
Elzenbaumer Oberalm 62, 104
Elzenbaumeracker 62
Elzenbaumeralm 62, 104
Erla 53, 113
Erlazäune 136
Erlwiesen 54, 93
Erschpam 96
Erschpam Waldile 46, 96, 113

Farzbrunn 85
Fasbachl 137
Feuchtleite 53
Feuchtner Waldile 53, 112
Fildrafaldrabichl 49, 54
Finsterbach 55
Finsterraide 82
Finstertal 55
Fischeräcker 125
Flatscherlehen 62
Fleischbänke 84
Fliddraklapf 54
Fliddrarin 54
Forcha 53, 113
Förchenle 54, 99
Forchneralm 62, 104
Forchnerbichl 62
Forchnerbrand 62, 90
Forchnermühle 122
Forchnerwiese 62
Forstbrand 137
Forstgarten 117
Forstwald 116
Frauenköfile 34, 37
Fuchsbichl 31, 49, 54, 118
Fuchslöcher 54, 118

Galgenbichl 73
Gänsebichler Winkelrain 45, 49
Gassermoos 52, 62
Gattermairkreuzl 76
Gatterstatt 106
Gebergla 49
Gebreite 44
Geigenkopf 49, 101
Geigensteig 138
Geigermoos 62
Geigertal 62
Geigerwald 62, 112
Geigerwiese 62
Geigerzäpfe 45
Geißklapf 78
Gelenkboden 48
Gelenke 48
Gelenkrain 48, 49
Gemeinderise 75
Gemeinleitl 75
Gemeinspole 75
Georgenberg 59
Geriede 89
Gerun 84
Gfas 48
Giggoggacker 111
Gissäcker 110
Goläe 138
Golia 138
Graben 47
Grabilan 47
Grabile 47
Graitl 89
Grändleite 49
Grantnbichl 49, 54
Greinwalden 40, 57, 88
Grite 85, 107
Großacker 110
große Lammer 50, 120
Großeluckenrise 106, 115
Gruba 47
Grube 47
Grubstallhäusl 112
Grubsteinwald 65, 112
Grüebl 47
grüne Bachl 84

Haderwald 74
Hallermoas 62
Haselried 89
Haselriederkreuzl 76
Haselriederloach 62, 66, 111
Haselriedermühle 122
Haselriederwald 62, 66, 112
Hausacker 111
Hausanger 94
Häuslgarten 119
Helleithölle 62
Helleitwald 62, 112
Helleitwasser 66
Helleitwiese 62
Hellsteinerklapfl 62
Hennennest 97
Herschwarte 76
Hexenstein 75
Hilbermoas 62
Hilbermühle 122

Hinterbach 51
Hinterfeld 109
hinterm Geriede 89
hinterm Haus 32
Hirschacker 140
Hirschbründl 55, 118
Hirschbrunn 51, 104
Hirschbrunnfeld 51, 62
Hirschbrunnwald 51, 62, 112
Hirschlacke 118
Hirschtrate 83, 95
Hofanger 71
Holermoas 54
Hölle 55, 78
Holzanger 94
Hölzl 53, 99
Honigberg 119
Huber Kimpfl 84
Huber Scheibile 140
Huberhölle 62
Hubermühlen 122
Huberrain 49
Hudderwirt 85
Hurte 105
Hüttelklapf 140

in der Feuchte 53
Innerfeld 109
Innerpeintl 100, 119
Irnberg 57, 88
Irnbergerhäuslmühle 122
Issing 40, 57

Jochboden 47
Jochbodensee 141
Jochile Tümpflinger 52
Jochkreuz 76

Kalkofen 124
kalte Mann 85
Kaltenbrunn 52, 85
Kalteracker 125
Kampile 49
Kampileeck 47
Kamplboden 47
Kamplrise 47
Kamplsteig 79
Kapfers 141
Kapperacker 62
Kapperfeld 62
Kappern 113
Kapprabründl 141
Kapprawald 113
Kasereck 98
Kaserstatt 98
Kasserfeld 62, 141
Keaseabl 141
Kegelgasse 85
Kehrerfelder 62
Kehrerweidla 53, 100
Kirchdach 85
Kircheck 71
Kirchholz 71, 112
Kirchtürme 85
Kirchwald 71, 112
Kitzerlöcher 84
Klamme 48
Klapfl 50
kleine Angerle 94
kleine Traien 94
Kleinrubatscherackerle 62
Klostersteig 79
Knappenloch 124
Knöspltal 49
Köfelacker 50
Köfile 50
Köfilefeld 110
Köfilewald 47, 113
Koflerfeld 63
Koflergatterlewald 106, 113
Koflergrandl 49
Koflerklapf 63
Koflerrösl 54, 99
Koflerwald 63, 112
Kofllechenklapf 63
Kohlstatt 124
Kohltrate 95, 124
Kohlwiese 124
Kotzacker 63
Krahlana 54
Kranewittgatterle 105
Krebsbachl 125
Kressboden 54, 99
Kreuzäcker 111
Kreuzlacker 111
Kreuzsteig 79
Kronbichlbachl 63, 66
Kronbichlfeld 63
Kronbichlwaldile 63, 112
Krönl 83
Küheboden 101
Kühehartawaldile 95, 112
Küheraste 101
Kuhtrate 95, 109
Kurzäcker 110
kurze Geland 44

Lammer 50, 120
Lammerle 50, 120
Lammertal 50, 120

Lammertase 50, 120
Lana 51, 120
Lanacker 110, 121
Lane 120
Lanebacherscharte 66
Laner 51, 121
Lanerzäune 79
Langäcker 110
Langwiese 44
Lärcha 53, 99
Lärchabachl 47
Lärchaeck 54
Lärchaleite 143
Lärchaweg 79
Lärchawiesen 54, 99
Lärchwald 54, 113
Läusebichl 118
Lauskopf 49, 118
Leachl 53
Lechnerleite 63
Lechnertal 48, 63
Lehen 70
Lehenhölle 63
Lehenwiese 63, 71
Lehenzäune 79
Leite 31, 32, 49
Leitl 49
Leitlrain 49
Leitwaldile 49, 113
Lichtwiese 92
Lippenfeld 63
Loach 53, 111
Loachwiese 144
Loatstatt 125
Loch 48
Lochmühle 122
Lochmühlerfeld 63
Lochwiesile 48
Luckenacker 111
Lupwald 60
Luss 92, 111

Magdalenawald 33, 71, 77, 113
Mahdl 98
Mair am Bichl Loach 63
Mair am Bichl Mühle 122, 145
Mairhansenwiese 63
Mairhofgraben 47, 63
Mairhofloach 63, 111
Mängile 99
Marchen 75
Marchwald 75
Marstall 97, 112
Maueracker 111
Maurergartl 63
Maurerpifang 119
Maurerwald 63, 112
Meistertal 63
Melcherackerle 63
Melchertrate 63, 95, 109
Mesneracker 63
Mittereggerbach 66
Mitterleite 46, 109
Moas 40, 90
Moidlan Raide 33, 83
Moos 52
Moosacker 110
Mörlstöckl 77
Moschbach 52, 113
Moschbachl 52, 54, 113
Möser 52
Mückenwald 55
Mühlbach 55, 107, 122
Mühlen 107, 122
Mühlrain 122
Mühlweg 105, 122

Nasse 53
Neune 75
Niederhäuser Lochmühle 122
Niederleitbichl 47, 49
Niedermairlacke 66
Niedermairtal 63
Nocker 65
Nockeracker 63
Nöcklerloch 48, 117
Noll 50

ober der Schupfe 94
ober der Straßleite 146
Oberauertrate 63, 95, 109
obere Stampffleckl 122
obere Wäschackerle 123
Oberfeld 110
Oberlana 51, 121
Oberlärcha 53, 109
Oberleite 46, 109
Oberloach 53, 109, 111
oberm Loach 46
oberm Weg 81
Oberraste 101
Obersaume 45, 114
Oberstall 96
Oberwald 46
Oblinder Schieler 85
Oblinderleachl 53, 63, 111
Ochale 54, 99
Ochsenleger 102

Palkstein 74
Panzatal 58

Pein 37
Peinte 32, 118
Peintlan 100, 119
Peintlsteig 79
Pelzgarten 117
Pelzhütte 117
Perchneralm 63, 104
Perchnerleite 63
Perchnermühle 122
Perchnerwiese 63
Pernhauser 97
Pernthaler 118
Pernthaleralm 63, 104
Pernthalerfeld 63
Pernthalerholz 63, 112
Pernthalerköpfl 63
Pfaffensteig 80
Pfalzen 40
Pfangstall 73
Pfarreck 71
Pfarrerfelder 71
Pfarrerwald 71, 112
Pflanzgarten 117
Pfoat 85
Pifang 32, 119
Pitzingeränger 94
Pitzingerscharte 48
Pizat 119
Platte 47
Platten 47, 91
Plattner Alm 103
Plattner Bergwiese 66
Plattner Kirchweg 79
Plattner Krägen 48, 66
Plattner Mühlen 122
Plattner Tröger 102
Plattner Waldilan 66, 112
Pleschgatter 106
Porzen 50, 99
Porzenrise 115
Pramstaller Pifang 119
Pramstaller Steigacker 64, 110
Pramstallerzäpfe 45
Prozessionsweg 79

Rainer Steintrate 64, 95, 109
Rainer Vorwiese 71
Rainerleite 64
Rainertal 48, 64
Ramml 55
Randacker 110
Rantacker 64
Rantners 65
Rantwiese 64
Rappenbichler Loch 48, 64
Raste 101
Rauchntal 55
Reastraien 122
Richtgrube 71, 74
Ried 40
Riedinger Felder 66
Rinderpfarra 101
Rise 115
Ritschacker 64
Ritschmoos 64
Ritschzäune 79
Rittlinger 96
Rohrer Bergwiese 64
Rohrermühle 122
Rohrwiesen 54
Rommboden 54
Rosenbrunn 54
Rosslehen 103
rote Lane 50, 120
Rumplbach 55, 122
Russenhäusl 84

Sackla 71
Salacker 57
Sambock 45, 47, 114
Sambockboden 47
Sandl 50
Saukopf 49, 120
Saume 45, 82, 114
Saumeck 47
Saumplatte 47
Saumraide 82
Schafleger 103
Schaider Schüpfl 94
Schaiderbachl 66
Schaiderhölle 64
Schaiderplatzl 150
Schaiderwiese 64
Scheibenhölzl 45, 113
Scheibile 45
Schieberin 83
Schlagbichl 90, 116
Schloss 70
Schlot 45
Schlotacker 150
Schluff 45
Schönbödenle 55
Schusteracker 64
Schustergrabile 47, 64
Schustertal 64
Schweinsstecken 102
Schweiz 121
Schwelle 50
Seeklapf 47
Siebenerwiese 85

Spakbichl 101
St.Valentin 77
Stadlermoos 64
Stampfackerle 111
Stampfltraien 94
Starkl Steinhaus 65
Staudermühle 122
Stefansbrandl 59
Stegerin 65, 100
Stegermühle 84
Stegerrise 64, 115
Steigacker 110
Steinacker 110
Steinackerle 110
Steintrate 95, 109
Stiefler 94
Stiegerplatzl 64
Stiergarten 96, 119
Stifflacker 94
Stöckläcker 77, 111
Stocklana 90, 116
Stöckling 77
Stöcklleite 77
Stöcklmoos 77
Stöcklwiese 77
Stockpfarra 101, 116
Stockwald 90, 116
Stockwälder 116
Stockwaldile 90, 116
Straßleite 81

Tal 48
Talackerleite 152
Talwiese 47
Tanndl 54, 99
Tanndlbachl 152
Tanzeracker 64
Teiffenthaler Langwiese 64
Teiffenthaler Oberlana 64
Teiffenthaler Oberwald 46, 64
Teiffenthaler Unterlana 64
Teiffenthaler Waldile 64, 112
Teilwiesilan 83
Terenten 37
Teufelsstein 78
Tierstaller Angerle 64, 94
Tierstaller Mühlgatterle 105
Tischleracker 64
Tischlerfeld 64
Todsündenwinkel 83
Tönige 85
Totenkreuzl 76
Traien 94
Trate 95, 109
Treyerwiesile 152
Trolltrate 33, 83
Tümpflinger 52

Umbruch 108
unter der Schupfe 94
unter Loameck 152
unter Pernthal 152
Unterauertrate 64, 95, 109
untere Lammer 50, 120
untere Stampffleckl 122
untere Wäschackerle 123
Unterfeld 110
Unterlana 51, 121
Unterlärcha 53, 109
Unterleite 46, 109
Unterloach 53, 109, 111
unterm Haus 153
unterm Klapf 46
unterm Koflerklapf 46
unterm Stöckl 77
Unterraste 101
Untersaume 45, 114
Unterschöpferwald 64, 112
Uttenheim 88

Verbrannte 90
Vögelrain 86
Vorwiese 71

Waicha 52
Waldermühle 122
Walderrise 64
Warmtäler 55
Wäsche 123
Wasserrise 115
Weberbrandl 64
Weberfeld 64
Weidlawiesen 54, 100
Weiherwiese 52, 64
Weinberg 35, 120
Weißkofl 50
Wengwiesile 65
Werfel 84
Widenlehen 71
Widenried 71
Widerleitbichl 47
Wiese 31, 32, 54, 93
Wiesental 54, 93
Wieshauser Außerwiese 46, 65
Wiesile 54, 93
Wiesköfel 54, 93
Wiesköfeleck 47
Wieslat 54, 93
Windschar 50
Winkel 45

Winklertal 48, 65
Wotscha Äcker 110
Wühla 48

Zassler Bergwiese 65
Zasslerklapfl 65
Zeile 108
Zelge 109
Zelgile 109
Ziegelofen 124
Zipfelwastl 85
Zwinger 102
Zwischenäckern 110
Zwischenmauern 106

Bibliographie

Ungedruckte Quellen

Südtiroler Landesarchiv:

Rustical Steuer-Kataster des Gerichtes Schöneck 3. Band. Signatur: Steuerkataster 4 Colbello.

Literatur

Algazi, Gadi: Herrengewalt und Gewalt der Herren im späten Mittelalter. Herrschaft, Gegenseitigkeit und Sprachgebrauch. New York 1996. (= Historische Studien 17)

Antenhofer, Christina: Die Mikrotoponymie der Gemeinde Pfalzen. Sammlung, Systematisierung, etymologische Deutung. Diplomarbeit am Institut für Germanistik der Universität Innsbruck 1998.

Antenhofer, Christina: Die Mikrotoponymie der Gemeinde Pfalzen als Spiegel ihrer sozioökonomischen Verhältnisse. Diplomarbeit am Institut für Geschichte der Universität Innsbruck 1999.

Barthes, Roland: Réflexions sur un manuel. In: Roland Barthes: Le bruissement de la langue. Essais critiques IV. Paris 1984. S. 49–56.

Battisti, Carlo / Maria, Montecchini: I nomi locali della Pusteria. Florenz 1939. (= Dizionario Toponomastico Atesino II. 2)

Bauer, Gerhard: Namenforschung im Verhältnis zu anderen Forschungsdisziplinen. In: Ernst Eichler u. a. (Hrsg.): Namenforschung. Ein internationales Handbuch zur Onomastik. Band 1. Berlin – New York 1995. S. 8–23. (= HSK 11.1)

Bauer, Gerhard: Flurnamengebung als Feldgliederung. Ein kritischer Beitrag zur Methode der Flurnamenstatistik. Mit vier Karten. In: Friedhelm Debus / Wilfried Seibicke (Hrsg.): Reader zur Namenkunde III. 2. Toponymie. Hildesheim – Zürich – New York 1996. S. 451–474. (= Germanistische Linguistik 131–133)

Bauer, Reinhard: Die Flurnamenrevision im Zuge der Flurbereinigung in Bayern. In: Friedhelm Debus / Wilfried Seibicke (Hrsg.): Reader zur Namenkunde III. 2. Toponymie. Hildesheim – Zürich – New York 1996. S. 587–594. (= Germanistische Linguistik 131–133)

Beimrohr, Wilfried: Mit Brief und Siegel. Die Gerichte Tirols und ihr ältestes Schriftgut im Tiroler Landesarchiv. Innsbruck 1994.(= Tiroler Geschichtsquellen 34)

Blickle, Peter: Deutsche Untertanen. Ein Widerspruch. München 1981.

Blickle, Peter: Bauer. In: Richard van Dülmen (Hrsg.): Das Fischer Lexikon. Geschichte. Frankfurt a. M. 1990. S. 140–150.

Brunner, Otto: Land und Herrschaft: Grundfragen der territorialen Verfassungsgeschichte Österreichs im Mittelalter. Unveränd. reprograf. Nachdr. d. 5. Aufl., Wien 1965. Darmstadt 1984.

Debus, Friedhelm: Soziolinguistik der Eigennamen. Name und Gesellschaft (Sozio-Onomastik). In: Ernst Eichler u. a. (Hrsg.): Namenforschung. Ein internationales Handbuch zur Onomastik. Band 1. Berlin – New York 1995. S. 393–399. (= HSK 11.1)

Debus, Friedhelm: Flurnamen als Geschichtsquelle. Bemerkungen zu einem Buch gleichen Titels. In: Friedhelm Debus / Wilfried Seibicke (Hrsg.): Reader zur Namenkunde III. 2. Toponymie. Hildesheim – Zürich – New York 1996. S. 571–586. (= Germanistische Linguistik 131–133)

Die Bibel. Einheitsübersetzung der Heiligen Schrift. Altes und Neues Testament. Stuttgart 1980.

Eco, Umberto: Zeichen. Einführung in einen Begriff und seine Geschichte. Frankfurt a. M. 1977.

Eichler, Ernst: Entwicklung der Namenforschung. In: Ernst Eichler u. a. (Hrsg.): Namenforschung. Ein internationales Handbuch zur Onomastik. Band 1. Berlin – New York 1995. S. 1–7. (= HSK 11.1)

Eichler, Ernst u. a.: Vorwort. In: Ernst Eichler u. a. (Hrsg.): Namenforschung. Ein internationales Handbuch zur Onomastik. Band 1. Berlin – New York 1995. S. V–IX. (= HSK 11.1)

Fink, Hans: Tiroler Wortschatz an Eisack, Rienz und Etsch. Nachlese zu Josef Schatz, Wörterbuch der Tiroler Mundarten. Innsbruck – München 1972. (= Schlern-Schriften 250)

Finsterwalder, Karl: Tiroler Familiennamenkunde. Sprach- und Kulturgeschichte von Personen-, Familien- und Hofnamen. Innsbruck 1990. (= Schlern-Schriften 284)

Finsterwalder, Karl: Die Namenbildungen Piperg, Piza, Pimerch, Painte. (1934). In: Karl Finsterwalder: Tiroler Ortsnamenkunde. Gesammelte Aufsätze und Arbeiten. Band 3. Einzelne Landesteile betreffende Arbeiten. Südtirol und Außerfern. Nachträge. Register. Innsbruck 1995. S. 1003–1004. (= Forschungen zur Rechts- und Kulturgeschichte 17 / Schlern-Schriften 287)

Finsterwalder, Karl: Die Bienenzucht in Tiroler Flurnamen. (1940). In: Karl Finsterwalder: Tiroler Ortsnamenkunde. Gesammelte Aufsätze und Arbeiten. Band 1. Gesamttirol oder mehrere Landesteile betreffende Arbeiten. Innsbruck 1990. S. 357–358. (= Forschungen zur Rechts- und Kulturgeschichte 15 / Schlern-Schriften 285)

Finsterwalder, Karl: Das Wort watschar im Bairisch-Österreichischen und sein Niederschlag in Orts- und Flurnamen Tirols und der Nachbarländer. (1948). In: Karl Finsterwalder: Tiroler Ortsnamenkunde. Gesammelte Aufsätze und Arbeiten. Band 1. Gesamttirol oder mehrere Landesteile betreffende Arbeiten. Innsbruck 1990. S. 261–270. (= Forschungen zur Rechts- und Kulturgeschichte 15 / Schlern-Schriften 285)

Finsterwalder, Karl: „Saum“ und „Faden“. Geländeformen und Grenzlinien in volkstümlichen Namen. (1956). In: Karl Finsterwalder: Tiroler Ortsnamenkunde. Gesammelte Aufsätze und Arbeiten. Band 1. Gesamttirol oder mehrere Landesteile betreffende Arbeiten. Innsbruck 1990. S. 301–307. (= Forschungen zur Rechts- und Kulturgeschichte 15 / Schlern-Schriften 285)

Finsterwalder, Karl: Bergnamenkunde zwischen Enns und Rhein. Stand, Mittel und Wege der Forschung. (1959). In: Karl Finsterwalder: Tiroler Ortsnamenkunde. Gesammelte Aufsätze und Arbeiten. Band 1. Gesamttirol oder mehrere Landesteile betreffende Arbeiten. Innsbruck 1990. S. 309–329. (= Forschungen zur Rechts- und Kulturgeschichte 15 / Schlern-Schriften 285)

Finsterwalder, Karl: Die hochmittelalterliche Siedlung in Südtirol im Spiegel der deutschen Umformung der Örtlichkeitsnamen. (1962). In: Karl Finsterwalder: Tiroler Ortsnamenkunde. Gesammelte Aufsätze und Arbeiten. Band 3. Einzelne Landesteile betreffende Arbeiten. Südtirol und Außerfern. Nachträge. Register. Innsbruck 1995. S. 929–965. (= Forschungen zur Rechts- und Kulturgeschichte 17 / Schlern-Schriften 287)

Finsterwalder, Karl: Ortsnamen um Klausen. Von der Vorgeschichtszeit bis zu Walther und Laurin. (1972). In: Karl Finsterwalder: Tiroler Ortsnamenkunde. Gesammelte Aufsätze und Arbeiten. Band 3. Einzelne Landesteile betreffende Arbeiten. Südtirol und Außerfern. Nachträge. Register. Innsbruck 1995. S. 1029–1040. (= Forschungen zur Rechts- und Kulturgeschichte 17 / Schlern-Schriften 287)

Finsterwalder, Karl: Statik und Dynamik – Sprachepochen und geschichtliche Ereignisse im Ortsnamenbild Tirols. (1972). In: Karl Finsterwalder: Tiroler Ortsnamenkunde. Gesammelte Aufsätze und Arbeiten. Band 1. Gesamttirol oder mehrere Landesteile betreffende Arbeiten. Innsbruck 1990. S. 15–28. (= Forschungen zur Rechts- und Kulturgeschichte 15 / Schlern-Schriften 285)

Finsterwalder, Karl: Alpicula für „kleine Alpe“. Zur Sprach- und Sachentwicklung des Wortes im Raume von Salzburg bis Vorarlberg und Graubünden. (1975). In: Karl Finsterwalder: Tiroler Ortsnamenkunde. Gesammelte Aufsätze und Arbeiten. Band 1. Gesamttirol oder mehrere Landesteile betreffende Arbeiten. Innsbruck 1990. S. 189–199. (= Forschungen zur Rechts- und Kulturgeschichte 15 / Schlern-Schriften 285)

Finsterwalder, Karl: Das Werden des deutschen Sprachraumes in Tirol im Lichte der Namenforschung. (1978). In: Karl Finsterwalder: Tiroler Ortsnamenkunde. Gesammelte Aufsätze und Arbeiten. Band 1. Gesamttirol oder mehrere Landesteile betreffende Arbeiten. Innsbruck 1990. S. 1–14. (= Forschungen zur Rechts- und Kulturgeschichte 15 / Schlern-Schriften 285)

Forcher, Michael: Tirols Geschichte in Wort und Bild. Innsbruck 1984.

Förstemann, Ernst: Altdeutsches Namenbuch. Band 1. Personennamen. 2. Auflage. Bonn 1900.

Gatterer, Anton / Josef Niedermair: Die Almen. In: Josef Harrasser / Josef Niedermair (Hrsg.): Pfalzen in Wort und Bild. Pfalzen 1987. S. 178–187.

Gatterer, Anton: Die bäuerliche Welt – wie sie noch vor Jahrzehnten war. In: Josef Harrasser / Josef Niedermair (Hrsg.): Pfalzen in Wort und Bild. Pfalzen 1987. S. 237–263.

Greule, Albrecht: Gewässernamen. Morphologie, Benennungsmotive, Schichten. In: Ernst Eichler u. a. (Hrsg.): Namenforschung. Ein internationales Handbuch zur Onomastik. Band 2. Berlin – New York 1996. S. 1534–1539. (= HSK 11.2)

Grimm, Jacob und Wilhelm: Deutsches Wörterbuch. 33 Bände. Nachdruck der Erstausgabe 1854–1971. München 1984.

Harrasser, Josef: Naturkundliches aus dem Raum Pfalzen. In: Josef Harrasser / Josef Niedermair (Hrsg.): Pfalzen in Wort und Bild. Pfalzen 1987. S. 11–39.

Harrasser, Josef / Josef Niedermair (Hrsg.): Pfalzen in Wort und Bild. Pfalzen 1987.

Haubrichs, Wolfgang: Namenforschung in Deutschland bis 1945. In: Ernst Eichler u. a. (Hrsg.): Namenforschung. Ein internationales Handbuch zur Onomastik. Band 1. Berlin – New York 1995. S. 62–85. (= HSK 11.1)

Hornung, Maria: Flurnamenbildung im Sprachberührungsbereich durch kategorienbildende Suffixe. In: Friedhelm Debus / Wilfried Seibicke (Hrsg.): Reader zur Namenkunde III, 2. Toponymie. Hildesheim – Zürich – New York 1996. S. 519–525. (= Germanistische Linguistik 131–133)

Innerebner, Georg: Die Wallburgen Südtirols. Band 1. Pustertal. Bozen 1975.

Kleiber, Wolfgang: Vom Sinn der Flurnamenforschung. Methoden und Ergebnisse. In: Friedhelm Debus / Wilfried Seibicke (Hrsg.): Reader zur Namenkunde III. 2. Toponymie. Hildesheim – Zürich – New York 1996. S. 405–417. (= Germanistische Linguistik 131–133)

Koß, Gerhard: Die Bedeutung der Eigennamen. Wortbedeutung / Namenbedeutung. In: Ernst Eichler u. a. (Hrsg.): Namenforschung. Ein internationales Handbuch zur Onomastik. Band 1. Berlin – New York 1995. S. 458–463. (= HSK 11.1)

Kühebacher, Egon: Orts-, Hof- und Flurnamen im Gemeindegebiet von Kiens als Denkmäler der Sprach- und Siedlungsgeschichte. In: Heimatbuch der Gemeinde Kiens. Kiens 1988. S. 261–286.

Kühebacher, Egon: Die Ortsnamen Südtirols und ihre Geschichte. Band 1. Die geschichtlich gewachsenen Namen der Gemeinden, Fraktionen und Weiler. Bozen 1991.

Le Goff, Jacques: Das Hochmittelalter. Frankfurt a. M. 1965. (= Fischer Weltgeschichte 11)

Lexer, Matthias: Mittelhochdeutsches Handwörterbuch. Zugleich als Supplement und alphabetischer Index zum Mittelhochdeutschen Wörterbuch von Benecke – Müller – Zarncke. 3 Bände. Reprographischer Nachdruck der Ausgabe 1872–1878. Stuttgart 1979.

Löffler, Heinrich: Probleme der amtlichen Flurnamengebung aus namenkundlicher Sicht. In: Friedhelm Debus / Wilfried Seibicke (Hrsg.): Reader zur Namenkunde III. 2. Toponymie. Hildesheim – Zürich – New York 1996. S. 495–505. (= Germanistische Linguistik 131–133)

Lorenz, Sönke: Von der „forestis" zum „Wildbann". Die Forsten in der hochmittelalterlichen Geschichte Südtirols. In: Rainer Loose / Sönke Lorenz (Hrsg.): König, Kirche, Adel. Herrschaftsstrukturen im mittleren Alpenraum und angrenzenden Gebieten (6.–13. Jahrhundert). Bozen 1999. S. 151–169.

Lötscher, Andreas: Der Name als lexikalische Einheit. Denotation und Konnotation. In: Ernst Eichler u. a. (Hrsg.): Namenforschung. Ein internationales Handbuch zur Onomastik. Band 1. Berlin – New York 1995. S. 448–457. (= HSK 11.1)

Lunz, Reimo: Ur- und Frühgeschichte Südtirols. Rätsel und Deutung. Bozen 1973.

Mathis, Franz: Wie die Europäer satt und süchtig wurden. In: Karl Kohut u. a. (Hrsg.): Deutsche in Lateinamerika – Lateinamerika in Deutschland. Frankfurt a. M. 1996. S. 234–254.

Mayerthaler, Willi: Woher stammt der Name ‚Baiern'? Ein linguistisch-historischer Beitrag zum Problem der bairischen Ethnogenese und Namensentstehung. In: Dieter Messner (Hrsg.): Das Romanische in den Ostalpen. Vorträge und Aufsätze der gleichnamigen Tagung am Institut für Romanistik der Universität Salzburg vom 6. bis 10. Oktober 1982. Wien 1984. S. 7–72. (= Österreichische Akademie der Wissenschaften Philosophisch-Historische Klasse Sitzungsberichte 442 / Veröffentlichungen der Kommission für Linguistik und Kommunikationsforschung 15)

Naumann, Horst: Das Genus der Gewässernamen. In: Friedhelm Debus / Wilfried Seibicke (Hrsg.): Reader zur Namenkunde III. 2. Toponymie. Hildesheim – Zürich – New York 1996. S. 711–718. (= Germanistische Linguistik 131–133)

Nicolaisen, Wilhelm F. H.: Name and Appellative. In: Ernst Eichler u. a. (Hrsg.): Namenforschung. Ein internationales Handbuch zur Onomastik. Band 1. Berlin – New York 1995. S. 384–393. (= HSK 11.1)

Niedermair, Josef: Geschichtliche Streifzüge. In: Josef Harrasser / Josef Niedermair (Hrsg.): Pfalzen in Wort und Bild. Pfalzen 1987. S. 40–178. S. 188–236.

Riedmann, Josef: Geschichte Tirols. Wien, 2. Aufl. 1988. (= Geschichte der Österreichischen Bundesländer)

Riedmann, Josef: Urkundliche Aufzeichnungen über Rodungsvorgänge im frühen und hohen Mittelalter im mittleren Alpenraum. In: Rainer Loose / Sönke Lorenz (Hrsg.): König, Kirche, Adel. Herrschaftsstrukturen im mittleren Alpenraum und angrenzenden Gebieten (6.–13. Jahrhundert). Bozen 1999. S. 249–266.

Schatz, Josef: Wörterbuch der Tiroler Mundarten. 2 Bände. Nachdruck der Ausgabe 1955–56. Innsbruck 1993. (= Schlern-Schriften 119 und 120)

Scheuermann, Ulrich: Die sprachliche Erschließung der Dorfflur mit Hilfe von Flurnamen. In: Friedhelm Debus / Wilfried Seibicke (Hrsg.): Reader zur Namenkunde III. 2. Toponymie. Hildesheim – Zürich – New York 1996. S. 537–570. (= Germanistische Linguistik 131–133)

Schmidt-Wiegand, Ruth: Recht und Aberrecht in Flurnamen. In: Friedhelm Debus / Wilfried Seibicke (Hrsg.): Reader zur Namenkunde III. 2. Toponymie. Hildesheim – Zürich – New York 1996. S. 609–636. (= Germanistische Linguistik 131–133)

Seidelmann, Erich: Das Transkriptionssystem. In: Hugo Steger / Volker Schupp (Hrsg.): Einleitung zum Südwestdeutschen Sprachatlas I. Marburg 1993. S. 61–78.

Sonderegger, Stefan: Namen für unbebautes Land in der deutschen Schweiz. In: Friedhelm Debus / Wilfried Seibicke (Hrsg.): Reader zur Namenkunde III. 2. Toponymie. Hildesheim – Zürich – New York 1996. S. 527–536. (= Germanistische Linguistik 131–133)

Splett, Jochen: Althochdeutsches Wörterbuch. Analyse der Wortfamilienstrukturen des Althochdeutschen, zugleich Grundlegung einer zukünftigen Strukturgeschichte des deutschen Wortschatzes. 3 Bände. Berlin – New York 1993.

Šrámek, Rudolf: Eigennamen im Rahmen einer Kommunikations- und Handlungstheorie. In: Ernst Eichler u. a. (Hrsg.): Namenforschung. Ein internationales Handbuch zur Onomastik. Band 1. Berlin – New York 1995. S. 380–383. (= HSK 11.1)

Tyroller, Hans: Morphologie und Wortbildung der Flurnamen. Germanisch. In: Ernst Eichler u. a. (Hrsg.): Namenforschung. Ein internationales Handbuch zur Onomastik. Band 2. Berlin – New York 1996. S. 1430–1433. (= HSK 11.2)

Tyroller, Hans: Typologie der Flurnamen (Mikrotoponomastik). Germanisch. In: Ernst Eichler u. a. (Hrsg.): Namenforschung. Ein internationales Handbuch zur Onomastik. Band 2. Berlin – New York 1996. S. 1434–1441. (= HSK 11.2)

Werner, Otmar: Pragmatik der Eigennamen (Überblick). In: Ernst Eichler u. a. (Hrsg.): Namenforschung. Ein internationales Handbuch zur Onomastik. Band 1. Berlin – New York 1995. S. 476–484. (= HSK 11.1)

Wimmer, Rainer: Eigennamen im Rahmen einer allgemeinen Sprach- und Zeichentheorie. In: Ernst Eichler u. a. (Hrsg.): Namenforschung. Ein internationales Handbuch zur Onomastik. Band 1. Berlin – New York 1995. S. 372–379. (= HSK 11.1)

Witkowski, Teodolius: Probleme der Terminologie. In: Ernst Eichler u. a. (Hrsg.): Namenforschung. Ein internationales Handbuch zur Onomastik. Band 1. Berlin – New York 1995. S. 288–294. (= HSK 11.1)

Wopfner, Hermann: Bergbauernbuch. Von Arbeit und Leben des Tiroler Bergbauern. Band 1. Siedlungs- und Bevölkerungsgeschichte. I.–III. Hauptstück. Innsbruck 1995. (= Schlern-Schriften 296 / Tiroler Wirtschaftsstudien 47)

Wopfner, Hermann: Bergbauernbuch. Von Arbeit und Leben des Tiroler Bergbauern. Band 3. Wirtschaftliches Leben. VII.–XII. Hauptstück. Innsbruck 1997. (= Schlern-Schriften 298 / Tiroler Wirtschaftsstudien 49)

JOSEF SCHATZ

WÖRTERBUCH DER TIROLER MUNDARTEN

Für den Druck vorbereitet von Karl Finsterwalder
Unveränderter Nachdruck der Ausgabe 1955/56

Band 1 (Schlern-Schriften 119): A–L, 401 Seiten
Band 2 (Schlern-Schriften 120): M–Z, 347 Seiten und eine Übersichtskarte

1993. Geb., ISBN 3-7030-0252-2, € 70,– (öS 963,–/DM 136,90)

Er gilt als der „Vater der Tiroler Mundartenforschung": Der Germanist Josef Schatz (1871–1950) stammte aus Imst im Oberinntal und besuchte vor seinem Studium in Innsbruck das Gymnasium in Brixen und in Meran. Von 1912 bis zu seiner Zwangspensionierung im Jahr 1939 wirkte Schatz als Professor an der Universität Innsbruck, wobei die Mundart sein Hauptforschungsgebiet war. Er arbeitete als erster die geschichtlichen Grundlagen für die Mundartforschung im Allgemeinen aus; von ihm stammt auch die erste grundlegende Gliederung des gesamtbairischen Mundartgebietes. Sein zweibändiges „Wörterbuch der Tiroler Mundarten", das posthum erschien und von Karl Finsterwalder für den Druck vorbereitet wurde, übertraf an Umfang alles bis dahin über das „Südbairische" Bekannte. Es kann, was die Vollständigkeit anlangt, den großen vielbändigen Wörterbüchern der deutschen Mundarten an die Seite gestellt werden.

Schatz hat den Stoff zusammen mit 42 Mitarbeitern gesammelt. Wo die Möglichkeit einer sicheren etymologischen Deutung aus dem altdeutschen Wortschatz gegeben war, wurde sie hinzugefügt, ebenso wie die Vergleiche mit der übrigen Mundartliteratur. Umfangreiche Wortartikel befassen sich mit der Wortbildung und insbesondere mit den Vorsilben (Präfixen). Das Werk bietet überdies einen verlässlichen Ausgangspunkt für die sprachgeographische Forschung, da die geographische Verbreitung der angeführten Wörter, soweit bekannt, angegeben wird, ebenso die lautlichen Varianten. Vor allem aber ist das Wörterbuch nicht anachronistisch in dem Sinn, dass hier lediglich das älteste heimische Wortgut verzeichnet ist: Es gibt einen Querschnitt durch den Wortschatz der Mundart, wie er sich Josef Schatz und seinen Mitarbeitern im direkten Kontakt mit der Bevölkerung in Nord-, Süd- und Osttirol darstellte.

Der Doppelband ist natürlich auch eine Fundgrube für den Volkskundler: bäuerliche Vorstellungen und Bräuche, die Feste im Jahreskreis, die Bauernarbeit in ihrem sachkundlichen Wortschatz, die bäuerliche Wirtschaft und Agrarverfassung, der Humor der Bevölkerung, all das fand im aufgezeichneten Wortschatz seinen Niederschlag.

Trotz der vielfältigen Veränderungen, denen die Tiroler Mundart in den letzten Jahrzehnten ausgesetzt war, ist „der Schatz" bis heute das maßgebliche Standardwerk geblieben.

UNIVERSITÄTSVERLAG WAGNER · ANDREAS-HOFER-STRASSE 13 · A-6010 INNSBRUCK
TEL 0512/58 77 21 · FAX 0512/58 22 09 · E-MAIL mail@uvw.at

KARL FINSTERWALDER

TIROLER FAMILIENNAMENKUNDE

Sprach- und Kulturgeschichte von Personen-, Familien- und Hofnamen

Mit einem Namenlexikon

Schlern-Schriften 284

1990 (Nachdruck der erw. 2. Auflage 1978), XXXVI, 567 Seiten, ISBN 3-7030-0218-2,
€ 57,– (öS 784,—/DM 111,50)

So gründlich wie in kaum einem anderen Land ist in Tirol die Entwicklung der Familien- und Hofnamen dokumentiert worden.

Dies ist vor allem das Verdienst Karl Finsterwalders, der seine numehr über sechzigjährige Forschungstätigkeit ganz in den Dienst der Namenkunde gestellt hat. Er kann dabei auf einer günstigen Quellenlage und einigen wertvollen Vorarbeiten aufbauen. Von Bedeutung ist in diesem Zusammenhang auch die ausgeprägte Sesshaftigkeit der Tiroler Bevölkerung im Verlauf von Jahrhunderten, die ortsgeschichtliche Nachweise für den Ausgangspunkt der einzelnen Familiennamen erleichtert.

Diese Faktoren bilden den soliden Unterbau der Namendeutungen Finsterwalders und heben sein Werk gegenüber den oft hypothetischen Erklärungen anderer Namenbücher ab. Die Grundlage für seine große Familiennamenkunde legte er bereits mit seiner Namenkunde von 1952 (Schlern-Schriften 81); inzwischen ist auch die wesentlich ergänzte und erweiterte Neuauflage von 1978 vergriffen. Der vorliegende Nachdruck kann diese Lücke wieder schließen.

Im ersten, allgemeinen Teil seines Werkes geht Karl Finsterwalder auf das sprachliche Werden der Namen, ihre Altersschichten und auf die kultur- und rechtshistorischen Faktoren der Namenentstehung ein.

Der spezielle Teil des Werkes besteht aus einem Nachschlagwerk mit über 4000 Tiroler Familiennamen. Neben dem Ort ihres heutigen Vorkommens enthalten die Erläuterungen jeweils ihr allfälliges Aufscheinen als Hofnamen oder Belege aus den Katastern des 17. und 18. Jahrhunderts und eine Namenerklärung.

Damit ist das große Standardwerk zur Tiroler Familiennamenkunde auch ein Hofnamenbuch. Und es weist in vielem über Tirol hinaus, da die angeführten Namen der Höfe und Familien mit denen der Nachbarländer von Graubünden bis Salzburg vielfältigste Verwandtschaften zeigen.

Inhaltsübersicht:

Allgemeiner Teil

A. Die äußere Geschichte des Familiennamens und die Familiennamenforschung in Tirol
B. Die mittelalterlichen Personen- und Beinamen als Spiegel der Kulturgeschichte
C. Zur Sprachgeschichte der Personen- und Beinamen in Tirol und in den Nachbarländern
D. Geschichtliche Räume innerhalb Tirols nach den Orts- und Familiennamen

Spezieller Teil

Urkundliches Nachschlagwerk für die Tiroler Familien-, Weiler- und Hofnamen

KARL FINSTERWALDER

TIROLER ORTSNAMENKUNDE

Gesammelte Aufsätze und Arbeiten in drei Bänden

Schlern-Schriften 285–287 und Forschungen zur Rechts- und Kulturgeschichte XV–XVII
Hrsg. von Hermann M. Ölberg und Nikolaus Grass. 1990–1995, zus. LX, 1293 Seiten.
ISBN 3-7030-0222-0 (Gesamtwerk)

Bereits in seiner Studienzeit in den zwanziger Jahren widmet sich Karl Finsterwalder den Orts- und Flurnamen. Seine Arbeitsweise ist nie nur von der Sprachwissenschaft, sondern stets auch von der Geschichte und der Geographie bestimmt. Seine Namenerklärungen stehen nicht isoliert da, sondern werden innerhalb ganzer Siedlungsräume in ihrer Enstehung und Weiterentwicklung betrachtet. So sind die Forschungsergebnisse zugleich wertvolle Einblicke in die Geschichte Tirols und seine kulturelle Entwicklung.
Finsterwalders Studien über die Orts-, Berg- und Flurnamen sind in den verschiedensten Fachzeitschriften, Festschriften, Heimatbüchern und Zeitungen erschienen und waren daher bislang nur schwer erreichbar. In der dreibändigen Tiroler Ortsnamenkunde liegt nun ein Großteil dieser Arbeiten in übersichtlicher Gliederung gesammelt vor. Insgesamt sind 138 namenkundliche Beiträge enthalten, einige davon werden hier zum erstenmal veröffentlicht. Der erste Band dieses Werkes enthält neben den Gesamttirol oder mehrere Landesteile betreffenden Arbeiten ein von Hermann M. Ölberg neu bearbeitetes Verzeichnis sämtlicher Veröffentlichungen Karl Finsterwalders und die von ihm bearbeiteten Ortsnamenkarten aus dem Tirol-Atlas als Beilagen.
Das Gesamtwerk wird durch ein ausführliches Register im Anhang des dritten Bandes von Hermann M. Ölberg ergänzt und so zum umfassenden Nachschlagewerk der Orts-, Berg- und Flurnamen Tirols.

Band 1: Gesamttirol oder mehrere Landesteile betreffende Arbeiten
1990. XXXVI, 448 S., 5 Kartenbeil. ISBN 3-7030-0223-9. Geb.
€ 57,– (öS 784,–/DM 111,50)
Geleit- und Vorwort, Benützerhinweise
Veröffentlichungen von Karl Finsterwalder, neu bearb. von Hermann M. Ölberg
I. Ortsnamen und früh- bis spätmittelalterliche Siedlungsgeschichte (6 Beiträge)
II. Vorrömisches und romanisch-deutsche Berührungen (9 Beiträge)
III. Aus der deutschen Namenschicht (21 Beiträge)
Beilagen: Karten G5–G9 aus dem Tirol-Atlas: Die Sprachschichten in den Ortsnamen Tirols – Die Sprachschichten in den Talnamen Tirols – Siedlungsnamen auf -ing in Tirol – Zeit der Eindeutschung der Tiroler Örtlichkeitsnamen – Älteste deutsche Umformung und andere Sprachmerkmale an den Ortsnamen Tirols

Band 2: Einzelne Landesteile betreffende Arbeiten: Inntal und Zillertal
1990. Seiten XII, 449–926. ISBN 3-7030-0229-8. Geb. € 57,– (öS 784,–/DM 111,50)
IV. Unterinntal (15 Beiträge) – V. Zillertal (5 Beiträge) – VI. Mittleres Inntal zwischen Brandenberger Ache (Ostgrenze) und der Melach, Fluss des Sellrains (Westgrenze), mit Innsbruck, Achental und Wipptal (25 Beiträge) – VII. Oberinntal mit Wettersteingruppe, Ötztal, Paznaun und Stanzertal (21 Beiträge)

Band 3: Einzelne Landesteile betreffende Arbeiten: Südtirol und Außerfern. Register
1995. Seiten XII, 927–1293. ISBN 3-7030-0279-4. Geb. € 57,– (öS 784,–/DM 111,50)
VIII. Südtirol: Pustertal, Eisacktal, Vinschgau – Etschtal (von Mals bis Salurn) (33 Beiträge) – IX. Außerfern (3 Beiträge) – X. Register für die Bände 1–3.

Paul Videsott / Guntram A. Plangg

ENNEBERGISCHES WÖRTERBUCH VOCABOLAR MAREO

ennebergisch-deutsch
mit einem rückläufigen Wörterbuch
und einem deutsch-ennebergischen Index

SCHLERN-SCHRIFTEN 306

1998. 383 S., geb. ISBN 3-7030-0321-9, € 26,– (öS 358,–/DM 50,90)

Dieses Wörterbuch widmet sich jenem dolomitenladinischen Idiom, das als einziges bislang noch keine einschlägige Bearbeitung erfahren hat: dem *Mareo*/Ennebergischen, das in phonetischer, morphologischer und lexikalischer Hinsicht als besonders eigenständige und originelle Mundart gilt. Viele sprachliche Besonderheiten des Ladinischen sind hier in einem archaischen Zustand erhalten, während sie in den anderen sellaladinischen Varianten eine Weiterentwicklung erfahren haben.
Die Autoren haben über 13.700 Wörter und Wendungen verzeichnet und in mehrfacher Hinsicht ein Standardwerk zum Dolomitenladinischen geschaffen: Erstmals werden sowohl die Vokalqualität als auch die im gesamten Gadertal phonologisch relevante Vokalquantität sowie die Tonstelle der Lemmata durchgehend angeführt, erstmals wird auch der Versuch gemacht, die Valenz der Verben systematisch anzugeben. Eine reiche Phraseologie ermöglicht Einblicke in die Grundzüge der Syntax des Ennebergischen.
Als erstes Nachschlagewerk im Bereich des Gadertals berücksichtigt das Enneberger Wörterbuch die ladinische Schulorthographie. Ein ausführlicher Einleitungsteil bietet einen übersichtlichen Abriss der Laut- und Formenlehre, detaillierte Konjugationstabellen zu den regelmäßigen und unregelmäßigen Verben und einen Überblick über die einschlägige Literatur.
Neue Wege im Bereich des Dolomitenladinischen werden auch mit der Veröffentlichung des rückläufigen Wörterverzeichnisses beschritten, das dem Interesse der Sprachwissenschaft für Distribution und Frequenz in der Formen- und Wortbildung entgegenkommt.
Von ganz besonderer Bedeutung ist schließlich der deutsch-ennebergische Index. Wörterbücher aus dem Deutschen in eine ladinische Mundart gibt es bis heute sehr wenige. Bisher galt das 1923 erschienene Werk Theodor Gartners „Ladinische Wörter aus den Dolomitentälern“ noch immer als die umfassendste Grundlage für das Dolomitenladinische. Das Ennebergische Wörterbuch geht für das Gadertalische weit darüber hinaus und enthält den umfangreichsten deutsch-ladinischen Index, der bislang erschienen ist. Dieser ist somit auch für die anderen ladinischen Dolomitentäler ein wertvoller, weiterführender Nachschlagebehelf.

Paul Videsott

Ladinische Familiennamen / Cognoms Ladins

Zusammengestellt und etymologisch gedeutet anhand der Enneberger Pfarrmatrikeln 1605–1784 / Coüs adöm y splighês aladô dai libri da bato d'La Pli de Mareo 1605–1784.

SCHLERN-SCHRIFTEN 311

2000. 376 Seiten mit 3 Karten und 4 Abb., geb. ISBN 3-7030-0344-8.
€ 26,– (öS 358,– / DM 50,90)

Canins, Dejaco, Flöss, Freinademetz, Pezzey, Riz, Vallazza – Namen aus der Welt der Kultur, des Sports und des öffentlichen Lebens in Tirol. Und noch eine Gemeinsamkeit weisen diese Namen auf: Sie haben ladinische Wurzeln, auch wenn sie – wie so viele andere – heute in den verschiedensten Teilen des Landes und darüber hinaus verbreitet sind.

Das Buch von Paul Videsott befasst sich mit dem historischen Werdegang dieser Namen. Auf der Grundlage der alten Enneberger Taufmatrikeln (1605–1784, *La Pli*/ Enneberg war die Urpfarre des gesamten Gadertales mit Ausnahme von *Colfosch* /Kolfuschg) werden die geschichtlich gewachsenen Familiennamen des ladinischen Gadertales möglichst vollständig erfasst und wissenschaftlich erforscht. Der Autor behält aber immer auch die anderen Täler Ladiniens im Auge. Die Fragestellungen, die ihn leiten, betreffen vor allem die Entstehung, die Verbreitung und die Deutung der Namen.

Von jedem der behandelten Namen wird zunächst die heute gängige ladinische Form mitgeteilt, die meistens einem noch bestehenden Hof- oder Weilernamen entspricht; dann werden die daraus hervorgegangenen oder damit zusammenhängenden Familiennamen angeführt. Die historischen Belege in den Tauf- und Sterbebüchern werden in chronologischer Reihung wiedergegeben. Sie dokumentieren nicht nur familiengeschichtliche Zusammenhänge, sondern auch allfällige orthographische Veränderungen des Namens im Laufe der Zeit. In einer eingehenden Wertung der Belege erläutert der Autor die Gründe für die verschiedenen Schreibvarianten. Ein wesentlicher Punkt betrifft die Lokalisierung des Familiennamens: Lässt sich feststellen, von welchem Hof er seinen Ausgang genommen hat? Diese Frage kann sehr häufig positiv beantwortet werden. Nach einem Überblick über den etymologischen Forschungsstand bietet Paul Videsott ein abschließendes Resümee und eine Deutung des jeweiligen Namens.

Mit dem ladinischen Namenbuch liegt nun – erstmals nach fast hundert Jahren (E. Lorenzi, 1907/1908) – auf der Grundlage der Enneberger Taufbücher wieder eine breit angelegte, quellenkritische Erforschung der Familiennamen in den ladinischen Dolomitentälern Südtirols vor.

Weitere namenkundliche Forschungen in den Schlern-Schriften

IGNAZ MADER

Orts- und Flurnamenforschung des ehemaligen Bezirkes Brixen

Die Orts- und Flurnamensammlung von Ignaz Mader schließt in der Enge von Franzensfeste an die Hofnamensammlung von Engelbert Auckenthaler an und umfasst den gesamten ehemaligen Bezirk Brixen. Mader führt die frühesten urkundlichen Belege an und gibt sie zum Teil auszugsweise wieder. Ergänzt werden diese Angaben durch topographisch-historische Bemerkungen, die sich mit den Quellenangaben zu einer kleinen Landeskunde des behandelten Raumes vereinen.

Schlern-Schriften

(22) **Die Ortsnamen der Pfarrgemeinde Natz bei Brixen.** 1933. 127 S. Vergriffen.

(31) **Die Ortsnamen am St. Andräer Berg bei Brixen a. E.** 1936. IV, 164 S. Vergriffen.

37 **Die Ortsnamen der Gemeinde Pfeffersberg bei Brixen a. E.**
Mit siedlungsgeschichtlichen Bemerkungen
1937. 104 S., 1 Faltkarte, brosch. € 18,– (öS 248,–/DM 35,20)

72 **Ortsnamen und Siedlungsgeschichte von Aicha, Spinges, Vals, Meransen** (Südtirol).
1950. 110 S., 2 Karten, 5 Bildtaf., brosch. € 18,– (öS 248,–/DM 35,20)

82 **Ortsnamen und Siedlungsgeschichte von Vintl, Weitental, Pfunders.**
1951. 138 S., 4 Bildtaf., 2 Kartenskizzen, brosch. € 21,– (öS 289,–/DM 41,10)

261 JOSEFINE BENIGNI, **Wortschatz und Lautgebung der Innsbrucker Stadtmundart im Wandel dreier Generationen.**
1971. XII, 153 S., geb. € 28,– (öS 385,–/DM 54,80)
Anhand von 1700 Einzelausdrücken werden die einzelnen sprachlichen Schichten der Innsbrucker Stadtmundart voneinander differenziert, wobei Unterschiede nicht nur zwischen den Geschlechtern, sondern auch zwischen Stadtvierteln auftreten. Das abschließende Wortregister verzeichnet z. T. Ausdrücke, die nicht einmal Josef Schatz im „Wörterbuch der Tiroler Mundarten" (Schlern-Schriften 119 und 120) anführt.

57 **Studien zur Sprach- und Kulturgeschichte.** Festschrift zu Ehren von JOSEF SCHATZ.
Mit 9 Beiträgen verschiedener Autoren, red. v. HERMANN AMMAN.
1948. 100 S., brosch. € 18,– (öS 248,–/DM 35,20)
Dem Schwerpunkt der wissenschaftlichen Tätigkeit von Josef Schatz entsprechend ist die Mehrzahl der Beiträge dieses Festbandes namen- und sprachkundlichen Themen gewidmet: FRANZ HUTER: Der Name Kurzras. – RICHARD HEUBERGER: Zur Frage nach dem ältesten Namen des Brenners. – KARL FINSTERWALDER: Das Wort watschar im Bairisch-Österreichischen. – JOSEF BRÜCH: Der Pflanzenname Liebstöckl. – HERMANN AMMANN: Gotisch jota ains. – KARL BRUNNER: Neuenglisch break, great und broad.

In der Reihe Schlern-Schriften erschienen auch folgende Bände:

70 ROBERT WINKLER, KURT WILLVONSEDER, **Beiträge zur Vorgeschichte des westlichen Pustertals.** 1950. 72 S., 24 Bildtaf., € 14,– (öS 193,–/DM 27,40).

Robert Winkler und Kurt Willvonseder bereichern in diesem Band die Literatur zur Vorgeschichte Tirols durch zwei wertvolle Fundbeschreibungen. Die erste betrifft die Gegend von Obervintl, wo man 1871 eine erhebliche Anzahl von Bronzegegenständen fand, die zweite einen Fund, der knapp siebzig Jahre später in Sonnenburg eine Reihe von Bronze-, Eisen-, Weißmetall- und Tongegenständen zutage förderte. Die Exemplare, die typologisch in die Übergangszeit von der jüngsten Hallstattperiode zur ältesten La-Tène-Zeit gehören und etwa aus dem 4. vorchristlichen Jahrhundert stammen, spiegeln mosaikartig die Kulturgeschichte ihrer Zeit im Alpenraum wider.

226 RUDOLF HUMBERDROTZ, **Die Chronik des Klosters Sonnenburg (Pustertal).**
Band 1: 1597–1766. 1963. 283 S., 3 Bildtaf., € 29,–/32,– (öS 399,–/440,–, DM 56,70/62,60).
Band 2: 1767–1781. 1964. 111 S., 2 Bildtaf., € 17,–/20,– (öS 234,–/275,–, DM 33,20/39,10).

„Demnach so wohl fir nuzpar als auch notwendig zu sein befunden worden, das alle importante, das firstliche Stifft und hochwirdige Gots Hauß Sonnenburg etc. berierendte verschidene Vorfahlenheiten pro memori beschriben und aufgezaichnet werden, alß hat man hier zue Anno 1715 gegenwerdtiges Puech zuebereitet."
So beginnt die Chronik des Stiftes Sonnenburg, eine der interessantesten Handschriften des 18. Jahrhunderts. Jeder, der sich mit kulturhistorischen, religiösen oder wirtschaftlichen Problemen Tirols in dieser Zeit beschäftigt, wird irgendwie auf dieses „Memori-Puech" stoßen. Die Edition in zwei Teilen entspricht der zweibändigen Vorlage, deren erstes Buch (1715–1766) auch Ereignisse aus der Zeit vor der Niederschrift enthält. Beschreibung und Textwiedergabe der Handschrift werden durch eine umfassende Darstellung Klostergeschichte und ausführliche Quellenverweise ergänzt.

303 WOLFGANG JOLY, **Standschützen. Die Tiroler und Vorarlberger k. k. Standschützen-Formationen im Ersten Weltkrieg.**
1998. 751 S. mit 714 Abb., XIV Farbtaf. Geb. ISBN 3-7030-0310-3, € 57,– (öS 784,–/DM 111,50).

Über achtzig Jahre nach dem Auszug der Tiroler und Vorarlberger Standschützen zur Verteidigung Tirols (1915) wird hier erstmals die Geschichte aller Standschützeneinheiten dargestellt. Es handelt sich um 49 Bataillone und 44 mehr oder weniger selbstständige Kompanien bzw. Formationen aus allen Landesteilen Alttirols und aus Vorarlberg. Der Autor befasst sich einleitend mit den Gründen, die zur Aufstellung der Standschützen-Formationen führten und mit der militärischen Situation zu Beginn des Ersten Weltkrieges. Es folgt dann die Schilderung der Formierung, des Ausmarsches und des Einsatzes jedes Einzelnen dieser einzigartigen Truppenteile an der Südtiroler Front bis zum Kriegsende. Das Schicksal der Pustertaler k. k. Standschützen-Bataillone Enneberg (dazu gehörte die Kompanie Bruneck), Welsberg (mit Sand in Taufers und Vintl) und Sillian (mit Sexten und Toblach) wird besonders ausführlich behandelt (S. 116–130, 375–396, 439–451). Umfassende Quellenstudien ermöglichen detaillierte Angaben über die Bataillons-, Kompanie- und Zugskommandanten und über die Stärke der Einheiten zu verschiedenen Zeitpunkten des Krieges. Auch die Fahnen der Standschützen-Formationen, die zum Teil seit Kriegsende nie mehr ausgerollt worden sind, wurden vom Autor ausfindig gemacht, abgelichtet und präzise beschrieben.

FRANZ-HEINZ HYE

Die Städte Tirols

2. Teil

Südtirol

SCHLERN-SCHRIFTEN 313

2001. 341 S. und 32 Bildtafeln.
Geb. ISBN 3-7030-0353-7, € 43,– (öS 592,– / DM 84,10)

Das Südtiroler Städtebuch gibt einen umfassenden Einblick in die Entstehung und Entwicklung jeder Stadt von den ältesten Quellen bis in die unmittelbare Gegenwart. Als städtegeschichtliches Speziallexikon mit vielen neuen Forschungsergebnissen bietet es dem Fachmann wie dem interessierten Laien einen knapp gehaltenen, fachkundigen und übersichtlich gegliederten Überblick.

Einleitend werden jeweils die frühesten Belege des Stadtnamens und die Namenentwicklung sowie die gültige amtliche Bezeichnung angeführt. Es folgt eine detaillierte Lagebeschreibung. Im Rahmen der historischen Entwicklung gilt das Interesse zunächst der vorstädtischen Siedlung. Ein eigener Abschnitt widmet sich dann dem Aspekt der Stadtwerdung oder Stadterhebung sowie dem Stadtherrn. Ausführlich werden Anlage und Entwicklung der Siedlung behandelt. Die Bevölkerung jeder Stadt wird auf Herkunft, soziale Gliederung, zahlenmäßige Entwicklung sowie auf die namhaftesten Familien und die bedeutendsten Persönlichkeiten hin untersucht. Ein umfangreicher Abschnitt befasst sich mit dem Wirtschaftsleben (allgemeine Entwicklung; Fabriken und Handelshäuser; Märkte, Messen, Ausstellungen; Organisationen des Handels und Gewerbes; Verkehrseinrichtungen; Fremdenverkehr). Auch den kriegerischen Ereignissen und dem Wehrwesen ist ein eigenes Kapitel gewidmet. In Wort und Bild werden die acht Südtiroler Stadtwappen vorgestellt, wobei die Stadtfarben erläutert und die ältesten Siegel erwähnt werden. Das Stadtgebiet wird hinsichtlich seiner Fläche und der grundherrlichen Verhältnisse sowie bezüglich des Burgfriedens und der Ein- und Ausgemeindungen beschrieben. Zahlreich sind in den Südtiroler Städten die Einrichtungen der katholischen Kirche, insbesondere der geistlichen Orden. Sie werden, ebenso wie die vielen sozialen Einrichtungen (Armenhäuser, Lazarette, Krankenhäuser, Waisenhäuser, Kindergärten u. a.), detailliert angeführt. Speziell berücksichtigt wird auch das schulische Leben, wobei sich der Bogen von der frühesten Erwähnung einer Schule bis zu den heute bestehenden Unterrichtsstätten spannt. Daneben gilt das Augenmerk der kulturellen Entwicklung, insbesondere den Bereichen Theater, Musik, Volksbildung.

Ein umfangreiches Literaturverzeichnis zur jeweiligen Stadtgeschichte bietet die Möglichkeit zur weiteren Vertiefung und Spezialisierung.